4주 완성!
첫 돈 공부

4주 완성!
첫 돈 공부

초판 발행 · 2020년 10월 10일
초판 4쇄 발행 · 2023년 7월 10일

지은이 · 이의석
발행인 · 이종원
발행처 · (주)도서출판 길벗
출판사 등록일 · 1990년 12월 24일
주소 · 서울시 마포구 월드컵로 10길 56(서교동)
대표 전화 · 02)332-0931 | **팩스** · 02)323-0586
홈페이지 · www.gilbut.co.kr | **이메일** · gilbut@gilbut.co.kr

담당 · 박윤경(yoon@gilbut.co.kr) | **마케팅** · 정경원, 김진영, 최명주, 김도현
제작 · 이준호, 손일순, 이진혁, 김우식 | **영업관리** · 김명자, 심선숙, 정경화 | **독자지원** · 윤정아, 최희창

디자인 및 전산편집 · 유어북 | **교정교열** · 김동화
CTP 출력 및 인쇄 · 북토리 | **제본** · 신정문화사

ISBN   979-11-6521-300-8 13320
(길벗 도서번호 070438)

정가 17,000원

· ·

독자의 1초를 아껴주는 길벗출판사

(주)도서출판 길벗 | IT교육서, IT단행본, 경제경영서, 어학&실용서, 인문교양서, 자녀교육서 www.gilbut.co.kr
길벗스쿨 | 국어학습, 수학학습, 어린이교양, 주니어 어학학습, 학습단행본 www.gilbutschool.co.kr

그림으로 배우는 세상 쉬운 재테크

4주 완성!
첫 돈 공부

이의석 지음

길벗

누구나 돈에 관심이 많습니다. 이 책을 살지 말지 고민하고 있는 여러분도 재테크를 관심 분야 상단에 올려두고 있을 것입니다. 그리고 성과를 내기 위해 각 분야의 전문가를 만나 상담을 받기도 할 것입니다. 그런데 각 분야의 전문가들이 과연 여러분의 상황에 딱 맞는 조언을 해줄 수 있을까요?

만약 여러분이 재테크에 대한 조언을 얻기 위해 은행에 방문한다면 어떨까요? 은행 직원은 적금이나 예금, 펀드 등 은행에서 팔고 있는 상품을 추천해줄 것입니다. 증권사에서는 저금리 시대이니 이율이 낮은 금리 상품보다는 자신이 추천해주는 주식이나 펀드에 투자해보라고 목소리를 높일 것입니다. 그렇다면 보험사는 어떨까요? 펀드보다는 변액보험의 수익률이 더 좋다며 가입을 유도할 것입니다. 공인중개사 사무실을 찾아간다면, 지금이 내 집 마련을 할 수 있는 마지막 기회이니 대출을 받아서라도 서둘러 아파트를 사라고 권유할지도 모릅니다.

어떤 분야이든 각 금융전문가들은 자신이 잘 알고 있는(더불어 판매수수료를 받을 수 있어 자신에게 이익이 되는) 상품을 추천해줄 것입니다. 그 상품들이 나쁘다는 말이 아닙니다. 다만, 사람마다 재테크 목표가 다르고, 그 목표를 효율적으로 달성할 수 있는 재테크 수단이 다르다는 것을 알아야 합니다. 한 금융회사의 상품만으로는 모든 재테크 목표를 결코 달성할 수 없습니다.

예를 들어 보겠습니다. A씨의 목표는 '1년 후에 올려줄 전세금 모으기', '5년 후에 사용할 결혼자금 모으기', '은퇴 후 생활을 위한 노후자금 모으기'입니다. 그런데 전세금을 마련하기 위해 주식 투자를 시작하고, 결혼자금을 마련하기 위해 보험사의 변액보험에 가입하고, 노후자금을 마련하기 위해 적금을 넣는다면…… 뭔가 이상하지 않나요? (무엇이 이상한지 모르겠다면 반드시 이 책을 끝까지 읽어보시기 바랍니다.)

제가 말씀드리고자 하는 것은 다양한 목표에 맞게 재테크를 하기 위해서는 여러 금융회사의 상품 중에서 자신에게 적합한 상품을 선택할 수 있어야 한다는 것입니다. 그렇다면 누가 여러분의 다양한 재테크 목표 달성을 위한 종합적인 재테크 지식을 알려드릴 수 있을까요?

제 이력은 조금 독특합니다. 전직 은행원(NH농협은행)이기도 하고, 전직 증권맨(부국증권)이기도 합니다. 파생 상품을 다루는 금융회사(KB선물)에서 근무하기도 했고, 보험사(동양생명)에서 보험 상품을 판매하기도 했습니다. 공인중개사 자격증을 딴 후에는 몇몇 부동산회사에서 일하기도 했습니다. 이렇게 이력을 나열하고 보니 제가 금융전문가인지, 이직전문가(?)인지 알 수 없을 지경이네요. 어쨌든 다양한 곳에서 일하며 금융권에서 취득할 수 있는 웬만한 자격증을 모두 취득했고, 많은 지식과 노하우를 쌓을 수 있었습니다. 우리나라에 저처럼 다양한 곳에서 경력을 쌓은 금융전문가가 또 있을까요?

그동안 갈고닦은 다양한 분야의 지식을 바탕으로, 여러분이 재테크 목표를 쉽고 빠르게 달성할 수 있도록 도움을 드리고자 《4주 완성! 첫 돈 공부》를 집필했습니다. 만약 이 책을 읽어봐야겠다고 결심하셨다면, 최소한 이 책을 사며 지불한 가격만큼은 얻어 가시기 바랍니다. 재테크의 기본은 내가 투자한 비용(책의 가격) 이상의 수익(책의 효익)을 얻는 것부터니까요.

이 책을 읽고 여러분이 재테크 목표를 새로 정해보았다면, 지난달 지출을 돌아보고 불필요한 지출을 줄여보는 계기가 되었다면, 금융 상품에 관해 몰랐던 지식을 새롭게 알게 되었다면, 어떤 금융회사의 상품이 여러분의 재테크 목표 달성에 적합한지 고민해보는 시간을 가졌다면 그것으로 이 책은 소임을 다한 것이라고 생각합니다.

우리를 둘러싼 재테크 환경은 끊임없이 변합니다. 그럼에도 재테크의 기본 원칙을 정확히 이해하고 실천한다면 변화하는 재테크 환경에 발 빠르게 대응하고, 안정적으로 돈을 모아 나갈 수 있습니다. 《4주 완성! 첫 돈 공부》는 이제 막 재테크를 시작하려는 여러분에게 재테크의 기본을 친절하고 재미있게 알려드리는 역할을 할 것입니다. 이 책이 여러분의 인생에 조금이나마 도움이 되길 진심으로 기원합니다.

저자 이의석

PART 1 기초 다지기!
재테크 프로세스 완벽 설계

재테크 프로세스
완벽 설계

제1장
재테크,
쉽게 생각하자

내겐 너무 어려운 재테크

서른한 살 직장인 이 대리는 월급 관리가 너무 어렵다. 남들에 비해 월급이 적은 편도 아닌데 돈을 모으는 것이 좀처럼 쉽지 않았다. 똑같은 월급을 받으면서 벌써 5,000만 원이나 모았다는 박 대리가 그저 놀라울 따름이었다.

지금까지 한 번이라도 돈을 펑펑 써봤다면 바닥을 보이는 통장 잔고를 보며 이렇게 억울한 마음이 들진 않았을 것이다. 3만 원짜리 티셔츠 한 장 사는 것도 진지하게 고민하는 이 대리가 아닌가! 남들은 돈을 펑펑 쓰면서도 주식이나 펀드로 재테크를 잘만 한다는데, 이 대리에게는 딴 세상 이야기였다.

이 대리는 부모님의 잔소리에 못 이겨 매달 50만 원씩 적금을 넣고 있다. 하지만 그렇게 1년 동안 돈을 모아도 이자는 고작 몇 만 원이 되지 않는다는 사실을 알고 실망했다. 그나마 넣고 있는 적금도 매달 생활비가 모자라 해약을 할까 말까 심각하게 고민하고 있다.

'몇 달 전에 김 대리가 알려준 주식에 투자하지만 않았어도…….'

무조건 2배 이상 오를 거라는 김 대리의 말만 믿고 전 재산을 탈탈 털어 주식 투자를 한 것이 실수였다. 주식은 원금을 야금야금 까먹기 시작하더니 어느새 반 토막이 나고 말았다. 이 대리는 주식 때문에 돈도 잃고 마음고생도 심하게 한 날들을 생각하면 지금도 속이 쓰렸다. 그 뒤 남은 건 두 번 다시는 주식 투자를 하지 않겠다는 값비싼 교훈뿐이었다.

월급날까지 보름이나 남았는데 일찌감치 바닥을 드러낸 통장 잔고를 보며 이 대리는 한숨을 내쉬었다.

'월급날까지 신용카드로 버티는 수밖에…….'

이 대리는 재테크를 어디서부터 어떻게 시작해야 할지 도통 감을 잡지 못했다. 재테크 책을 사서 읽어보기도 했지만 난생 처음 보는 용어들이 너무 어려웠고, 실천하기는 더욱 힘들었다. 이 대리는 마음속으로 이렇게 외쳤다.

'누군가가 차근차근 재테크에 대해 알려준다면 지금부터라도 돈 관리를 잘하며 여유 있게 살아갈 수 있을 텐데……. 누가 제발 나 좀 도와줘!'

복잡한 재테크를 쉽게 풀어주는
'재테크 프로세스'

오늘의 목표   재테크의 과정을 이해해보자.

이 대리의 이야기에 공감이 되나요? 정도의 차이야 있겠지만, 이 대리가 겪고 있는 일들은 우리 주위에서 흔하게 일어나고 있습니다. 어떤 분들은 돈을 그다지 많이 쓴 것 같지 않은데 월급이 사라져버리는 마법을 경험하기도 하고, 어떤 분들은 매달 생활비가 모자라 적금을 깰지 말지 고민하기도 합니다. 또 어떤 분들은 누군가의 말만 믿고 주식 투자를 했다가 큰 실패를 경험하기도 합니다.

이런 문제들을 해결하고 경제적으로 여유 있는 삶을 살기 위해서는 어떻게 해야 할까요? 우리는 이미 그 해답을 알고 있습니다. 돈을 관리하는 방법, 재테크하는 방법을 배우는 것이죠. 하지만 그럼에도 불구하고 많은 사람이 재테크에 대해 공부하는 것을 꺼립니다. 재테크가 어렵다고 생각하기 때문입니다.

넘쳐나는 정보, 더 어려워진 재테크

직장인, 자영업자, 주부, 학생 할 것 없이 많은 사람이 재테크를 어려워합니다. (여러분만 어렵다고 생각한 게 아니니 그나마 다행이죠?) 그 이유는 무엇일까요? '재테크가 무엇이다!'라고 정확하게 알려주는 사람이 없어서일까요? 재테크 정보를 찾는 것이 어려워서일까요? 모두 아닙니다. 아이러니하게도 **재테크가 어려운 진짜 이유는 우리 주위에 재테크와 관련된 정보가 너무나 많기 때문입니다.**

서점에 가보면 재테크에 관한 책만 모아놓은 코너가 따로 있고, 경제 신문을 보면 다양한 재테크 칼럼이 매일매일 쏟아지고 있습니다. '비트코인이 다시 오른다더라', '어느 지역이 재개발이 된다고 하더라'와 같은 정보도 매일 우리 귀에 들어옵니다. 김 씨 아저씨는 주식 투자로 대박이 났다고 하고, 박 씨 아저씨는 2년 전에 산 아파트 가격이 벌써 2배 가까이 올랐다고 합니다.

주식에 관한 정보만 해도 그렇습니다. 30군데가 넘는 증권사가 하루에 3~4개씩 유망 종목을 추천해줍니다. 여기에 주식 커뮤니티에 올라오는 분석들까지 더해지면 정보의 양은 어마어마합니다.

'정보는 많을수록 좋은 거 아니야? 그 정보들 중에 가장 좋은 걸 골라서 재테크하면 되잖아'라고 생각하실 수도 있습니다. 하지만 문제는 우리에게 도움이 되는 정보만 있는 게 아니라는 사실입니다. 정확한 근거가 없는 쓸모없는 정보도 상당히 많습니다. 또 자신들의 이익을 위해 악의적으로 사기를 치는 사람들도 있습니다.

예를 들어 소액으로도 부동산 투자를 할 수 있고, 높은 수익을 얻을 수 있다고 강조하는 '역세권 토지 투자'의 경우, 기획부동산(사기꾼)일 확률이 매우 큽니다. 지하철역이나 KTX역이 들어서면 땅값이 크게 오른다는 점을 내세우며 금방이라도 큰돈을 벌 수 있을 것처럼 목소리를 높이지만, 대부분은 자신들이 싸게 산 땅을 비싼 값에 팔아치우려는 수작입니다. 이는 토지 등기부등본을 열람하거나 토지 실거래가를 확인해보면 쉽게 확인할 수 있습니다.

이렇듯 도움이 되는 정보만 있는 것이 아니다 보니 너무 많은 재테크 정보는 오히려 우리의 판단력을 흐트러뜨리는 독이 됩니다. 따라서 **재테크를 제대로 시작하기 위해서는 좋은 정보와 나쁜 정보를 구분할 수 있어야** 합니다. 이게 좋다면 이리로 흔들리고, 저게 좋다면 저리로 흔들리며 중심을 잡지 못하면 실패를 피할 수 없습니다. 그렇다면 어떻게 해야 좋은 정보와 나쁜 정보를 구분할 수 있을까요? 가장 먼저 **재테크의 기본 틀을 그려보는 작업이 필요합니다.** 재테크에 대한 기본 틀이 잡혀 있는 상태라면 다양한 정보가 쏟아진다 해도 자신에게 유용한 정보를 골라낼 수 있습니다.

재테크를 하는 이유

먼저 이런 질문을 던져보겠습니다. 우리가 재테크를 하는 이유는 무엇일까요? 내가 가지고 있는 '재산'을 '더 큰 재산'으로 만들기 위해서입니다. 재산을 불리기 위해 여러분은 은행에 예금을 하기도 하고, 펀드 상품에 가입하기도 하고, 때로는 주식에 직접 투자를 하고 있을 것입니다. 이러한 일련의 활동들을 흔히 재테크라고 부릅니다. 그렇습니다. **재테크의 목적은 재산을 증가시키는 데 있습니다.**

재테크는 어떻게 하느냐에 따라 아주 다른 결과를 가져옵니다. 예금으로 재테크를 할 경우와 주식으로 재테크를 할 경우의 차이를 생각해봅시다. 만약 이 대리가 1년에 2%의 이자를 주는 은행에 1,000만 원을 맡긴다면 어떻게 될까요? 이 대리의 '재산'인 1,000만 원은 1년 후에 '더 큰 재산'인 1,020만 원이 되어 있을 것입니다.

이번에는 이 대리가 1,000만 원을 A주식에 투자한다고 생각해봅시다. A주식의 주가가 오른다면 이 대리의 '재산'은 1년 후의 주가에 따라 '더 큰 재산'인 1,100만 원이 되어 있을 것입니다. 반대로 A주식의 주가가 떨어진다면 이 대리의 재산은 마이너스가 되어 900만 원으로 줄어들 수도 있습니다.

예금과 주식 투자의 결과가 다르듯 재테크 수단들은 저마다의 특징에 따라 서로 다른 결과를 가져옵니다. 이 때문에 **어떤 방법으로 어떻게 재테크를 하느냐는 매우 중요합니다.**

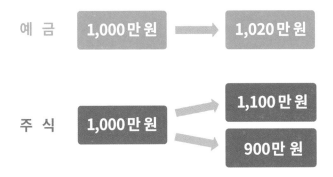

예금과 주식의 차이

예 금 　1,000만 원 ⟶ 1,020만 원

주 식 　1,000만 원 ⟶ 1,100만 원 / 900만 원

종잣돈, 어떻게 만들어야 할까?

그렇다면 투자를 하고자 할 때 필요한 종잣돈은 어떻게 만들어야 할까요? 종잣돈이라 불리는 재산이 있어야 재테크를 통해 더 큰 재산으로 불릴 테니 말입니다.

부모로부터 상속받은 재산이 없거나 아직까지도(?) 로또에 당첨되지 않았다면 결국 스스로 재산을 만들어나갈 수밖에 없습니다. 사업을 해서 사업소득을 얻거나 취직을 해서 근로소득을 벌어야 한다는 이야기입니다.

사실 재산을 만드는 방법은 매우 간단합니다. 내가 매달 벌어들이는 월수입에서 내가 매달 지출하는 금액을 뺀 만큼이 여유자금이 되고, 이 여유자금들을 차곡차곡 모으면 재산이 됩니다.

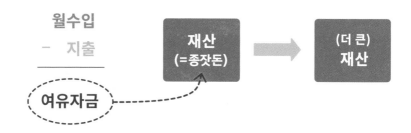

예를 들어, 월수입이 250만 원이고 지출이 200만 원이라면 한 달에 50만 원의 여유자금이 생깁니다. 이 여유자금 50만 원을 1년 동안 모으면 600만 원이 되죠.

너무 쉽나요? 자, 문제 하나를 내보겠습니다. 지금부터 1년 동안 더 많은 재산을 만들 수 있는 방법은 과연 몇 가지나 될까요? 잠시 여유를 가지고 생각해본 뒤 다음 내용을 이어서 보기 바랍니다. 더 많은 재산을 만들 수 있는 방법을 모두 찾았나요? 몇 가지나 찾았나요? 한 가지? 두 가지? 세 가지?

더 많은 재산을 만드는 네 가지 방법

정답은 네 가지입니다. 어떻게 네 가지나 되냐고요? 이 문제는 덧

셈과 뺄셈만 할 수 있다면 하나도 어렵지 않습니다. 하나씩 살펴보도록 하죠.

1. 월수입을 늘린다

첫 번째 방법은 월수입을 늘리는 것입니다. 월수입이 늘어나고 지출에 변동이 없다면 한 달에 저축할 수 있는 여유자금이 늘어납니다. 그러면 1년 동안 더 많은 재산을 모을 수 있겠죠?

예를 들어, 월급이 250만 원에서 300만 원으로 올랐는데 지출이 200만 원으로 동일하다면 저축할 수 있는 여유자금은 100만 원으로 늘어납니다. 1년 후에는 1,200만 원의 재산을 모을 수 있겠네요.

2. 지출을 줄인다

두 번째 방법은 지출을 줄이는 것입니다. 월수입이 250만 원으로 동일할 때 지출이 200만 원에서 150만 원으로 줄어든다면 어떻게 될까요? 이 경우에도 한 달에 저축할 수 있는 여유자금이 50만 원에서 100만 원으로 늘어나고, 1년 동안 더 많은 재산을 모을 수 있겠죠.

3. 여유자금을 잘 모은다

세 번째 방법은 여유자금을 잘 모아 수익을 얻는 것입니다. 월수입과 지출에 변동이 없다고 가정했을 때, 한 달에 50만 원의 여유자금을 돼지 저금통에 넣어서 모으는 것보다 조금이나마 이자를 주는 은행에 맡기는 것이 재산을 더 많이 모으는 데 유리합니다. 물론 은행보다 수익률이 더 높은 곳에 맡긴다면 더 많은 재산을 모을 수도 있겠죠?

$$\frac{월수입 - 지출}{여유자금 \uparrow}$$

4. 재산을 잘 불린다

네 번째 방법은 이미 모아둔 **재산(=종잣돈)을 잘 불려 수익률을 높이는 것**입니다. 여유자금을 모아 만든 종잣돈이 1,000만 원이라고 가정해봅시다. 이 종잣돈을 1%의 수익을 올릴 수 있는 곳에 투자하는 것보다 10%의 수익을 올릴 수 있는 곳에 투자하면 더 많은 재산을 모을 수 있는 것은 너무나 당연합니다.

재산(=종잣돈) ⬆ ➡ (더 큰) 재산

쉽지 않나요? 사실 재테크는 이 대리가 생각한 것만큼, 여러분이 생각한 것만큼 어렵지 않습니다. 네 가지 방법, 즉 '벌고, 쓰고, 모으고, 불리기'만 잘하면 됩니다. 돈을 어떻게 잘 벌고, 어떻게 잘 쓰고, 어떻게 잘 모으고, 어떻게 잘 불릴 것인지 공부하고 실행하는 일이 우리가 그토록 어렵게 생각한 바로 그 '재테크'라는 것입니다.

이제부터 저는 이 네 가지 과정을 '재테크 프로세스'라고 부르겠습니다. 앞으로 우리가 접하게 될 그 어떤 재테크와 관련한 노하우나 정보도 이 '재테크 프로세스' 안에서 모두 설명될 수 있습니다. 단 하나의 예외도 없이 말입니다.

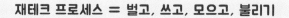

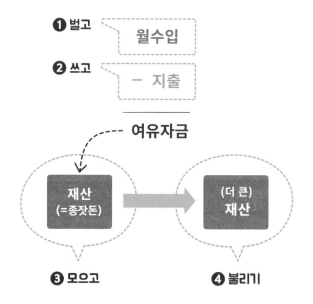

재테크, 어디서부터 잘못된 거죠?

　몇 달 전, 이 대리는 옆 부서 동기인 김 대리의 권유로 주식 투자를 시작했다. 좋은 정보가 있다는 김 대리의 말에 홀랑 넘어가버린 것이다. 주가가 2배 이상 오를 거라는 달콤한 유혹은 재테크에 문외한이던 이 대리의 마음을 흔들어놓기에 충분했다. 이 대리는 지금까지 직장생활을 하며 모아둔 돈을 모두 주식에 투자했다.

　초반에 주가가 조금 올랐을 때는 기분이 너무 좋았다. 이대로라면 머지않아 큰돈을 손에 쥘 수 있다는 기대감에 가슴이 설레기도 했다. '역시 돈은 이렇게 버는 거야!'라고 생각하며 우쭐해지기도 했다. 하지만 얼마 지나지 않아 주가는 곤두박질치기 시작했고, 이 대리의 마음도 함께 무너져 내렸다. '조금만 기다리면 다시 회복되겠지' 하는 마음에 손해가 계속되어도 마냥 버텼다. 그야말로 '존버'의 시작이었다.

주가가 떨어지자 일상도 꼬여버렸다. 초조한 마음에 업무를 하면서 5분에 한 번씩 주식 창을 열어보았다. 온 신경이 주식에 쏠린 탓에 업무에 제대로 집중할 수 없었다. 하루에 몇 번이고 '지금이라도 팔까? 물타기를 해야 하나?' 고민했다. 원금만 회복되면 당장 주식을 팔아버리겠다는 다짐을 몇 번이나 했는지 모른다.

하루는 업무 시간에 주식 창을 살펴보다가 부장님에게 들켜 한 시간이 넘도록 잔소리를 들었다.

"회사에서 딴짓할 거면, 집에 가서 편하게 해!"

이 대리는 비아냥대는 부장님이 야속하기만 했다.

주식은 주식대로 손해가 막심하고, 회사 일은 회사 일대로 자꾸만 꼬이니 이 대리의 스트레스는 쌓여만 갔다. 도대체 어디서부터 잘못된 걸까?

재테크에도 순서가 있다

오늘의 목표　'재테크 프로세스'를 단계별로 이해해보자.

많은 사람이 이 대리와 같은 실수를 합니다. 주식 시세를 확인하느라, 커뮤니티에 올라온 주식 분석 글을 읽어보느라, 떨어진 주가를 보고 한숨을 쉬느라 회사 업무는 뒷전이 되기 일쑤입니다. 하지만 우리가 주식 시세를 확인하며 한숨을 쉰다 해서 떨어진 주가가 다시 오르는 건 아니죠. 재테크를 할 때 반드시 명심해야 하는 한 가지는 바로 이것입니다.

'절대로 본업에는 소홀해지지 말자!'

앞서 우리는 재산을 늘리는 방법이 무려 네 가지나 된다는 것을 확인했습니다. 수입을 늘리고, 지출을 줄이고, 여유자금을 잘 모으고, 종잣돈을 잘 불리는 것!

재테크의 네 가지 방법은 내용도 중요하지만, 과정도 매우 중요합니다. 재테크 프로세스는 수입을 늘리고(벌고)→ 지출을 줄이고(쓰고)→ 여유자금을 저축하고(모으고)→ 종잣돈을 투자하는(불리기) 과정으로 이루어집니다.

재테크 프로세스

1단계	2단계	3단계	4단계
벌고	쓰고	모으고	불리기

1단계(벌기): 정확한 수입을 파악하라

재테크 프로세스의 첫 번째 단계는 수입을 늘리는 것입니다. 하지만 본업에서 당장 수입을 늘리는 것은 쉬운 일이 아닙니다. 승진 기회가 항상 있는 것도 아니고, 개인 사업자의 경우 매출을 갑자기 올릴 수 있는 것도 아니죠. 이런 이유 때문에 많은 사람이 투자에 눈을 돌립니다. 하지만 투자에 눈을 돌리기 전에 재테크의 첫 번째 단계에서 반드시 해야 할 일이 있습니다. 지금 내 본업에서 나오는 **수입이 얼마**

나 되는지 정확히 파악하는 것입니다.

재테크의 기본 재료가 되는 것은 여유자금입니다. 여유자금은 어디에서 생길까요? 바로 본업에서 벌어들이는 월수입에서 나옵니다. 월수입에서 지출을 뺀 것이 여유자금이라고 한 것을 기억하시죠? 월수입에서 여유자금을 만들어내기 위해서는 여러분의 월수입이 얼마인지 파악하는 작업이 필요합니다.

자기가 한 달에 얼마를 버는지 모르는 사람이 어디 있냐고요? 의외로 많습니다. 직장인은 월수입을 파악하는 작업이 간단합니다. 통장에 실제로 입금되는 월급을 확인만 하면 되죠. 하지만 상여금 혹은 성과급이 주기마다 추가로 지급되어 매달 받는 금액이 다른 직장인도 있습니다. 이 경우, 약간의 계산이 추가적으로 필요합니다.

예를 들어보겠습니다. 이 대리의 한 달 월급은 250만 원입니다. 그

직장인 이 대리의 월수입

	7월	8월	9월	월수입
급여액	250만 원	250만 원	500만 원 (상여금 250만 원)	333만 원 (1,000만 원/3)

자영업자 B씨의 월수입

	7월	8월	9월	월수입
월소득	300만 원	200만 원	500만 원	333만 원 (1,000만 원/3)

리고 분기마다 한 번씩(3, 6, 9, 12월) 100%의 상여금을 받습니다. 세 달에 한 번씩은 기본 급여에 100%를 더한 500만 원이 입금된다는 이야기입니다. 이때 7, 8, 9월 급여를 기준으로 월수입을 계산해보면, 3개월 동안 입금된 급여의 합계액인 1,000만 원(250만 원+250만 원+500만 원)을 3개월로 나눈 333만 원이 됩니다. 이 대리는 이 금액을 기준으로 지출 계획을 세워 재테크를 시작해야 합니다.

자영업자는 직장인보다 월수입을 파악하는 작업이 까다롭습니다. 매월 벌어들이는 수입이 다르기 때문이죠. 하지만 이 경우에도 직장인과 마찬가지로 일정 주기(최근 3개월)의 수입을 평균하여 구체적인 금액을 계산할 수 있습니다.

편의점을 운영하는 자영업자 B씨의 최근 3개월 소득이 각각 300만 원, 200만 원, 500만 원이라고 가정해봅시다. 월수입을 산출하기 위해서는 3개월 동안의 소득을 더한 금액 1,000만 원(300만 원+200만 원+500만 원)을 3개월로 나눠주면 됩니다. 계산해보니 333만 원이 나오네요.

2단계(쓰기): 지출 계획을 세워라

재테크 프로세스의 두 번째 단계는 **지출 계획을 세우는 것**입니다. 재테크를 하기 위해서는 종잣돈의 재료인 여유자금을 많이 만들어야 합니다. 여유자금은 월수입에서 지출을 뺀 금액입니다. 즉 지출을 줄일수록 여유자금을 많이 확보할 수 있습니다. 농구에서 리바운드를 지배하는 자가 경기를 지배하듯 자산 관리에서는 **지출을 지배하는 자가 재테크를 지배합니다.**

제 고등학교 동창 중에 대학병원에서 의사로 일하는 친구가 있습니다. 하루는 이 친구가 돈 때문에 고민이라며 하소연을 늘어놓았습니다. 의사는 전문직이고 급여 수준이 높기 때문에 처음에는 '돈도 많이 버는 녀석이 배부른 소리 하기는……'이라고 생각했습니다. 친구는 이렇게 말했습니다.

"남들에 비해 돈을 많이 벌고 있다고 생각했는데, 왜 나는 돈이 모이기는커녕 빚만 늘어나는 걸까?"

친구는 현재 급여가 평균 500만 원 정도인데, 지난달만 해도 마이너스 통장 잔고가 150만 원이나 늘어났다고 했습니다. 이게 도대체 어떻게 된 상황일까요? 저는 친구에게 이렇게 말했습니다.

"번 돈은 500만 원인데, 쓴 돈이 650만 원이니 당연히 빚이 늘어나지! 똑똑한 사람이 그것도 몰라?"

소득의 많고 적음을 떠나 소득보다 지출이 많다면 빚이 쌓일 수밖에 없습니다. 친구가 지금 당장 월수입 이하로 지출을 줄이지 않는다면 마이너스 통장 잔고는 계속 늘어날 것이고, 월급으로는 도저히 감당할 수 없는 수준이 되어버릴 것입니다.

이렇듯 월수입이 아무리 많더라도 지출이 더 크다면 재테크를 위한 여유자금을 만들 수 없습니다. 한 달에 500만 원이 아니라 1,000만 원을 번다 하더라도 1,200만 원을 써버린다면 여유자금은 고사하고 빚만 늘어날 수밖에 없죠. 그래서 재테크 프로세스에는 지출을 통제하는 것이 반드시 필요합니다.

구두쇠라고 손가락질 받을 정도로 허리띠를 꽉 졸라매라고 이야기하는 것이 아닙니다. 지출 항목을 체크해 불필요한 지출을 줄이고, 조금 아껴 쓰는 것만으로도 현금 흐름에 큰 차이가 생깁니다.

지출 계획을 세우기 위해서는 가장 먼저 지출 범위를 설정해야 합니다. 지출 상한선은 특별한 경우를 제외하고는 월수입 내로 정해야 합니다. 지출이 월수입을 초과해버린다면 빚이 늘어나는 것은 당연한 결과이기 때문입니다.

지출 범위를 설정하기 위해서는 상한선의 기준이 되는 월수입을 미리 알고 있어야 하겠죠? 그래서 2단계에서 지출을 통제하기에 앞서 반드시 1단계에서 월수입을 파악해야 하는 것입니다.

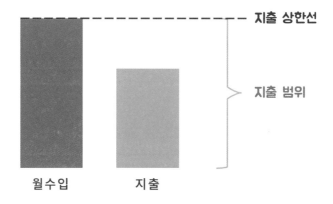

지출 상한선 기준

3단계(모으기): 여유자금을 잘 모아라

월수입을 파악하고 지출 계획을 세웠다면, 다음으로 해야 할 일은 재테크 프로세스의 세 번째 단계인 **여유자금을 모으는 것**입니다. 우리가 돈을 모으는 이유는 돈이 필요할 때 쓰기 위해서입니다. 1년 후에 전세금을 올려주기 위해 돈을 모아둬야 할 수도 있고, 급한 일에 대비해 비상예비자금을 모아둬야 할 수도 있습니다. 투자를 하기 위해 종잣돈을 모을 수도 있고, 3년 뒤에 사용할 결혼자금을 모을 수도 있겠죠. 돈을 모으는 이유가 각각 다른 만큼 돈을 모으는 방법도 각각 달라야 합니다. 1년 후에 필요한 돈과 10년 후에 필요한 돈을 똑같은 방법으로 모을 수는 없는 일이니까요.

'전세금 모으기'나 '종잣돈 모으기'처럼 돈을 모으는 각각의 이유를 '재테크 목표'라고 합니다. 우리는 여유자금을 모을 때 재테크 목표를 염두에 두고 작전을 짜야 합니다. 재테크 목표를 세우는 것은 재테크를 하는 데 있어 매우 중요하므로 다음 장에서 자세히 다루도록 하고, 여기서는 '목표에 따라 여유자금을 모으는 방법도 달라진다' 정도로만 정리하겠습니다.

4단계(불리기): 종잣돈을 잘 불려라

재테크 프로세스의 마지막 단계는 비로소 종잣돈을 투자하는 것입니다. '벌고, 쓰고, 모으고, 불리기' 가운데 '불리기'에 해당합니다. 본격적으로 투자를 시작하기 전에 한 가지 기억해야 할 사실은 이 과정이 재테크 프로세스의 마지막 단계라는 점입니다. 1~3단계 과정을 마친 후에 4단계를 실행해야 한다는 점을 잊지 말기 바랍니다.

종잣돈을 충분히 만들기 전에 혹은 여유자금이 매월 안정적으로 유입되기 전에 투자를 시작한다면 어떤 일이 벌어질까요? 안정적인 자금 유입 없이 시작한 투자는 결국 빚으로 이어지게 됩니다. 투자를 해야겠는데 수중에 돈이 없으니, 빚을 내 투자를 하게 될 수도 있다는 이야기입니다.

TV 경제 프로그램을 보다 보면 중간중간 ××론, ○○스탁 같은 대출 광고가 유난히 많이 나옵니다. 광고가 끝난 후 주식 방송에서는 소위 전문가라 불리는 사람들이 나와 투자 종목을 마구 추천해줍니다. 그럴듯해 보이는 근거를 대며 사람들을 꼬드기죠. 그런 다음 다시 대출 광고를 보여줍니다. 종목 추천과 대출 광고를 번갈아가며 내보내며 빚을 내서라도 주식 투자를 하라고 노골적으로 유혹하는 모습을 보고 있으면 참으로 기가 막힙니다.

일반적으로 주식담보대출 금리는 주택담보대출이나 신용대출 금리보다 높습니다. 적게는 4%에서 많게는 10%나 되는 금리를 부담해야 하죠. 하지만 금리가 이렇게 높은데도 불구하고 주식 투자를 하기 위해 대출을 받는 사람이 계속 늘어나고 있습니다. 왜일까요? 주식 투자를 통해 대출 이자 이상의 수익을 낼 수 있다고 믿기 때문입니다.

물론 주식 투자로 큰 수익을 내 대출을 갚고도 이익이 남는다면 문제될 것이 없습니다. 초심자의 행운으로 처음 몇 차례는 빚을 내 투자하고도 수익을 올릴 수도 있습니다. 몇 차례 수익을 맛본 사람들은 자신의 투자 방식에 확신을 가지게 됩니다. 그러다 결국 자신이 알고 있는 주식 종목이 오를 것이라 맹신한 나머지 스스로 감당할 수 없을 만큼 빚을 내기도 합니다. 그렇게 '주식으로 거지가 되는 지름길'에 들어서게 되는 것이죠.

빚을 내 하는 투자는 시간이 지날수록 손해를 볼 수밖에 없습니다. 주식 투자를 하다 보면 수익을 올릴 때도 있고, 손실을 입을 때도 있습니다. 하지만 빚을 내 투자를 하면 손실을 입었을 때 타격이 훨씬 더 치명적입니다. 자신이 가진 돈보다 더 많은 돈을 대출받아 투자했기 때문에 손실 규모가 감당할 수 없는 수준이 되어버립니다. 돈을 모두 날린 뒤에 후회해봤자 돌이킬 수 없습니다.

결론은, 재테크 프로세스 안에서의 투자는 종잣돈과 주어진 현금 흐름으로 감당할 수 있는 정도로만 해야 한다는 것입니다. 투자는 본업에서 얻는 소득을 도와주는 역할이라고 생각해야 합니다. 절대 투자 자체를 주된 소득으로 생각해서는 안 됩니다.

비트코인 투자가 한창 유행일 때 친구 C와 저는 만날 때마다 비트코인에 대한 의견을 나누었습니다. 대학교수였던 C는 교수답게 블록체인 기술의 우수성과 가치에 주목했습니다. 앞으로도 비트코인은 계속 오를 것이라 주장하며 제게도 투자를 권했습니다. 하지만 폭등과 폭락을 반복하는 금융시장 투기의 역사를 공부한 저는 비트코인의 비이성적인 상승이 오래가지 않을 것이라 예측했습니다.

비트코인을 보는 관점이 달랐던 만큼 C와 저의 의견 차이는 좁혀지지 않았습니다. 하지만 저는 비트코인 가격의 등락과 상관없이 C의 투자를 별로 걱정하지 않았습니다. C는 자신이 감당할 만한 수준의 투자를 하고 있었고, 손실이 나더라도 학생들을 가르치며 얻는 본업의 수입으로 손실을 금방 복구할 수 있을 것이라 생각했기 때문이죠.

그 후 비트코인은 반 토막이 났지만, C는 현금 흐름에 여유가 있었기 때문에 큰 타격을 입지 않았습니다. 그리고 비트코인이 다시 상승했을 때 지난 손실을 복구하고 추가 수익을 얻기도 했습니다. 이처럼 여유자금의 한도 내에서 재테크를 한다면 훨씬 안정적으로 투자를 할 수 있습니다. 이러한 안정성은 본업에서 나오는 수입이 그대로 유지되기 때문에 가능한 것입니다.

여러분도 안정적으로 재테크를 하길 원하나요? 그렇다면 가장 먼저 월수입을 파악하고, 지출을 통제한 이후 여유자금을 모으고, 종잣돈을 투자해야 한다는 재테크 프로세스를 잊지 말기 바랍니다.

제 목표는 100억 부자입니다만……

이 대리는 재테크를 처음부터 차근차근 시작해보기로 결심했다. 재테크 책을 열심히 읽고, 금융 상품에 대한 공부를 게을리 하지 않으며 본격적으로 재테크를 해볼 생각이었다. 벌써 《4주 완성! 첫 돈 공부》라는 책도 사두었다. 재테크 초보자가 읽기에도 부담이 없어 보여 이 대리는 '나도 할 수 있다'라는 기대감이 생겼다.

이 대리는 목표의 중요성을 잘 알고 있었다. 어떤 일을 하든 가장 먼저 명확한 목표를 세우고, 그 목표를 향해 한 걸음씩 전진하다 보면 결국 이뤄낼 수 있다는 믿음을 가지고 있었다. 이러한 진리는 재테크에 있어서도 예외가 아닐 것이 분명했다. 이 대리는 재테크 공부를 시작하기에 앞서 자신이 재테크로 이루고 싶은 목표부터 세워보기로 했다.

결혼을 앞둔 이 대리의 친구 한솔이는 요즘 결혼자금 때문에 고민이 많다며 하소연했다. 최근 아이를 낳은 진영이도 전세 보증금이 올라 이사 갈 집을 알아보는 중이라며 울상이었다. 이 대리는 미혼이고 자식도 없었지만, 친구들의 신세 한탄이 남 일처럼 느껴지지 않았다. 돈 걱정 없이 살려면 돈을 어느 정도나 가지고 있어야 할까?

이 대리는 노트에 '목표: 1억 원 모으기'라고 썼다가 이내 쓱쓱 지워버렸다.

'요즘 1억 원으로 할 수 있는 일이 뭐가 있겠어?'

물론 1억 원이 적은 금액인 것은 아니지만 목표로 삼기에는 뭔가 부족해보였다. 그리고 목표가 높아야 성취도 크지 않겠는가! 이 대리에게는 더 높은 목표가 필요했다.

'10억 원이면 충분할까?'

하지만 이 금액도 여전히 아쉬웠다. 요즘 서울의 웬만한 아파트 가격은 10억 원이 넘었다. 10억 원이 있어봤자 아파트 하나 사고 나면 생활은 지금과 조금도 달라질 것 같지 않았다. 이 대리에게는 좀 더 높은 목표가 필요했다.

'100억 원이면 어떨까?'

이 대리는 100억이란 숫자가 마음에 들었다. 100억 원만 있다면 남부럽지 않게 멋있는 삶을 살 수 있을 것 같았다. 1년에 1억 원씩 팍팍 쓰며 살아도 100년은 쓸 수 있다니 이 얼마나 꿈같은 일인가! 이로써 이 대리의 목표는 결정되었다.

"그래! 지금부터 내 목표는 100억 원을 모으는 거야!"

재테크 목표를 정하라

오늘의 목표   재테크 목표의 중요성을 이해하고,
나의 재테크 목표를 설정해보자.

인생을 살아가면서 목표를 가진다는 것은 매우 중요합니다. 목표는 인생의 방향을 잡아줄 뿐만 아니라 그 목표를 달성하기 위한 노력의 원동력이 되기 때문이죠. 목표가 있는 사람과 목표가 없는 사람의 성취도를 비교해보면, 그 결과는 엄청난 차이가 있습니다.

    미국 예일대에서 목표와 성공의 상관관계에 대한 실험을 진행한 적이 있습니다. 실험을 위한 설문조사에서 3%의 학생은 목표가 있으며 그 목표를 기록해두었다고 답했고, 나머지 97%의 학생은 뚜렷한 목표가 없거나 기록을 해두지 않았다고 답했습니다.

그로부터 20년 후, 설문에 응했던 학생들의 소득 수준을 조사해 보았습니다. 조사 결과, 놀랍게도 목표를 기록해둔 3%의 소득이 나머지 97%의 소득을 전부 합한 것보다 더 많았다고 합니다. 이런 사례만 보더라도 목표를 가지는 것이 얼마나 중요한지 알 수 있습니다.

재테크에 있어서도 목표는 중요합니다. 재테크 목표를 세우면 그 목표를 달성하기 위해 전략을 짜게 됩니다. 그리고 재테크 전략을 실현시키기 위해 계획을 세우죠. 목표를 세우고 전략을 짜 계획을 실행하는 과정을 반복하면, 목표를 달성할 확률도 그만큼 높아지게 됩니다.

또한 동기부여가 되어 지출을 줄이고 절약을 할 수 있는 원동력이 됩니다. 막연히 돈을 모으겠다고 하는 사람들은 얼마 지나지 않아 실패하기 십상입니다. 끊임없이 몰려오는 소비 욕구를 참을 수 없기 때문이죠. 하지만 강한 목표 의식을 가지고 있는 사람은 소비의 유혹을 뿌리치고 계획에 맞게 지출을 관리할 수 있습니다.

재테크 목표 설정에 필요한 세 가지 요소

그렇다면 재테크 목표는 어떻게 세워야 할까요? 이 대리처럼 거창하게 "100억 원을 모으는 것이 목표다!"라고 말한다면 그게 목표가 될까요? 그렇지 않습니다. 재테크 목표를 제대로 세우기 위해서는 다음 세 가지 요소가 반드시 필요합니다. 하나씩 살펴보도록 하죠.

1. 목표 금액

첫 번째 요소는 목표 금액입니다. 일정한 기간 이내에 돈을 얼마나 모을 것인지를 미리 정해야 합니다. 이 대리가 100억 원이라고 정한 것처럼 말이죠. 이때, 한 가지 전제조건이 있습니다. 현실성 있는 금액을 목표로 정해야 한다는 것입니다.

100억 원이라는 목표 금액은 현실성이 있을까요? 물론 현실적으로 가능한 사람이 있을 수도 있습니다. 상속으로 고액의 재산을 물려받은 사람이나 상위 0.1%의 고액 연봉자들은 가능할 수도 있죠. 하지만 일반적인 경우에는 거의 불가능합니다. 아무리 주식, 부동산, 가상화폐 등 여러 가지 투자 방법을 통해 원금을 불려나간다 해도 쉽지 않습니다.

목표 금액을 설정할 때는 작은 성취를 자주 이룰 수 있도록 하는 것이 좋습니다. 100만 원 단위나 1,000만 원 단위로 목표를 세우는 것이죠. 목표를 달성하고 성취감을 맛본다면 재테크에 재미를 느끼게됩니다. 그리고 자신감도 생기죠. 그 이후부터는 지출을 관리하고, 여유자금을 모으는 일이 훨씬 수월해집니다.

1년 동안 1,000만 원을 모으는 것을 목표로 설정하고 달성한 사람이 있습니다. 이 사람의 그 다음 1년은 어떨까요? 모아둔 1,000만 원을 적절히 운용하고, 1년 동안 쌓은 노하우로 지출 관리를 더욱 철저히 하면 3,000만 원을 모으는 일도 그리 어려운 일이 아닐 것입니다.

재테크에 성공한 많은 사람이 작은 목표에서 시작해 성공을 쌓아가며 점점 재산을 불렸습니다. **현실성 있는 목표를 세워 그것을 달성하겠다는 마음가짐이 무엇보다 중요합니다.**

2. 목표 기간

두 번째 요소는 목표 기간입니다. 목표 금액을 모을 수 있는 목표 기간을 정해야 합니다. 목표 금액은 1,000만 원으로 설정했는데, 목표 기간을 정하지 않았다면 어떻게 될까요? 1,000만 원을 모으기까지 몇 년이 걸릴 수도 있습니다. 효율적인 재테크를 위해서는 목표 기간도 구체적으로 정해야 합니다. 이 대리의 경우, 목표 금액은 100억 원으로 정했지만 목표 기간을 정하지 않았네요.

목표 기간은 목표 금액에 맞게 현실적으로 정해야 합니다. '1년에 1,000만 원 모으기', '5년에 1억 원 모으기'처럼 말입니다. 목표 기간은 1년보다 짧게 정할 수도 있고, 노후자금 등 사용 목적에 따라 10년 이상과 같이 장기로 정할 수도 있습니다.

목표 기간을 정해야 하는 또 하나의 중요한 이유는 기간에 따라 투자 방법이 달라지기 때문입니다. 내년에 전세금이 오를 것을 대비해 돈을 모으는 것이 목적인데, 10년 후부터 수익성이 좋아지는 변액 보험 상품에 가입하는 것은 매우 어리석은 일입니다. 7년 후에 집을 사는 것이 목적인데, 7년 동안 적금만 붓고 있다면 수익성이 너무 떨어집니다.

이처럼 **기간에 따라 투자 방법도 달라지기 때문에 목표 기간은 반드시 정해둬야** 합니다. 기간에 따라 어떠한 금융 상품에 투자해야 하는지는 Day 14에서 자세히 다룰 예정이므로, 여기서는 아래 표만 간단히 살펴보고 넘어가겠습니다.

기간에 따른 투자 방법

구분	기간	투자 방법	전략
단기	2년 미만	예금, 적금, MMF, CMA 등	안정성 + 유동성
중기	2~7년	주식, 펀드, ETF 등	수익성
장기	7년 이상	연금 상품, 변액보험, 부동산 등	안정성 + 수익성

3. 사용 용도

세 번째 요소는 목표 금액의 사용 용도입니다. 돈의 사용 용도를 미리 계획하는 것은 매우 중요합니다. 용도에 따라서도 돈을 모으는 방법이 달라지기 때문이죠.

비상시에 사용할 수 있는 돈을 1년 동안 500만 원 모으는 것이 목표라고 가정해봅시다. 이 돈의 사용 용도는 비상예비자금입니다. 급한 일이 생겼을 때 현금으로 찾아 바로 쓸 수 있어야 합니다. 따라서 비상예비자금을 적금(만기 이전에 돈을 찾으면 이자가 거의 없음)이나 펀드(일정 기간 이전에 환매하면 수수료가 붙음)에 투자하는 것은 바람직하지 않습니다. 비상예비자금은 짧은 기간에도 이자를 받을 수 있고, 즉시 환금도 가능한 MMF나 CMA 등으로 모으는 것이 좋습니다. MMF와 CMA에 대해서는 이어지는 〈심화학습〉에서 더 자세히 설명하겠습니다.

3년에 5,000만 원을 모으는 것을 목표로 세웠다고 가정해봅시다. 그런데 3년 후 결혼자금으로 사용하게 될 경우와 투자 종잣돈으로 사용하게 될 경우, 돈을 모으는 방법이 같을까요? 그렇지 않습니다. 다른 방법으로 돈을 모아야 합니다. 결혼자금은 확실한 사용처가 있기 때문에 상대적으로 안정적인 방식으로 모아야 하지만, 종잣돈은 투자가 목적이기 때문에 상대적으로 수익성이 높은 방식으로 모으는 것이 좋습니다.

이처럼 **목표 금액의 사용 용도에 따라 자금 운용 방식이 달라질 수 있습니다.** 따라서 목표를 세울 때는 사용 용도를 미리 정해야 적절한 운용 계획을 세울 수 있습니다.

이 대리의 이야기로 돌아가보겠습니다. 이 대리의 목표는 단순히 '100억 원 모으기'였습니다. 이제 이 목표가 잘못되었다는 것을 알아차리셨나요? 첫 번째, 목표 금액에 현실성이 없습니다. 두 번째, 목표 기간을 설정하지 않았습니다. 세 번째, 사용 용도를 정하지 않았습니다. 이 대리가 세운 재테크 목표는 한마디로 엉망입니다. 우리는 좀 더 똑똑하게 재테크 목표를 세워보도록 합시다.

재테크 목표에 이름표를 달자

앞서 미국 예일대에서 진행한 실험을 소개했습니다. 성공을 거둔 3%의 학생들은 20년 전부터 뚜렷한 목표를 가지고 있었을 뿐만 아니라 그 목표를 기록해두었습니다. 우리도 재테크 목표를 정하는 데 그치지 말고, 그 목표들에 이름표를 달아보도록 합시다.

재테크 목표의 이름표에는 목표 금액과 목표 기간, 사용 용도가 모두 담겨 있어야 합니다. 만약 3년에 5,000만 원을 모아 투자 종잣돈으로 사용할 계획이라면 '5,000만 원(3년)-투자 종잣돈'이라고 적어두면 됩니다.

목표 자금에 이름표를 달면 좋은 점이 또 한 가지 있습니다. 자금의 사용처를 미리 정해두면 돈을 모으고 난 뒤 불필요한 지출을 막을 수 있습니다. 1년 동안 열심히 적금을 부어 돈을 모았는데 미리 정해둔 지출 항목이 없다면 어떻게 될까요? 사람의 뇌는 이 돈을 잉여자금으로 판단해 신나게 쇼핑을 하는 등 불필요한 지출을 하는 데 써버릴 가능성이 큽니다. 만기까지 돈을 모으느라 고생한 나에게 주는 선물이라며 평소에 갖고 싶었던 것을 구매한 경험은 누구나 한 번쯤 있을 것입니다.

재테크 목표가 한 가지일 필요는 없다

재테크 목표에 대해 오해하지 말아야 할 점이 있습니다. **재테크 목표가 꼭 한 가지일 필요는 없다**는 것입니다. 저는 현재 세 가지 재테크 목표를 가지고 있습니다. 첫 번째 목표는 여행자금입니다. 1년에 한 번씩 아내와 여행을 다니기 위해 매년 300만 원을 모으고 있습니다. 두 번째 목표는 새차구입자금입니다. 3년 후에 새 차를 장만하기 위해 3,000만 원을 모으고 있죠. 마지막 세 번째 목표는 새집이사자금입니다. 5년 후에 새집으로 이사 가기 위해 5,000만 원을 모으고 있습니다. 저의 전체적인 재테크 목표는 이 세 가지 목표의 합이 되겠죠.

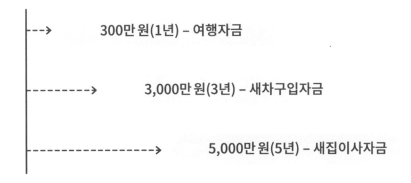

300만 원(1년) – 여행자금

3,000만 원(3년) – 새차구입자금

5,000만 원(5년) – 새집이사자금

사람마다 돈을 모으고자 하는 이유는 제각기 다릅니다. 목표 금액은 물론 목표 기간, 사용 용도 등이 모두 다르죠. 또한 각각의 목표를 효과적으로 이루기 위한 재테크 방법도 모두 다릅니다. 재테크 목표에 맞는 재테크 상품들을 잘 이해하여 효율적으로 돈을 운용할 수 있도록 하는 것이 바로 우리가 재테크를 공부하는 목적입니다.

비상예비자금 관리는
MMF와 CMA로!

살다 보면 예상치 못한 일들로 지출이 생기는 경우가 많습니다. 재테크를 할 때는 만약의 경우에 대비해 비상예비자금을 마련해두어야 합니다. 비상시에 쓰는 돈이므로, 필요할 때 바로 꺼내 쓸 수 있고 원금 손실이 거의 없으면서도 수익성은 높은 상품에 돈을 맡기는 것이 좋습니다. 이러한 비상예비자금을 관리하기에 적합한 상품이 MMF와 CMA입니다.

MMF는 'Money Market Fund'의 약자로, '단기금융펀드'라고도 불립니다. MMF는 안전한 단기 금융 상품에 집중투자하여 손실 위험을 낮춘 것이 특징입니다. 이 때문에 손실이 날 가능성은 거의 없다고 할 수 있습니다. 또한 별도의 수수료 없이 당일 환매가 가능하고, 하루만 돈을 맡겨도 하루 치 이자를 계산해 지급합니다. 즉 이자가 매일 붙는 금융 상품이죠. 2020년 7월 기준, MMF의 수익률은 연 1.0~1.8% 정도입니다. 이는 저축은행의 예금 이자와 비슷한 수준입니다. 하지만 MMF도 펀드의 일종이기 때문에 수익률이 조금씩 바뀔 수 있다는 점은 기억해두셔야 합니다.

CMA는 'Cash Management Account'의 약자로, '종합자산관리계좌'라고도 불립니다. CMA는 증권사나 종금사에서 고객들이 맡긴 돈을 채무증서나 어음 등으로 운용해 수익을 지급해주는 금융 상품입니다. 증권사에서 개설하는 입출금 통장 정도로 알고 계시면 됩니다. 은행의 입출금 통장보다 금리가 높고, 자동이체와 카드 결제도 가능하기 때문에 직장인들이 월급 통장으로 활용하는 경우가 많습니다. 다음 표를 통해 MMF와 CMA의 공통점과 차이점을 알아두시기 바랍니다.

MMF와 CMA의 공통점과 차이점

		MMF	CMA
공통점		1. 입출금이 자유로움 2. 손실 위험이 낮음 3. 하루만 맡겨도 이자가 붙음	
차이점	취급 회사	은행, 증권사	증권사, 종금사
	금리	변동금리	확정금리
	예금자보호	대상 아님	적용되는 상품도 있음
	결제, 자동이체, 카드 발급 등	불가능	가능

나의 재테크 목표는?

재테크는 직접 실행해보는 것이 가장 중요합니다. 귀찮은 마음에 그냥 다음 페이지로 넘기고 싶은 분도 있을 것입니다. 하지만 이 부분을 그냥 넘겨버린다면 앞으로 이어질 내용들은 아무 쓸모가 없을지도 모릅니다. 귀찮아하지 말고, 함께해보도록 합시다.

1. 나의 재테크 목표를 1~3개 정해봅시다. (목표 금액, 목표 기간, 사용 용도를 반드시 포함할 것)
  예시) 500만 원(1년) – 비상금

2. 재테크 목표를 정하는 것이 어렵다면, 아래에 열거된 재테크 목표 가운데 1~3개를 골라 본인에게 맞도록 금액과 기간을 정해봅시다.

500만 원(1년) – 비상금	300만 원(1년) – 여행자금	3,000만 원(2년) – 전세금
1,000만 원(2년) – 자녀양육비	5,000만 원(3년) – 결혼자금	5,000만 원(3년) – 종잣돈
3,000만 원(3년) – 새차구입비	1억 원(5년) – 새집마련자금	1억 원(5년) – 사업자금
3,000만 원(7년) – 자녀학자금	5,000만 원(10년) – 자녀결혼자금	3억 원(30년) – 노후자금

3. 그럼에도 재테크 목표를 정하는 것이 어렵다면, 우선 비상금과 종잣돈을 모으는 것을 목표로 정해봅시다. 비상금과 종잣돈으로 얼마를 모으고 싶은가요? 목표 기간은?

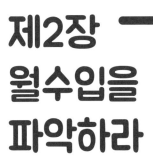

제2장
월수입을
파악하라

회사 일은 됐고, 재테크나 할래요!

이 대리는 요즘 과장 승진 시험을 앞두고 있어서 스트레스가 이만저만이 아니었다. 이 대리의 회사는 승진 시험이 까다롭기로 업계에서 유명했다. 그만큼 시험을 한 번에 통과하기란 하늘의 별 따기였다.

오늘도 이 대리는 퇴근 후에 술 한잔의 유혹을 간신히 뿌리치고 공부를 하기 위해 책상 앞에 앉았다. 그런데 책상이 너무 지저분한 것이 아닌가!

'책상이 이렇게 어수선하면 제대로 공부를 할 수 없지!'

이 대리는 책상 정리를 하느라 30분이나 썼지만, 깔끔해진 책상을 보며 흐뭇해했다.

'이제 공부를 시작해볼까?'

그런데 이번에는 불현듯 프로야구 경기 결과가 궁금해졌다. 처음에는 야구 경기 결과만 확인하려 했지만 정치, 경제, 사회, 연예 뉴스까지 정독하고 나서야 스마트폰을 내려놓았다. 이 대리는 마음을 가다듬고 공부를 시작하기로 했다. 그런데 갑자기 부장님이 업무 지시를 내린 것이 떠올랐다. 이 대리는 거래처에서 업무 메일이 도착했는지 확인하기 위해 다시 스마트폰을 집어 들었다. 사실 내일 아침에 회사에 가서 확인해도 급할 것 없는 일이었다.

이런저런 일들을 하고 나니 세 시간이 훌쩍 지나 있었다. 승진 시험은 얼마 남지 않았는데 시간은 왜 이렇게 잘 가는 건지……. 도무지 공부에 집중할 수 없었던 이 대리는 급기야 스스로와 타협하기 시작했다.

'이번에 떨어지면 다음에 열심히 하지 뭐! 그리고 꼭 승진을 해야 하나? 승진을 하지 못해 월급이 오르지 않아도 재테크만 잘하면 여유롭게 살 수 있잖아. 안 좋은 머리 굴려가며 힘들게 공부하는 것보다 그 시간에 수익률 좋은 투자 상품을 찾는 게 더 이득일지도 몰라.'

이 대리는 결국 책은 한 글자도 보지 않고 재테크에 전념하겠다고 다짐했다.

승진하라!
이번이 마지막 기회인 것처럼

오늘의 목표　재테크에서 월수입이 중요한 이유를 이해해보자.

본업의 소득과 재테크는 별개라고 생각하는 사람들이 있습니다. 소득을 늘리는 것이 재테크와는 아무 상관없다고 생각하는 것이죠. 그런 사람들은 아직도 재테크를 '종잣돈 굴리기' 정도로만 인식하고 있습니다. 하지만 1장에서 이야기했듯 소득은 재테크와 밀접한 관계가 있습니다. 단순히 그냥 관계가 있는 정도가 아니라, 재테크 프로세스가 시작되는 출발점입니다. 소득에 따라 여유자금의 크기도 달라지고, 모을 수 있는 돈의 크기도 달라지기 때문입니다.

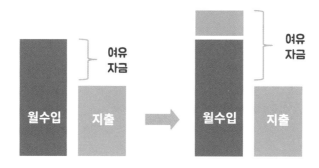

승진을 수익률로 환산한다면?

승진 시험을 앞둔 이 대리는 공부가 잘되지 않자, 재테크만 잘하면 승진을 꼭 하지 않아도 상관없다고 생각합니다. 과연 그럴까요? 한 조사 결과에 따르면, 중소기업의 직급별 평균 연봉은 다음과 같습니다.

승진으로 인한 수익률

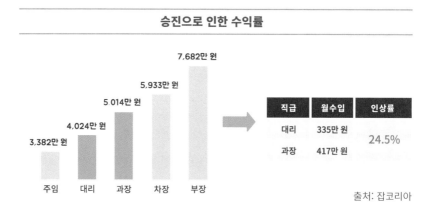

직급	월수입	인상률
대리	335만 원	24.5%
과장	417만 원	

출처: 잡코리아

이 표에 따르면 이 대리가 과장으로 승진한다면 월수입은 335만 원에서 417만 원으로 늘어나게 됩니다. 이때 인상률은 24.5%입니다. 무려 24.5%!

이것이 바로 승진을 하면 얻게 되는 수익률입니다. 24.5%의 수익률이 얼마나 대단한지 감이 오지 않는다고요? 투자의 귀재이자 한때 세계 부자 순위 1위를 장식한 워런 버핏의 연평균 수익률은 어느 정도였을까요? 그의 수익률은 24% 정도였다고 합니다.

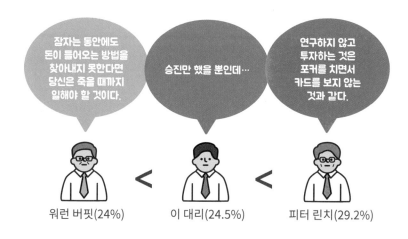

독보적인 펀드 운용 수익률을 자랑하며 월스트리트의 전설로 기억되는 투자자 피터 린치의 경우는 어떨까요? 그가 펀드를 운용한 13년 동안 마젤란 펀드(피터 린치가 운용한 대표적인 펀드)의 연평균 수익률은 29.2%였습니다. 이 대리가 승진함으로써 얻게 되는 24.5%의 수익률은 세계적인 투자자들과 어깨를 나란히 할 정도로 엄청난 것이라는 이야기입니다.

투자를 하는 데는 위험이 따릅니다. 수익률이 높을수록 위험은 더 커집니다. 위험이 크다는 말은 돈을 잃을 확률도 커진다는 이야기입니다. 워런 버핏과 피터 린치도 높은 수익률을 얻기 위해 큰 위험이 존재하는 주식에 투자를 했습니다.

하지만 승진을 통해 얻게 될 수익률에는 위험이 없습니다. 돈을 잃게 될 염려는 조금도 하지 않아도 됩니다. 무위험 고수익의 획기적인 투자처라는 뜻입니다. 그런 면에서 세계적인 투자자들에게 돈을 맡기는 것보다 훨씬 이득입니다. 이런데도 승진을 하는 데 목숨을 걸지 않으시겠습니까?

은퇴를 늦추는 것도 재테크다

소득이 재테크의 중요한 일부분이라는 또 다른 이유를 설명하려 합니다. 여러분은 노후 준비를 잘하고 있나요? 여기, 노후와 관련해 주목해야 할 한 가지 통계가 있습니다. 노년층의 은퇴 시기가 점점 늦어지고 있다는 통계입니다.

통계청의 자료에 따르면, 2000년에 196만 명이던 60세 이상 취업자 수는 매년 꾸준히 증가해 2019년에 470만 명에 달했습니다. 짧은 기간 동안 엄청난 속도로 증가했죠.

60세 이상 취업자 수가 계속 증가하는 이유는 무엇일까요? 평균 수명이 늘어났기 때문에? 노후 준비를 제대로 하지 못해서? 물론 그

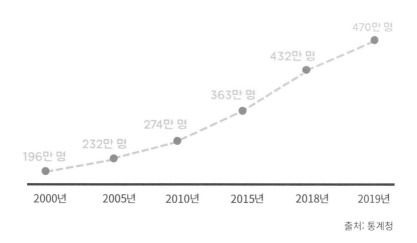

60세 이상 취업자 수

470만 명

432만 명

363만 명

274만 명

232만 명

196만 명

2000년   2005년   2010년   2015년   2018년   2019년

출처: 통계청

러한 이유도 있겠지만 가장 중요한 이유는 따로 있습니다. 그것은 바로 **노후에 일을 하는 것도 재테크**이기 때문입니다. 이게 무슨 소리인지 얼른 이해가 되지 않죠? 예를 들어보겠습니다.

A씨와 B씨는 50년지기 친구다. 두 사람은 취직도 같은 나이에 했고 연봉도 같았다. 심지어 승진과 은퇴를 한 시기도 같았고, 퇴직 후 국민연금 수령액까지 같았다.

국민연금을 수령할 나이가 되자 A씨는 긴 고민 끝에 바로 연금을 받기로 했고, 조금 더 일을 하고 싶었던 B씨는 5년 동안 연금 개시를 미루기로 했다. 연금 지급 시기에 서로 다른 선택을 한 A씨와 B씨! 이 두 사람은 나중에 얼마씩의 연금을 받게 될까?

과연 두 사람의 연금수령액은 차이가 있을까요? 정답부터 말씀드리면, 차이가 납니다. 그것도 큰 차이가 납니다.

국민연금법에 따르면, 국민연금 지급 시기를 연기하면 1년마다 7.2%를 연금액에 가산해 지급해야 합니다. 이는 최대 5년간 연기할 수 있으며, 5년을 연기했을 때 36%의 연금액을 가산하게 됩니다.

연금을 바로 받기로 한 A씨와 5년 후부터 받기로 한 B씨의 연금액은 매월 36% 차이가 날 것입니다. A씨가 매월 100만 원을 받는다면, B씨는 이보다 36% 많은 136만 원을 받게 됩니다. A씨가 200만 원을 받는다면 B씨는 272만 원을 받겠죠. 이렇게 B씨는 죽을 때까지 A씨보다 매달 36% 더 많은 연금을 받게 될 것입니다.

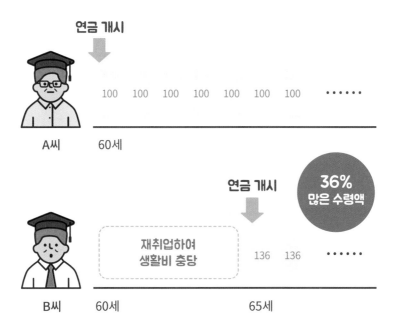

36%가 크지 않게 느껴지나요? 앞서 언급한 워런 버핏과 피터 린치의 수익률보다 훨씬 높은 수익률인데요? 그것도 아무 위험 없이 죽을 때까지 수익률이 보장됩니다.

이런 투자 수단은 흔하지 않습니다. 건강 관리를 잘해 남들보다 5년만 더 일하면 36%나 더 많은 연금을 받을 수 있습니다.

네 문제는 월급 관리가 아니야

어느 날 20대 중반인 친한 동생이 제게 이렇게 물었습니다.

"저는 월급 관리를 어떻게 해야 할까요?"

고등학교를 졸업하자마자 사회에 뛰어든 동생은 생과일주스 전문점에서 아르바이트를 하며 한 달에 130만 원 정도를 벌고 있었습니다. 동생은 과소비를 하는 것도 아닌데 늘 생활비가 빠듯해 돈을 모으는 것은 꿈도 꾸지 못한다고 했습니다. 월급은 통장에 들어오기가 무섭게 신용카드 대금으로 빠져나가기 바빴습니다. 현금이 없으니 급하게 돈이 필요할 때는 신용카드로 현금 서비스를 받기도 했습니다. 이런 답답한 생활이 반복되니 돈을 모으는 것은 좀처럼 쉽지 않았습니다. 동생은 고민하다가 결국 제게 재테크 상담을 요청했습니다.

동생의 지출 내역과 생활 패턴을 꼼꼼히 체크했지만 아무리 봐도 지출을 줄일 구석이 보이지 않았습니다. 지출이 문제의 본질이 아니었습니다. 저는 마침내 이렇게 결론 내렸습니다.

"애초에 질문 자체가 틀렸어. 월급 관리를 어떻게 해야 하는지가 아니라, 월급을 어떻게 늘려야 하는지를 물어봤어야지!"

혹시 허리띠를 꽉 졸라매고 지출을 줄여도 월급이 적어 돈이 모이지 않나요? 돈을 모으는 것이 절실하다면 야간 근무를 하든, 주말에도 출근을 하든, 추가 수당을 받을 수 있는 일이라면 뭐든 하세요. 그래도 여전히 부족하다고요? 그렇다면 연봉을 올려 받을 수 있는 곳으로 이직을 준비하세요. 그렇게 했는데도 부족하다면 쉬는 날에도 돈을 벌 수 있도록 부업을 찾아보세요. 소득을 늘리는 것이 바로 재테크의 시작입니다.

월급이야 회사에서 정확히 입금해줬겠죠

이 대리는 오랜만에 본인의 급여명세서를 살펴보았다. 이번 달에 재무팀 직원의 실수로 옆 부서 김 과장의 급여가 30만 원 정도 적게 입금되었다는 이야기를 들었기 때문이다.

'월급이 잘못 들어올 수도 있는 거였어? 혹시 내 월급도 적게 들어오고 있었던 거 아니야? 어쩐지 월급이 너무 적다 싶었어!'

생각이 이렇게 흐르자 이 대리는 급여명세서에 온갖 의심이 생기기 시작했다. 이 대리는 이번 기회에 지난 급여명세서까지 전부 확인해 월급이 잘못 입금된 적이 있으면 단단히 따지겠다고 결심했다.

그동안 이 대리는 급여명세서를 꼼꼼히 살펴본 적이 없었다. 그저 회사에서 잘 입금해줬거니 하고 생각했다. 매의 눈을 한 채 기세등등하게 급여명세서를 살펴보던 이 대리는 깜짝 놀랐다. 급여명세서 내용이 생각보다 복잡한 것이 아닌가!

'이건 뭐야? 직책 수당, 연장 수당, 야근 수당…… 뭔 수당 종류가 이렇게 많아? 상여금이랑 성과급은 왜 따로 적혀 있지? 둘이 같은 거 아냐? 그리고…… 장기요양보험료? 이런 것도 빠져나가?'

복잡한 급여명세서를 보자 작은 오차도 탈탈 털어버리겠다는 의욕이 순식간에 사라졌다. 금액이 맞고 틀린지는 고사하고, 급여명세서에 적혀 있는 숫자들이 무엇을 뜻하는지 이해가 되지 않았다. '이건 급여 확인을 자세히 하지 못하게 하려는 회사 측의 음모가 아닐까?'라는 생각마저 들었다. 머리가 아파진 이 대리는 급여명세서 창을 닫으며 이렇게 중얼거렸다.

"제대로 잘 들어왔겠지 뭐……."

급여명세서를 알아야
내 돈이 보인다

오늘의 목표　　나의 급여명세서를 해독해보자.

이번에는 급여명세서에 대해 알아보겠습니다. 급여명세서란, 직장인들이 월급 내역을 확인할 수 있도록 작성된 문서입니다. 여러분은 본인의 급여명세서를 꼼꼼히 살펴본 적이 있으신가요?

　신입사원 때는 급여명세서를 받으면 호기심에 한두 번은 들여다봅니다. 하지만 뭔지도 모르는 급여 항목들에 숫자만 잔뜩 적혀 있어서 영 재미가 없죠. 그렇다고 인사팀 직원이 찾아와 급여명세서 보는 방법을 친절하게 알려주는 것도 아닙니다. 상황이 이러하니 그 다음부터는 급여명세서를 받더라도 잘 확인하지 않습니다. 이 대리처럼 '제대로 잘 들어왔겠지 뭐……'라고 생각하면서 말입니다.

그렇다면 급여명세서는 왜 꼼꼼하게 확인해봐야 하는 것일까요? 내가 의심이 많아서? 회사에서 내 돈을 떼어먹을까봐? 아닙니다. 앞서 여러 차례 이야기했듯 본인의 소득이 얼마인지 정확히 알아야 그에 맞게 지출 계획을 세우고 여유자금을 모을 수 있기 때문입니다. 급여명세서 확인은 자신의 소득을 정확히 파악하는 가장 확실한 방법입니다.

지금부터 급여명세서를 자세히 뜯어보겠습니다. 말로만 설명하면 어렵게 느껴질 수도 있으니, 먼저 사례를 살펴보겠습니다.

예상보다 적은 월급을 받은 신입사원 A씨

극심한 취업난을 뚫고 한 회사에 입사한 신입사원 A씨는 요즘 너무 기분이 좋았다. 힘든 백수 생활이 끝났다는 사실도 좋았고, 친구들에게 당당히 어깨를 펴고 자랑할 수 있다는 사실도 좋았다. 부모님께서 기뻐하시는 모습을 보며 이제야 아들 노릇을 제대로 할 수 있을 것 같아 뿌듯했다. 더군다나 연봉이 무려 3,600만 원이라니! A씨는 벌써부터 월급날이 기다려졌다.

정신없이 한 달이 지나가고 드디어 월급날이 되었다. 설레는 마음으로 월급 통장을 확인한 A씨는 입금된 돈을 보고 깜짝 놀랐다.

$$\frac{연봉\ 3,600만\ 원}{12개월} \neq 월급\ 200만\ 원$$

회사에
속았어!!

연봉이 3,600만 원이니 300만 원 정도 들어올 것이라고 예상했는데, 정작 통장에 입금된 돈은 200만 원 정도였다.

물론 200만 원이 적은 금액은 아니었지만 A씨는 기대가 컸던 만큼 실망도 컸다. 월급에서 세금을 제한다는 사실 정도는 A씨도 알고 있었다. 하지만 세금으로 100만 원 가까이 떼어가는 건 아니잖아! 이건 뭔가 착오가 있는 것이 틀림없다고 생각했다.

하지만 회사에 물어볼 사람이 없었다. 일이 너무 바빠 며칠째 예민한 사수에게 물어볼 수도 없었다. 인사팀에 물어보자니 신입사원이 벌써부터 돈을 밝힌다고 회사에 소문이 퍼질까 두려웠다. A씨는 혼자 속으로만 끙끙 앓았다.

생각보다 적은 월급에 A씨가 많이 속상했겠군요. 하지만 결론부터 말하면, A씨의 월급은 잘못 들어온 것이 아닙니다. A씨가 자신의 급여에 대해 제대로 알지 못했을 뿐입니다. 어째서 이런 일이 벌어졌을까요? 급여명세서를 살펴보면서 그 이유를 알아보겠습니다.

급여명세서의 구조

급여명세서는 정해진 표준 양식이 있는 것이 아닙니다. 그래서 회사마다 생긴 것도 다르고, 항목도 조금씩 다르죠. 급여명세서 항목이 굉장히 많은 회사도 있고, 상대적으로 적은 회사도 있습니다. 하지만 그 어떤 회사를 막론하고 급여명세서의 기본 구조는 똑같습니다. 그러니 너무 어려워할 필요도, 미리 겁먹을 필요도 없습니다.

급여명세서는 크게 **지급 부분**과 **공제 부분**으로 나뉩니다. 지급 부분은 본인의 급여에 플러스(+)가 되는 항목들을 말하며, 기본급, 각종 수당, 상여금, 성과급 등이 이에 해당합니다. 공제 부분은 본인의 급여에 마이너스(-)가 되는 항목들을 말하며, 4대 보험, 소득세, 기타 공제가 이에 해당합니다.

지급 부분의 합계액에서 공제 부분의 합계액을 빼면 실지급액이 나옵니다. 따라서 우리의 통장에 실제로 입금되는 급여(실지급액)는 지급 부분의 금액이 많을수록 그리고 공제 부분의 금액이 적을수록 커집니다.

2020년 10월분 급여명세서			
지급내역	지급액	공제내역	공제액
기본급	XXX	국민연금	OOO
직책수당	XXX	건강보험료	OOO
연장수당	XXX	장기요양보험료	OOO
야간수당	XXX	고용보험료	OOO
휴일근로수당	XXX	소득세(근로소득세)	OOO
잔업수당	XXX	주민세 (지방소득세)	OOO
상여금	XXX		
성과급	XXX		
식대	XXX		
차량유지비	XXX		
지급액계		공제액계	
		실지급액	

지급 부분 – 공제 부분 = 실지급액

그럼 지금부터 우리의 월급에 플러스가 되는 부분(지급 부분)부터 살펴보겠습니다.

급여명세서의 구조 – 1. 지급 부분

지급 부분은 기본급, 수당, 상여금, 성과급으로 나뉩니다.

기본급은 근로 계약에 따라 정해진 근로 시간에 근무했을 때 받는 기본임금을 말합니다. 말 그대로 가장 기본이기 때문에 어느 회사

```
                    ┌─ 기본급
                    │                ┌─ 고정 수당
         [지급 부분]─┤  수  당  ──────┤
                    │                └─ 변동 수당
                    │  상여금
                    └─ 성과급
```

를 막론하고 급여명세서에 반드시 포함되는 지급 항목입니다.

　기본급에 12개월을 곱하면 연봉이라고 생각하는 사람이 많은데, 반드시 그런 것은 아닙니다. 급여에는 수당, 상여금 등 다른 지급 항목도 많기 때문입니다.

　수당은 기본급 외에 추가적으로 급여를 보완하기 위해 지급되는 보수를 말합니다. 직책 수당, 야간 수당, 휴일 근무 수당 등이 이에 해당합니다. 수당은 업무 조건이나 업무 강도, 각종 상황에 따라 급여를 차등적으로 지급하기 위해 만들어졌습니다. 따라서 회사마다 수당의 종류와 지급액 또한 천차만별입니다.

　수당은 고정 수당과 변동 수당으로 나눌 수 있습니다. 식비, 차량 보조비, 보육 수당 등 **매월 일정한 금액이 지급되는 것을 고정 수당**이라고 합니다. 반면 **일정한 범위에서 금액이 변동되는 것을 변동 수당**이라고 합니다. 일한 시간에 따라 추가로 지급되는 야간 수당과 휴일 근무 수당 등이 이에 해당합니다. 변동 수당은 매월 금액 차이가 조금씩 있지만, 본인의 근무 시간에 따라 금액을 미리 예상하고, 계획하는 것이 가능합니다.

다음은 **상여금**입니다. 상여의 본래 뜻은 '회사에서 직원에게 정기 급여와 별도로 업적이나 공헌도에 따라 주는 돈'입니다. 일종의 '보너스'라고 볼 수 있죠. 하지만 우리나라에서는 개인의 업적이나 공헌도에 따라 상여금을 지급하기보다는 계약서 내용에 따라 상여금을 지급하는 경우가 훨씬 많습니다.

회사마다 상여금을 지급하는 형태도 다양합니다. 격월마다 지급하는 회사도 있고, 3개월마다 지급하는 회사도 있습니다. 설날이나 추석, 연말 혹은 특정일에 지급하는 회사도 있고, 아예 지급하지 않는 회사도 있습니다. 그런가 하면 상여금을 기본급의 100% 지급하는 회사도 있고, 기본급의 50%나 200% 지급하는 회사도 있습니다. 이처럼 상여금을 지급하는 주기나 금액은 회사마다 다릅니다.

급여명세서 지급 부분의 마지막 항목은 **성과급(인센티브)**입니다. 성과급은 팀이나 개인의 업무 실적에 따라 차등하여 지급되는 급여를 말합니다.

상여금 지급 방법

급여의 지급 항목 가운데 상여금에 대해 조금 더 자세히 알아보겠습니다. 회사에서 상여금을 어떻게 지급하느냐에 따라 매월 받게 되는 급여가 크게 달라집니다. 이에 따라 우리의 지출 계획도 크게 달라지죠. 그러므로 상여금에 대해 반드시 이해하고 넘어가야 합니다.

예를 들어보겠습니다. 첫 번째 회사의 연봉은 3,000만 원입니다. 이 회사는 기본급 말고는 수당이나 상여금을 별도로 지급하지 않습니다. 따라서 한 달에 지급되는 급여는 250만 원(3,000만 원÷12개월)입니다. 연봉을 12개월로 나누기만 하면 되니 계산하기 참 쉽죠?

첫 번째 회사의 기본급 계산법

합계: 3,000만 원

| 250만 원 | · · · · · · | 250만 원 | · · · · · · |

1월 2월 3월 4월 5월 6월 7월 8월 9월 10월 11월 12월

250만 원 × 12개월 = 3,000만 원

두 번째 회사를 보겠습니다. 이 회사의 연봉은 3,000만 원으로 첫 번째 회사와 동일하지만, 상여금을 3개월에 한 번씩(3, 6, 9, 12월) 지급합니다. 상여금의 액수는 기본급의 100%입니다. 이 경우 월 지급액은 어떻게 될까요?

동일한 연봉에서 상여금만 100%씩 4회 지급하는 조건으로 바뀌었을 때, 매월 받게 되는 기본급은 250만 원에서 187만 5,000원으로 낮아집니다. (상여금을 지급받는 달에는 375만 원을 받습니다.) 같은 금액의 상여금이 4번 더 지급되기 때문이죠. 이때 기본급은 연봉 3,000만 원에서 16회(12개월+상여금 4회)를 나눈 값이 됩니다.

두 번째 회사의 기본급 계산법

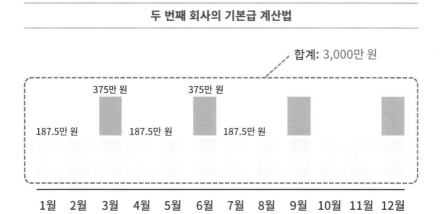

기본급: 187만 5,000원 × 12개월 = 2,250만 원
상여금: 187만 5,000원 × 4회 = 750만 원 } 3,000만 원

세 번째 회사 역시 연봉은 3,000만 원으로 동일합니다. 하지만 상여금이 짝수 월마다(2, 4, 6, 8, 10, 12월) 지급됩니다. 상여금의 액수는 기본급의 100%입니다. 이 경우 월 지급액은 어떻게 될까요?

상여금을 100%씩 6회 지급하는 조건으로 바뀌면 기본급은 약

167만 원으로 더 낮아집니다. (상여금을 지급받는 달에는 약 333만 원을 받습니다.) 이때 기본급은 연봉 3,000만 원에서 18회(12개월+상여금 6회)를 나눈 값이 됩니다.

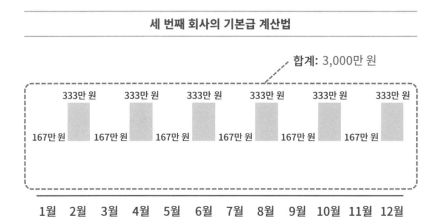

세 번째 회사의 기본급 계산법

합계: 3,000만 원

333만 원 333만 원 333만 원 333만 원 333만 원 333만 원

167만 원 167만 원 167만 원 167만 원 167만 원 167만 원

1월 2월 3월 4월 5월 6월 7월 8월 9월 10월 11월 12월

기본급: 167만 원 × 12개월 ≒ 2,000만 원
상여금: 167만 원 × 6회 ≒ 1,000만 원 } 3,000만 원

　잘 이해했나요? 위의 사례들을 정리해보면, 동일한 연봉일 때 상여금 지급 횟수가 많을수록 기본급이 깎인다는 것을 알 수 있습니다. 상여금은 많이 받을수록 좋은 건 줄 알았는데 의외의 결과죠? 그리고 상여금을 감안해 기본급을 계산하려면 연봉에서 상여금 횟수를 추가로 나눠주면 됩니다. 1년에 지급되는 상여금이 총 400%라면 4회를 더 나눠주면 되고, 600%라면 6회를 더 나눠주면 됩니다.

똑같은 연봉을 받더라도 상여금을 어떻게 지급하느냐에 따라 월수입이 천차만별로 변합니다. 따라서 월수입 기준을 잘 잡기 위해서는 본인 회사의 상여금 지급 기준을 정확히 알아두어야 합니다.

급여명세서의 구조 - 2. 공제 부분

지금부터는 공제 부분에 대해 이야기하도록 하겠습니다. 공제 부분은 4대 보험, 세금, 기타 공제로 나뉩니다.

공제 부분 항목

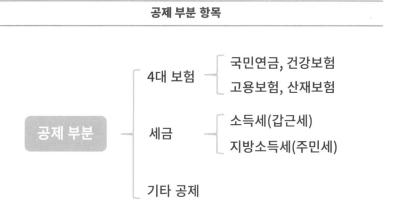

4대 보험은 직장인이라면 의무적으로 가입해야 하는 국민연금, 건강보험, 고용보험, 산재보험을 말합니다. 4대 보험 항목들을 표로 정리해보면 다음과 같습니다.

4대보험요율(2023년)

구분	근로자 부담	회사 부담	합계
국민연금	4.5%	4.5%	9%
건강보험	3.545%	3.545%	7.09%
장기요양보험	건강보험료의 12.81%		
고용보험	0.90%	1.15~1.75%	2.05~2.65%
산재보험	전액 사업주 부담(업종별 상이)		

이 표를 심각하게 볼 필요는 전혀 없습니다. 매년 개정되기 때문에 외울 필요도 없습니다. 여러분이 4대보험요율을 몰라도 회사에서 알아서 잘 납부해줍니다. 4대 보험 가운데 급여명세서에서 빠져나가는 항목은 어떤 것들이며, 급여의 몇 퍼센트 정도가 빠져나가는지 대략적인 감만 잡으시면 됩니다.

다음은 세금입니다. 급여에서 차감되는 세금은 소득세와 지방소득세, 두 가지가 있습니다. 소득세는 여러분의 근로소득에 대하여 매기는 세금입니다. 예전에는 소득세를 갑근세(갑종근로소득세)라고도 불렀는데, 같은 말입니다. 소득세는 4대 보험처럼 일정 요율을 정해 공제하는 것이 아니라 국가에서 정한 간이세액표에 따라 떼어갑니다.

지방소득세는 소득세의 10%를 공제합니다. 여러분의 급여명세서를 보면 소득세 바로 밑에 지방소득세가 10분의 1 금액으로 공제되어 있는 것을 확인할 수 있습니다. 간혹 회사에 따라 지방소득세 자리에 주민세라고 적혀 있는 경우도 있습니다. 예전에는 지방소득세라는 용어 대신 주민세라는 용어를 사용했기 때문입니다.

기타 공제는 회사마다 다릅니다. 노조회비가 공제되는 회사도 있고, 사우회비가 공제되는 회사도 있습니다. 회사에서 동호회를 가입한 경우에는 동호회비가 공제될 수도 있겠네요. 기타 공제는 회사에 따라 여러 가지 항목이 있을 수 있으니, 참고하기 바랍니다.

지금까지 급여명세서의 공제 부분을 살펴보았습니다. 길게 설명했지만, 사실 공제 부분에서 궁금한 점은 한 가지일 것입니다.

'그래서 내 월급에서 4대 보험이랑 세금으로 몇 퍼센트나 떼어간다는 거야?'

4대 보험과 세금이 급여의 몇 퍼센트가 되는지를 일률적으로 이야기하기는 어렵습니다. 4대보험요율은 매년 조금씩 변경되고, 소득세율은 소득의 크기에 따라 다르기 때문입니다. 소득에 따라 대략 8.65~15% 정도라고 생각하시면 됩니다. **내 월급의 10% 정도를 떼어간다고 생각하면 큰 무리가 없을 것입니다.**

신입사원 A씨는 월급을 제대로 받은 걸까?

이제 급여명세서에 대한 그림이 조금 그려지나요? 신입사원 A씨의 급여가 왜 생각보다 적었는지 알아보기 위한 재료는 모두 갖춰졌습니다. 연봉이 3,600만 원인 A씨의 월급은 왜 300만 원이 아니라 200만 원이었을까요?

첫 번째 이유는 회사의 **상여금 지급 방식** 때문입니다. A씨 회사의 상여금은 3개월마다 100%씩 지급되는 구조였습니다. 따라서 기본급은 300만 원(3,600만 원÷12개월)이 아니라 225만 원(3,600만 원÷16회)이었습니다. 상여금에 따라 기본급을 계산하는 방법, 기억하시죠?

두 번째 이유는 **4대 보험과 소득세** 때문입니다. 앞서 4대 보험과 소득세는 급여에서 10% 정도 공제한다고 이야기했습니다. 실제로도 그러한지 A씨의 급여명세서를 살펴보겠습니다.

2020년 10월분 급여명세서			
지급내역	**지급액**	**공제내역**	**공제액**
기본급	2,250,000	국민연금	101,250
직책수당		건강보험료	75,030
연장수당		장기요양보험료	7,650
야간수당		고용보험료	18,000
휴일출근수당		소득세(갑근세)	27,560
잔업수당		지방소득세(주민세)	2,750
상여금			
성과급			
식대			
차량유지비			
지급액계	2,250,000	**공제액계**	232,240
		실지급액	2,017,760

A씨의 급여명세서 지급 부분 합계는 기본급 225만 원입니다. 이에 따라 4대 보험을 요율대로 계산해보면, 국민연금, 건강보험료, 장기요양보험료, 고용보험료가 급여명세서에 명시된 것처럼 공제됩니다. 소득세는 간이세액표의 225만 원 구간에 따라 27,560원이 공제되며, 지방소득세는 소득세의 10%인 2,750원이 공제됩니다. 이들 금액을 모두 합한 공제액은 232,240원이네요. 지급액의 10% 정도 되는 금액입니다.

급여명세서를 살펴보니, A씨의 급여는 정상적으로 지급된 것이 맞습니다. A씨가 급여명세서를 제대로 볼 줄 알았다면 며칠 동안 마음고생을 할 필요가 없었겠죠. 또한 상여금을 받는 달에는 더 많은 급여가 입금된다는 사실을 알고 그에 맞춰 지출 계획을 세울 수도 있었을 것입니다.

연말정산과
소득공제

심화 학습

여러분은 매달 소득세를 공제한 금액을 월급으로 받습니다. 하지만 이때 공제하는 소득세는 여러분의 '정확한' 소득세가 아닙니다. 간이세액표에 따라 간단하게 계산된 금액이죠.

연말정산이란, 연말에 1년 동안 여러분이 벌어들인 소득과 지출을 세세하게 따져보고, 소득세를 다시 계산해 정산하는 것을 말합니다. 꼼꼼하게 다시 계산해 실제로 낸 세금이 많다면 많이 낸 만큼 돌려받고, 실제로 낸 세금이 적다면 적게 낸 만큼 추가로 납부하는 것입니다.

직장인에게 연말정산은 매우 중요합니다. 연말정산을 어떻게 하느

연말정산이란?

연말정산 때 꼼꼼히 계산한 소득세	<	이미 낸 세금 (매월 공제한 소득세의 합계)	---->	차액만큼 환급
연말정산 때 꼼꼼히 계산한 소득세	>	이미 낸 세금 (매월 공제한 소득세의 합계)	---->	차액만큼 추징

나에 따라 많은 금액을 환급받을 수도 있고, 반대로 추징당할 수도 있기 때문입니다. 생각해보세요. 직장 동료들은 연말정산 기간에 수십만 원을 환급받았는데, 혼자만 세금을 더 내야 한다면 얼마나 슬플까요?

소득공제란 연말정산을 할 때 여러분의 소득에서 일정 금액을 공제하는 것을 말합니다. 연말정산에서 환급을 많이 받기 위해서는 소득공제가 가능한 금융 상품에 가입하는 것이 중요합니다. 그래야 과세표준이 줄어드는 효과가 있어 그만큼 세금이 줄어들죠. 무슨 말이냐고요? 이해를 돕기 위해 소득공제가 가능한 금융 상품인 '주택청약종합저축'에 가입한 경우와 가입하지 않은 경우를 비교해보겠습니다.

소득공제 효과

	소득공제 항목 없을 때	소득공제 항목 있을 때	소득공제 효과
근로소득금액	36,000,000원	36,000,000원	
소득공제	0원	960,000원	
과세표준	36,000,000원	35,040,000원	
소득세 (과세표준의 15%)-108만 원	4,320,000원	4,176,000원	
지방소득세 (소득세의 10%)	432,000원	417,600원	
세금 합계	4,752,000원	4,593,600원	158,400원

먼저 소득공제 항목이 없는 경우(주택청약종합저축 가입하지 않음)입니다. 근로소득 금액이 3,600만 원이라고 했을 때, 별다른 공제 항목이 없다면 이 금액은 바로 과세표준이 됩니다. 그리고 과세표준에 세율을 적용해 소득세가 계산됩니다. 과세표준 3,600만 원의 소득세율은 15%입니다. 계산된 소득세의 10%는 지방소득세로 납부합니다. 소득공제 항목이 없는 경우, 계산된 세금의 합계는 4,752,000원입니다.

그런데 만약 주택청약종합저축에 가입해 240만 원(20만 원씩 12회)을 납입했다면, 납부해야 할 세금은 어떻게 바뀔까요? 주택청약종합저축 납부액(240만 원)의 40%(96만 원)를 소득공제받을 수 있습니다. 소득공제를 받는다는 말은 근로소득 금액에서 그만큼의 금액을 차감한다는 뜻입니다. 앞의 표에서 본다면, 근로소득 금액인 3,600만 원에서 소득공제 금액인 96만 원을 차감한다는 뜻이죠. 따라서 이때의 과세표준은 35,040,000원으로 줄어듭니다. 변경된 과세표준을 기준으로 소득세와 지방소득세를 계산해보면, 주택청약종합저축을 납입했을 때 계산된 세금의 합계는 4,593,600원입니다. 소득공제 항목이 없을 때보다 158,400원의 세금이 줄어들었습니다. 매월 20만 원씩 주택청약종합저축을 납입함으로써 158,400원의 절세 효과가 생긴 것입니다.

이처럼 소득공제가 가능한 금융 상품에 가입하면 연말정산 시 세금을 아낄 수 있습니다. 이에 해당하는 대표적인 금융 상품으로는 주택청약종합저축 외에도 연금저축보험(연금저축펀드), 개인형 퇴직연금(IRP), 보장성보험 상품 등이 있습니다. 어떤가요? 이제 연말정산과 소득공제에 대해 어느 정도 이해가 되었나요?

월급날인데 좀 쓰면 안 되나요?

이 대리는 하루 종일 기분이 좋았다. 오늘은 바로 월급날! 그것도 상여금을 받는 월급날이기 때문이었다. 이 대리의 회사에서는 3개월에 한 번씩 상여금을 주는데, 이번 달이 바로 상여금을 받는 달이었다. 상여금을 받는 달은 다른 달보다 100만 원 이상 높은 숫자가 통장에 찍힌다. 아침 일찍 월급을 확인한 이 대리의 얼굴에는 웃음꽃이 피었다.

이 대리는 이번 달 상여금을 어디에 쓸지 벌써부터 고민이었다. 우선은 3개월 치 밀린 쇼핑을 마음껏 할 예정이었다. 평소에는 생활비가 빠듯해 소비 욕구를 제대로 채우지 못했기 때문에 이번 달은 탕진잼을 제대로 즐기겠다고 결심했다.

이 대리는 인터넷 쇼핑을 좋아했다. 할인 표시가 되어 있는 물건들, '%' 표시 앞에 더 높은 숫자가 적혀 있는 물건들을 구매하면 왠지 돈을 절약하는 기분이 들었다. (물론 '구매하기' 버튼을 클릭하지 않는 편이 훨씬 더 절약하는 방법이라는 것을 모르는 건 아니었다.)

월급날인데다가 불금인 오늘, 이 대리는 퇴근 후에 곧바로 집에 들어가는 것이 너무 아쉬워 삼겹살에 소주나 한잔할 생각으로 친구들에게 전화를 돌렸다. 피곤해서 집에 일찍 들어가겠다던 정훈이도, 일이 밀려 야근을 해야 한다던 성일이도 "오늘은 형님이 쏠께!"라는 이 대리의 말에 흔쾌히 불금을 함께하기로 했다.

이 대리는 퇴근 후에 곧바로 약속 장소로 향했다. 평소라면 지하철을 이용했겠지만 오늘은 택시를 탔다. 지하철역까지 걸어가는 게 귀찮기도 했고, 더군다나 오늘은 상여금을 받은 날이지 않은가! 퇴근 시간이라 차가 막히는 바람에 지하철을 이용할 때보다 30분이나 늦게 도착하긴 했지만 편하게 왔으니 요금이 얼마가 나왔든 중요하지 않았다. 이 대리는 오늘 하루는 돈을 아무리 써도 아깝지 않다는 생각에 지름신에게 자기 자신을 내맡겼다.

내 진짜 월수입은 얼마일까?

오늘의 목표　나의 정확한 월수입을 파악해보자.

수중에 많은 돈이 한꺼번에 들어오면 사람은 소비 감각을 잃어버리나봅니다. 씀씀이가 커지고 평소에 하지 않던 지출도 하게 되죠. 상여금을 받은 날의 이 대리처럼 말입니다. 이 대리는 상여금이 공돈이라도 되는 것처럼 쇼핑을 하고, 친구들에게 술을 사고, 평소에는 잘타지 않던 택시를 탔습니다. 그러면서도 돈이 아깝다는 생각은 전혀하지 못했습니다.

　상여금은 절대 공돈이 아닙니다. 여러분이 입사할 때 사인한 근로계약서에 엄연히 명시되어 있는 근로 조건이고, 여러분이 힘들게 일해서 벌어들인 노동의 대가입니다. 함부로 써서 낭비해도 되는 그런 돈이 아닙니다.

상여금이 들어올 때마다 이 대리처럼 마구 돈을 써버린다면 재테크를 할 수 있을까요? 상여금이 없는 달은 애초에 돈이 적게 들어오기 때문에 여유자금을 모을 수 없습니다. 상여금을 받은 달은 억눌려 있던 소비 욕구를 해소하느라 돈을 펑펑 써버리니 남는 것이 별로 없습니다. 이렇게 되면 월급이 적게 들어와도, 많이 들어와도 여유자금을 모을 수 없습니다. 결국 재테크는 시작조차 할 수 없게 되죠.

우리가 재테크를 시작할 수 있는 방법은 단 한 가지입니다. 내 월급이 얼마인지 정확히 파악하고, 거기에 맞춰 계획적으로 지출을 하는 것입니다.

당신의 월수입은 얼마?

재테크를 할 때 소득이 얼마인지 정확히 파악하는 것은 매우 중요합니다. 소득은 재테크 프로세스의 시작이고, 지출 계획을 세우는 기준이기 때문입니다. 그래서 앞서 소득을 정확히 파악하기 위해 급여명세서를 해독하는 방법도 알아보았습니다.

하지만 급여명세서를 꼼꼼히 살펴보았으니 '그 금액이 곧 내 월수입이야'라고 생각한다면, 그것은 착각입니다. 생각해보세요. 이번 달에는 월급 통장에 350만 원이 찍혔는데, 다음 달에는 200만 원이 찍힌다면, 도대체 어떤 금액을 기준으로 지출 계획을 세워야 할까요?

이번 장에서는 지출 계획의 기준이 될 월수입을 어떻게 계산하는지 좀 더 구체적으로 알아보도록 하겠습니다. 이번 장의 목표는 '내 월수입을 정확히 아는 것'입니다.

이번 장의 목표: 내 월수입 알아보기

앞서 살펴본 '재테크 프로세스' 중 이번 장의 목표를 그림으로 그려보았습니다. 물음표로 표시된 곳이 보이나요? 원래는 '월수입'이라고 적혀 있던 자리입니다. 이제 이 물음표를 지우고 여러분의 월수입을 적어볼 것입니다. 다시 말하면, 이 빈칸을 채우는 것이 이번 장의 목표입니다. 자, 이제 여러분의 월수입이 얼마인지 알아볼 준비가 되었나요?

세 가지 월급 지급 유형

우리의 소득을 알아보기 위해 가장 먼저 해야 할 일은 '월급 지급 유형'을 파악하는 것입니다. 월급 지급 유형은 크게 세 가지가 있습니다. 여러분의 월급은 어떤 유형에 해당하는지 생각하며 읽어보기 바랍니다.

첫 번째, 매월 고정적인 금액이 지급되는 유형입니다. 이 유형은 매월 같은 금액의 월급이 입금됩니다. 이 유형의 급여명세서는 기본급이나 고정 수당 등 금액 변동이 거의 없는 지급 항목들로 구성되어 있습니다. 매월 금액 변동이 없기 때문에 소득을 관리하기가 쉽습니다.

유형1. 매월 고정적인 금액이 지급

250만 원   · · · · · ·   250만 원   · · · · · ·

1월 2월 3월 4월 5월 6월 7월 8월 9월 10월 11월 12월

두 번째, 월급이 주기적으로 변동하는 유형입니다. 이 유형은 상여금이 들어오는 달마다 월급에 변동이 생깁니다. 다음 그림과 같이 일정한 범위에서 금액이 변동하기 때문에 관리가 어렵지는 않습니다.

하지만 관리를 전혀 하지 않는다면, 이 대리처럼 상여금이 지급되는 달마다 과소비를 반복할 수 있습니다.

상여금은 회사마다 지급 방식이 다양합니다. 그림에서는 두 달에 한 번씩 상여금을 지급하는 회사를 예로 들었습니다. 회사에 따라 세 달에 한 번씩 상여금을 지급할 수도 있고, 명절 등 특정한 날이 있는 달에만 상여금을 지급할 수도 있습니다. 기본급의 100%를 지급할 수도 있고, 200%나 50% 등 다른 비율로 지급할 수도 있습니다.

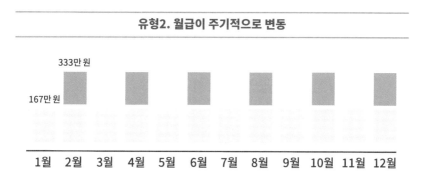

유형2. 월급이 주기적으로 변동

333만 원

167만 원

1월 2월 3월 4월 5월 6월 7월 8월 9월 10월 11월 12월

세 번째, **월급이 매월 변동하는 유형**입니다. 이 유형은 월급이 일정하지 않습니다. 그 이유는 성과급 중심의 급여 체계 때문입니다. 보험 영업사원과 같은 영업직에서 이런 유형을 자주 볼 수 있습니다. 영업 실적이 높은 달에는 월급을 많이 받지만, 실적이 부진한 달에는 월급을 적게 받습니다. 실적에 따라 월급이 천차만별로 달라지기 때문에 소득을 관리하는 데 어느 정도 이상의 노력이 필요합니다. 자영업자나 프리랜서도 이처럼 매달 월급(수입)이 다르겠죠.

1월 2월 3월 4월 5월 6월 7월 8월 9월 10월 11월 12월

여러분의 월급 지급 유형은 세 가지 중 어디에 해당하나요? 월급 지급 유형을 파악했다면 다음 단계로 넘어가보겠습니다.

각 유형별 소득 금액 구하기

다음 단계는 소득 금액을 구하는 것입니다. 만약 여러분의 월급이 첫 번째 유형(매월 고정적인 금액이 지급되는 유형)으로 지급된다면 소득 금액을 산정하는 것은 매우 간단합니다. 매월 받고 있는 월급이 바로 소득 금액이기 때문입니다.

만약 여러분의 월급이 두 번째 유형(월급이 주기적으로 변동하는 유형)으로 지급된다면 소득 금액을 산정할 때 약간의 계산이 필요합니다. 상여금을 받을 때와 받지 않을 때의 평균 금액을 계산해야 하기 때문이죠. 만약 상여금이 두 달에 한 번씩 들어온다면 두 달 치 월급의 평균 금액을 계산하고, 세 달에 한 번씩 들어온다면 세 달 치 월급의 평균 금액을 계산해야 합니다. 예를 들어보겠습니다.

A씨의 회사는 3개월에 한 번씩 기본급의 100%를 상여금으로 지급합니다. A씨는 상여금을 받을 때는 450만 원의 월급을, 상여금을 받지 않을 때는 225만 원의 월급을 받습니다.

3개월에 한 번씩 상여금이 지급될 때의 소득 금액 계산

월급	4월	5월	6월	소득 금액
	225만 원	225만 원	450만 원	300만 원

$$소득\ 금액 = \frac{225만\ 원 + 225만\ 원 + 450만\ 원}{3개월} = 300만\ 원$$

이때 A씨의 소득 금액을 계산하기 위해서는 3개월 치(상여금 지급 주기) 월급의 평균을 구해야 합니다. A씨의 소득 금액은 900만 원(225만 원+225만 원+450만 원)을 3개월로 나눈 금액인 300만 원입니다.

월급이 주기적으로 변동하는 경우에는 이와 같은 방법으로 소득 금액을 계산하면 됩니다. 이때 계산된 소득 금액을 기준으로 지출 계획을 세우고, 재테크 프로세스를 진행합니다. A씨의 경우 매월 300만 원을 기준으로 지출 계획을 세워야 합니다.

그런데 여기서 한 가지 의문이 생깁니다. 상여금을 받는 달에는 월급이 300만 원 이상이기 때문에 문제가 없지만 그 외의 달에는 돈이 모자라지 않을까요? 지출 계획을 300만 원으로 세워놓으면, 월급이 225만 원만 들어온 달에는 어떻게 해야 할까요?

이 문제를 해결하기 위한 방법은 간단합니다. **상여금을 받는 달에 남는 금액을 따로 모아둬야** 합니다. 그리고 상여금을 받지 않는 달에 모자라는 만큼을 보충해주면 됩니다. 아래의 그림과 같이 말입니다.

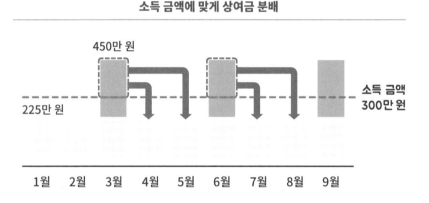

소득 금액에 맞게 상여금 분배

상여금을 받는 달(3, 6, 9월)에 150만 원(450만 원-300만 원)을 따로 모아두었다가 그 외의 달에 75만 원씩 보충해주었습니다. 이런 방식으로 매월 300만 원의 소득 금액을 유지할 수 있습니다.

상여금을 받는 달에 빼놓는 금액은 따로 계좌를 만들어 관리하는 것이 좋습니다. 입출식 통장을 새로 만들어도 되고, CMA 계좌를 활용해도 됩니다. 중요한 것은 이런 방식으로 월급을 관리함으로써 상여금을 받지 않는 달에도 항상 같은 수준의 소득 금액을 유지해야 한다는 점입니다. **매월 고정된 금액을 기준으로 지출 계획을 세워야 안정적으로 돈을 운용할 수 있고, 불필요한 낭비를 막을 수 있기 때문입니다.**

만약 여러분의 월급이 세 번째 유형(월급이 매월 변동하는 유형)으로 지급된다면 소득을 관리하는 데 더 많은 노력이 필요합니다. 월급이 매월 변동하면 지출을 유지하거나 여유자금을 모아 재테크를 하는 데 다양한 변수가 생기기 때문입니다.

세 번째 유형의 소득 금액을 구해보겠습니다. 소득 금액은 최근 6개월의 평균 월급을 계산하면 됩니다. 최근 6개월의 월급을 모두 더한 후에 6개월로 나눠줍니다. 다음 그림에서는 이와 같은 방식으로 290만 원의 소득 금액이 계산되었습니다.

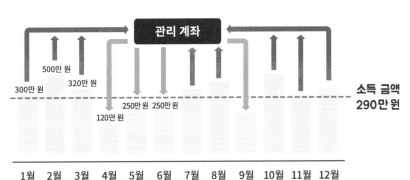

매월 월급이 변동할 때의 소득 금액 계산

관리 계좌

500만 원

320만 원

300만 원

120만 원

250만 원 250만 원

소득 금액
290만 원

1월 2월 3월 4월 5월 6월 7월 8월 9월 10월 11월 12월

소득 금액이 계산되었다면, 그 금액에 맞춰 지출 계획을 세워야 합니다. 월급을 소득 금액보다 많이 받는 달에는 남는 만큼 돈을 따로 모아두고 월급을 적게 받는 달에 자금을 보충해주어야 합니다. 이런 방식으로 매월 일정한 소득 금액을 유지할 필요가 있습니다.

소득 금액을 계산하고 관리하는 것은 노력이 필요한 일입니다. 그래서 많은 사람이 이렇게 말합니다.

"그걸 꼭 계산해야 해? 그냥 월급이 들어오면 필요한 만큼 쓰고, 남은 거 저축하면 되잖아?"

하지만 쓰고 남은 돈을 저축하고자 할 경우 큰 문제가 발생할 수도 있습니다. 남은 돈이 없다면 어떻게 될까요? 여러분의 소비 욕구는 스스로가 생각하는 것보다 훨씬 강력합니다. 저는 남은 돈을 저축하겠다고 다짐해놓고 실제로 돈을 남기는 사람을 본 적이 없습니다. **저축은 남은 만큼이 아니라 미리 계획한 대로 해야 합니다.** 그래서 소득 금액을 계산해 그에 맞게 지출 계획을 미리 세워야 하는 것이죠.

마지막으로 이번 장의 내용을 표로 정리해보겠습니다.

세 가지 월급 지급 유형

	내용	소득 금액 계산	관리 계좌 여부
유형1	매월 고정적인 금액	계산 필요 없음	불필요
유형2	월급이 주기적으로 변동	상여 주기에 따라 평균 금액 계산	필요
유형3	월급이 매월 변동	최근 6개월 평균 금액 계산	필요

상여금 관리 방법

앞서 상여금 관리 방법에 대해 알아본 것을 기억하시나요? 월평균 소득 금액을 계산하고, 그 금액에 맞게 상여금을 분배해 관리하는 방법이었죠. 이러한 방법은 매월 일정한 소득 금액으로 안정적인 생활을 유지할 수 있다는 장점이 있습니다. 그러나 이러한 방법만 있는 것이 아닙니다.

제가 직장인 A씨에게 앞서 소개한 방법을 일러주자 그는 이렇게 반문했습니다.

"저는 상여금만 따로 모아놓기 위해 입금이 자유로운 적금에 가입했는데, 이 방법은 적합하지 않나요?"

상여금만 따로 모으기

225만 원

자유적금
or
MMF

1월 2월 3월 4월 5월 6월 7월 8월 9월

자유적금이나 MMF를 개설해 상여금만 따로 모으는 것도 매우 좋은 방법입니다. 소득 금액을 계산해 매월 상여금을 분배하는 번거로운 과정을 거치지 않고도 재테크 목표에 맞게 돈을 모을 수 있으니 말이죠.

하지만 이런 방법으로 상여금을 관리하기 위해서는 중요한 전제조건이 있습니다. 상여금을 제외한 기본 급여가 월 지출 금액보다 많아야 한다는 것입니다. 기본 급여가 지출 금액보다 많다면 상여금은 전부 여유자금이 되므로 그 돈은 어떤 방법으로 모아도 상관이 없습니다.

결국 상여금을 어떤 방법으로 관리할지 선택하기 위해서는 매달 나의 지출이 어느 정도인지 파악할 필요가 있습니다. 3장에서는 지출 관리에 관한 내용을 다루고자 합니다. 계속해서 책을 읽으며 어떤 방법으로 상여금을 관리하는 것이 여러분에게 적합한지 판단해보기 바랍니다.

내 월수입 계산하기

이번 장에서는 월수입을 파악하는 방법을 알아보았습니다. 소득 파악은 재테크의 출발점입니다. 즉 이번 〈재테크 따라하기〉를 함께하지 않는다면, 출발부터 꼬이는 것입니다. 귀찮다고 생각하지 말고 펜을 들어 함께하기 바랍니다.

1. 자신의 월급 지급 유형을 선택해봅시다. 매월 고정적인 금액이 지급되는지(유형1), 월급이 주기적으로 변동하는지(유형2), 월급이 매월 변동하는지(유형3) 생각해보세요. 여러분의 월급은 어떤 유형으로 지급되나요? 해당하는 유형에 동그라미를 쳐보세요.

유형1   유형2   유형3

2. 이제 재테크 프로세스의 첫 번째 물음표에 숫자를 채울 차례입니다. 자신의 정확한 월수입을 적어보세요.

_____ 만 원

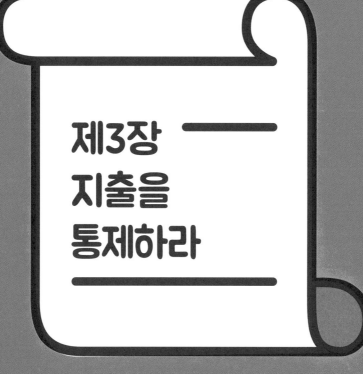

제3장
지출을
통제하라

나는 왜 항상 돈이 모자란 걸까요?

이 대리는 《4주 완성! 첫 돈 공부》를 읽으며 재테크의 고수가 되겠다고 결심했다. 이 대리는 가장 먼저 자신의 월수입을 파악해보았다. 상여금이 3달에 한 번 나오기 때문에 3개월 치 월급의 평균을 계산해보았더니 250만 원이었다. 썩 만족스러운 수준은 아니었지만 남들이 받는 만큼은 받고 있는 것 같았다. 이 대리는 자신의 월수입인 250만 원으로 재테크를 시작하기로 마음먹었다.

'자, 어디 보자. 한 달에 돈을 얼마나 쓰는지 지출도 파악하라고 했지?'

이 대리는 지난달의 지출 내역을 정리해보았다. 신용카드 사용 내역, 통장 출금 내역을 꼼꼼히 확인해보니 생각보다 많은 곳에 돈이 나가고 있었다. 통장 출금 내역 중에 가장 눈에 띈 것은 월세였다. 현재 이 대리가 살고 있는 원룸의 월세는 65만 원이었다. 거기에 관리비 5만 원, 주차비 5만 원, 보증금 대출 이자 7만 5,000원이 매달 빠져나가고 있었다. 조그만 원룸에 매달 82만 5,000원이나 나가고 있다니! 이 대리는 이 돈이 너무 아까웠지만 어쩔 수 없는 지출이라고 생각했다.

지난달 신용카드 대금은 132만 원이었다. 처음에는 조금 놀랐지만 생각해보니 식사를 할 때도, 택시를 탈 때도, 장을 볼 때도 전부 신용카드로 결제하니 132만 원이 그리 큰 금액은 아닌 것 같기도 했다. 신용카드가 있으면 돈을 많이 쓰게 되는 것이 사실이지만 편리하기도 하고 각종 할인 혜택도 있다 보니 신용카드를 없앨 수는 없었다.

이 밖에도 이 대리의 통장에서는 매달 적금 50만 원과 친구의 권유로 가입한 보험료 23만 5,000원, 통신비 12만 원이 빠져나가고 있었다. 이 대리는 계산기로 지출 금액을 모두 더해보았다. 300만 원이었다. 한 달 수입이 250만 원인데 지난달 지출이 300만 원이라니! 이 대리는 한숨이 절로 나왔다.

"남들보다 과소비를 하는 것도 아닌데, 나는 왜 항상 돈이 모자란 걸까?"

종잣돈을 모으려면
지출부터 통제하라

오늘의 목표　　지출 관리의 효과를 알아보자.

월수입을 파악하고 난 후에 해야 할 일은 지출을 통제하는 것입니다. 지출을 통제해야 하는 이유는 너무 당연합니다. 재테크의 기반이 되는 여유자금을 모으기 위해서입니다. 이 대리처럼 수입보다 지출이 많다면 여유자금은 고사하고, 현금 흐름이 마이너스가 됩니다. 재테크를 할 돈이 없는데, 수익률 높은 투자 상품이 무슨 소용인가요? 아무리 좋은 투자 기회가 있어도 그저 그림의 떡일 뿐입니다.

지출 통제의 효과

지출을 통제하는 것은 그 자체로 굉장히 큰 효과가 있습니다. 제 친구들의 이야기를 들려드리도록 하죠.

친구 A는 전국에 있는 건설 현장을 돌아다니며 배관 공사 일을 하고 있다. 현장에 따라 차이는 있지만, 한 지역에서 3~6개월 정도 머물며 일하고 이동한다. 지역이 계속 달라지므로 회사에서 숙박을 제공한다. A가 하는 일은 몸을 쓰는 일이 많기 때문에 무척 힘들다. 야근은 물론이고, 바쁠 때는 주말에도 쉬지 않고 일해야 한다. 일을 마치고 퇴근하면 숙소에 들어가 쉬기 바쁘다. 간혹 팀원들과 술을 마시기도 하는데, 이때는 같이 일하는 행님(?)들이 술값을 계산한다. 이렇다 보니 A는 돈을 쓸 일이 그다지 많지 않다. 그로 인해 A는 일한 지 5년 만에 착실히 모은 돈으로 부모님께 작은 빌라를 사드릴 수 있었다.

친구 B의 별명은 '루돌프'다. 크리스마스에도 쉬지 않고 일한다고 해서 붙은 별명이다. B는 도매꽃집에서 일하는데, 쉬는 날이 거의 없을 정도로 바쁘다. 부모님과 함께 살고 있는 B는 퇴근 시간이 늦어 집에 돌아오면 별다른 여가 활동을 하지 않고 곧바로 잠이 든다. 일이 항상 바빠 친구를 만날 시간도 많지 않다. 특별히 재테크를 하지 않아도 돈 쓸 일이 많지 않다 보니 돈이 조금씩 모이기 시작했다. 그로 인해 B는 불과 4년 만에 목표했던 사업자금을 모아 독립할 수 있었다.

A와 B의 공통점은 돈을 쓸 시간도 없을 정도로 바빴다는 것입니다. 본인이 원했든, 원하지 않았든 지출 통제가 저절로 이루어졌습니다. 그랬기 때문에 두 친구 모두 자신의 목표를 일찍 달성할 수 있었습니다.

물론 이들처럼 돈을 쓸 시간도 없이 일만 해야 한다는 것은 아닙니다. 여유를 누리지 못하고 그저 돈만 버는 것이 바람직한 삶의 모습은 아니니까요. 일도 열심히 하고, 재충전을 위해 여가 생활도 즐기는 것이 바람직합니다. 돈을 쓸 때는 적당히 쓰며 살아야 하죠.

다만, 각자의 **재테크 목표를 달성하기 위해서는 개인의 상황에 맞게 지출을 통제하는 것이 중요하다는** 사실을 강조하고 싶습니다. 지출 통제는 지출에 대한 계획을 세우고, 그 계획에 맞게 돈을 쓰는 것을 말합니다. 이렇게 지출을 통제하는 것만으로도 이미 재테크를 시작했다고 말할 수 있습니다.

지출을 줄이지 않고 재테크를 할 수는 없을까?

어떤 사람들은 "지금 당장 지출을 줄일 수 없으니, 지출은 그대로 두고, 더 열심히 벌어서 소득을 올리면 되지 않을까?"라고 말합니다.

맞습니다. 지출은 그대로인 상태에서 소득이 증가한다면 재테크를 할 수 있는 여유자금도 많아질 것입니다. 하지만 여기에는 두 가지 함정이 있습니다.

여유자금 50만 원을 만들기 위해서는?

방법1. 월수입을 50만 원 올린다.

방법2. 지출을 50만 원 줄인다.

첫 번째, 소득을 올리는 일이 말처럼 쉽지가 않습니다. 직장인들은 월수입을 올리기 위해 승진을 하거나 큰 성과를 올려야 하는데, 그런 기회가 자주 오지 않습니다. 자영업자들은 소득을 올리기 위해 매출을 올려야 하는데, 이 또한 마음대로 되는 것이 아니죠. 소득을 올리는 일은 지출을 줄이는 일보다 훨씬 어렵습니다.

두 번째, 지출을 통제하지 못하는 상태에서는 소득이 늘어나도 **큰 효과가 없습니다.** 소득이 증가하는 만큼 지출도 덩달아 증가하기 때문이죠.

예를 들어보겠습니다. 월급이 250만 원인 사람이 있습니다. 이 사람이 한 달에 지출하는 돈은 300만 원입니다. 250만 원을 벌어 300만 원을 쓰니, 매달 50만 원씩 마이너스가 발생하고 있습니다. 만약

이 사람의 급여가 2배로 늘어난다면, 그래서 매달 500만 원의 월급을 받는다면, 현금 흐름이 좋아질까요?

단순 계산을 하면 월급이 500만 원으로 늘어났기 때문에 200만 원의 여유자금이 생깁니다. 하지만 실제로는 그렇지 않은 경우가 많습니다. 지출이 통제되지 않은 상태에서는 소득이 늘어나는 만큼 지출 또한 증가하기 때문입니다. 소득이 2배로 늘어나면 지출 역시 2배로 증가합니다. 300만 원에서 600만 원으로 말이죠. 결국 소득이 늘어나기 전보다 마이너스는 더 커집니다.

돈을 쓰는 것은 습관입니다. 미리 지출 계획을 세우고 그 계획에 맞게 돈을 쓰는 습관을 만들지 않는다면, 소득이 늘어난다 해도 여유자금은 늘어나지 않습니다.

지출이 통제되지 않는다면?

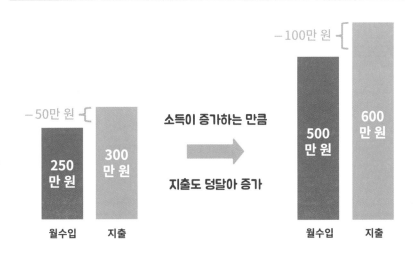

이제 재테크를 하기 위해 지출을 통제해야 한다는 것에 공감하시나요? 하지만 지출 계획을 어떻게 세워야 하는지, 지출을 어떻게 통제해야 하는지 아직 잘 모르겠다고요? 지난달 통장 내역을 아무리 들여다봐도 지출을 줄일 만한 곳이 보이지 않는다고요?

이 대리의 지출 내역

여러분의 통장을 본격적으로 살펴보기에 앞서 이 대리의 지출 내역을 살펴보겠습니다. 이 대리는 버는 돈(250만 원)에 비해 쓰는 돈

이 대리의 지출 내역

지출 내역	금액	
원룸 월세	650,000원	⎫
관리비	50,000원	⎬ 주거비
주차비	50,000원	
대출 이자	75,000원	⎭
신용카드	1,320,000원	
적금	500,000원	
보험료	235,000원	
통신비	120,000원	
합계	3,000,000원	

(300만 원)이 더 많습니다. **월수입보다 지출이 더 많다는 것은 재테크 프로세스에 문제가 있음을 뜻합니다.** 여러분은 이 대리의 지출 내역에서 문제점을 발견했나요? 저와 함께 하나씩 살펴보시죠.

첫 번째는 **주거비**입니다. 이 대리는 주거비(원룸 월세+관리비+주차비+대출 이자)로 한 달에 825,000원을 지출하고 있습니다. 이 대리는 이 돈이 너무 아깝긴 하지만 요즘 집값이 워낙 비싸니 이를 '어쩔 수 없는 지출'이라고 생각합니다. 하지만 세상에 '어쩔 수 없는 지출'이란 건 그리 많지 않습니다. 어쩔 수 없다고 포기하지 말고, 주거비가 높다고 생각한다면 줄일 수 있는 방법을 찾아봐야 합니다.

일차원적으로 생각해보겠습니다. 월세가 너무 높다고 생각한다면 월세가 조금 더 싼 방을 찾는 방법이 있습니다. 매달 내야 하는 주차비 5만 원이 아깝다면 차를 처분하는 방법을 생각할 수도 있습니다. (차를 쓸 일이 많지 않다면 말입니다.) 대출 이자 75,000원이 아깝다면 이자가 싼 은행으로 대출을 옮기는 방법을 생각해볼 수 있습니다.

이 방법들로 해결이 안 된다면 또 다른 방법을 생각해봐야 합니다. 이 대리는 보증금 3,000만 원에 월세 65만 원짜리 원룸에 살고 있습니다. 은행에서 보증금 3,000만 원을 대출받아 매월 75,000원의 이자를 내고 있죠. 원룸의 월세 계약을 전세 계약으로 바꾼다면 어떻게 될까요? 은행에서 추가로 대출을 받아야 하고 이자 부담이 늘어나는 대신, 월세는 내지 않아도 됩니다.

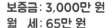

보증금: 3,000만 원
월　세: 65만 원

보증금: 1억 6,000만 원

구분	비용
월세	650,000원
관리비	50,000원
주차비	50,000원
대출 이자(3%)	75,000원
합계	825,000원

구분	비용
월세	0원
관리비	50,000원
주차비	50,000원
대출 이자(3%)	400,000원
합계	500,000원

　이는 월세를 전세로 전환했을 때 매월 들어가는 비용 차이를 계산한 것입니다. 전세로 살게 되면 대출 금액이 늘어나는 만큼 이자가 늘어나겠지만, 월세 비용은 0원입니다. 그 결과, 총 주거비는 매월 325,000원씩 절약됩니다.

　물론, 계약을 바꾸거나 방을 옮기는 것은 생각처럼 쉽지 않을 수 있습니다. 고려해야 할 사항들이 많기 때문입니다. 하지만 이 대리가 생각하는 것처럼 주거비는 '어쩔 수 없는 지출'이 아닙니다. 지출을 통제하기 위해서는 비용을 줄일 수 있는 방법을 항상 고민해야 합니다.

　두 번째는 **신용카드**입니다. 신용카드 사용이 과소비를 유발한다는 연구 사례는 이미 많이 나와 있습니다. 과소비를 했다는 말은 쓸데

없는 돈을 썼다는 말이고, 지출 통제를 하지 못한 것이죠. **지출을 통제하는 데 있어 최대의 적은 바로 신용카드입니다.**

신용카드를 사용하면 돈을 많이 쓰게 되는 경향이 있습니다. 내 지갑에 지폐가 몇 장이나 꽂혀 있는지 고민할 필요도, 내 통장에 잔고가 얼마나 남아 있는지 알 필요도 없습니다. 현금으로 계산했다면 비싸다고 느껴질 법한 스타벅스 커피도 아무 부담 없이 마실 수 있습니다. 마트에서 충동적으로 물건들을 쇼핑 카트에 쓸어 담아도 결정해야 할 것은 단 한 가지입니다.

"일시불로 해드릴까요, 할부로 해드릴까요?"

지출을 통제하려면 늘 고민을 해야 합니다. 지출을 할 때마다 이번 달에 계획해둔 지출 한도가 얼마나 남았는지 확인해야 합니다. 지금 사려고 장바구니에 담아둔 물건이 최선의 선택인지 판단해야 합니다. 하지만 신용카드를 사용하면 너무 편리해서 이런 고민을 할 틈이 없습니다. 그래서 지출에 대한 감각이 무뎌집니다.

신용카드에는 할인 혜택도 있다고 하니, 많이 쓸수록 유리한 것 같기도 합니다. 하지만 이는 착각입니다. 생각해보세요. 할인 혜택으로 몇 천 원 할인받기 위해 지난달에 카드를 얼마나 긁었는지 말입니다. 불필요한 소비는 없었다고 자신할 수 있나요?

문제는 또 있습니다. 신용카드를 쓰면 돈을 계획적으로 썼는지 파악하기가 힘듭니다. 식사를 할 때도, 택시를 탈 때도, 영화를 볼 때도, 군것질을 할 때도, 장을 볼 때도 전부 신용카드로 결제하기 때문입니다. 그 모든 지출이 132만 원이라는 합계액에 뒤엉켜 있습니다. '바보 같은 지출'도 합계액이라는 덩어리 안에 숨어버리면 찾아내기 어렵습니다. 이처럼 신용카드로 쓴 모든 지출은 이미 이 대리의 통제를 벗어나 있습니다.

세 번째는 적금입니다. '적금을 넣는 게 문제라고? 돈을 모으는 건 잘하고 있는 거 아닌가?'라고 생각할 수도 있습니다. 하지만 이 대리의 경우, 어떤 돈을 모았느냐가 문제가 될 수 있습니다.

이 대리의 월수입은 250만 원, 지출은 300만 원입니다. 한 달에 50만 원의 마이너스가 발생했습니다. 계좌에 마이너스가 발생했다는 것은 빚이 늘었다는 뜻입니다. 즉 이 대리는 빚을 낸 돈으로 적금을 넣고 있는 것입니다.

자금 여유가 없음에도 불구하고 50만 원의 적금을 넣는 것은 과연 옳은 선택일까요? 이해를 돕기 위해 매달 마이너스 통장에서 50만 원을 출금해 적금을 넣는 경우를 살펴보겠습니다.

마이너스 통장 금리 4%, 월복리	매월 50만 원 이체 ---------->	적금 금리 2%, 단리
1년 후 마이너스 잔고 6,131,602원	**>**	**1년 후 만기수령액** 6,054,990원

대출 금리는 보통 적금 금리보다 높습니다. 위의 경우에도 적금 금리는 2%인데, 마이너스 통장 금리는 4%입니다. 심지어 마이너스 통장의 이자는 월복리로 계산됩니다.

적금의 만기수령액은 6,054,990원입니다. 54,990원의 이자를 받죠. 반면 매달 마이너스 통장에서 50만 원을 인출한다면 갚아야 할 금액은 6,131,602원입니다. 이자만 131,602원이죠. 적금 이자의 2배가 훨씬 넘습니다. 적금 만기수령액을 찾아 바로 대출을 갚는다 해도 76,612원의 손해가 납니다. 앉아서 손해를 보는 꼴입니다.

이처럼 **돈이 없음에도 불구하고 무리하게 적금을 넣는 것은 오히려 독이 됩니다.** 돈을 모으는 것은 여유자금을 확보한 이후 그 한도 내에서 하는 것이 바람직합니다.

이 대리의 지출 내역에서 **보험료와 통신비도** 살펴볼 내용 중 하나입니다. 우선 본인의 상황에 맞게 보험을 잘 가입했는지, 보험료는 적정한지 꼼꼼히 따져보아야 합니다. 불필요하게 빠져나가는 보험료가 있다면 보험 리모델링을 통해 줄여야 합니다. 평소 본인의 통화량과 데이터 사용량을 체크하여 자신에게 맞는 요금제를 선택한다면 통신비 역시 절약할 수 있습니다.

지금까지 이 대리의 지출 내역을 살펴보았습니다. 지출을 줄일 수 있는 부분이 많아 보이네요. 그렇다면 이제는 여러분의 지출 내역을 살펴볼 차례입니다.

지출 내역, 어떻게 정리해야 할까요?

이 대리는 덜렁거리는 성격 탓에 업무를 할 때 실수가 잦았다. 스케줄 관리를 제대로 하지 못해 중요한 미팅을 놓친 적도 있었다. 심지어 사장님 앞에서 프레젠테이션을 해야 하는데, USB에서 발표 자료를 찾지 못해 한참을 버벅거리기도 했다.

이 대리의 책상은 정리되지 않은 서류들로 늘 복잡했다. 필요한 서류를 찾기 위해서는 인내심이 필요할 정도였다. 결국 필요한 서류를 찾지 못해 결재를 다시 받은 게 한두 번이 아니었다. 이 대리의 자리를 지나는 동료들은 혀를 끌끌 차며 한마디씩 했다.

"이렇게 복잡한 책상에서 어떻게 일을 해?"

PC도 마찬가지였다. 최근 작업한 파일들이 정리되지 않은 채 바탕화면을 가득 채우고 있었다. 업무용 폴더를 따로 구분해놓지 않아 필요한 파일을 찾으려면 시간이 한참 걸렸다.

　이런 이 대리에게 재테크를 위해 지출 내역을 정리하는 것은 새로운 난관이었다. 지난달의 지출 내역을 연습장에 옮겨 적어본 이 대리는 고민에 빠졌다. 생각보다 양이 엄청나게 많았기 때문이다. 연습장을 가득 채운 지출 내역을 보니 한숨부터 나왔다. 시작도 하기 전에 머리에 쥐가 날 지경이었다.

　'어떻게 하면 지출 내역을 효율적으로 정리할 수 있을까?'

Day 8

지출 관리의 첫 단계, 지출 현황 파악하기

오늘의 목표　나의 지난달 지출 내역을 정리해보자.

3장의 목표는 여러분의 지출 계획을 세우는 것입니다. 여러분은 2장에서 재테크 프로세스 중 월수입을 파악하는 과정을 마무리했습니다. 그 결과, 월수입을 이미 숫자로 바꾸셨죠? 다음으로 해야 할 일은 지출 계획을 세우는 일입니다. '벌고, 쓰고, 모으고, 불리기' 가운데 두 번째인 '쓰기' 단계입니다.

　다음 그림에서 물음표로 표시된 곳에는 원래 '지출'이라고 적혀 있었습니다. 한 달에 지출하는 돈이 얼마인지에 따라 한 달에 모을 수 있는 돈, 즉 여유자금이 결정됩니다. 이제 여러분의 지출 계획에 따라 이 물음표를 숫자로 바꿀 것입니다. 그것이 바로 이번 장의 목표입니다.

이번 장의 목표: 지출 계획 세우기

지출 현황을 파악해야 하는 이유

지출 관리에는 몇 가지 단계가 필요합니다. 지금부터 지출 관리 프로세스 가운데 첫 번째 단계인 '지출 현황 파악'을 해볼 것입니다.

지출 관리 프로세스

지출 관리를 위해 가장 먼저 해야 할 일은 지출 현황을 파악하는 것입니다. 지출 계획을 세우기에 앞서 현재의 지출 내역을 정리하는 과정입니다. 현재의 지출을 파악하지 않고 수립한 지출 계획은 현실성이 없기 때문에 반드시 지출 현황을 먼저 파악해야 합니다.

지출 현황을 파악하지 않고, 지출 계획을 세운다면 어떻게 될까요? 월수입이 250만 원이니 지출을 100만 원만 하고, 150만 원의 여유자금을 모으겠다고 계획을 세웠다면, 이 계획은 현실성이 없을 확률이 매우 큽니다. 지난달의 고정 지출만 160만 원이었는데 갑자기 전체 지출을 100만 원으로 줄이겠다고 하면, 성공 가능성이 희박하지 않을까요?

지출 현황을 파악해야 하는 중요한 이유는 또 있습니다. 지금까지 돈을 얼마나 낭비하고 있었는지 확인할 수 있다는 것입니다. 지난달에 긁은 카드 내역을 노트에 쭉 적어보세요. 그중 꼭 필요한 소비는 얼마나 있나요? 필요하지 않았던 소비는 얼마나 있나요? 내가 조금만 부지런했다면 혹은 정신만 똑바로 차렸다면 쓰지 않았을 돈은 얼마나 되나요?

제 친구는 아침마다 지각을 하지 않기 위해 택시를 탔습니다. 문제는 하루도 빠뜨리지 않고 택시를 탔다는 것입니다. 매일 아침 집 앞에 택시 기사 아저씨가 기다리고 있을 정도였으니 말 다했죠. 하루는 그 친구가 자조 섞인 목소리로 말했습니다.

"내가 아침에 택시 탄 돈만 모았어도 택시 회사를 차렸을 거야!"

술자리 분위기에 휩쓸려 2차, 3차까지 가는 것도 따지고 보면 불필요한 지출입니다. 다음날 쓰린 속을 달래기 위해 해장을 하며 지난 밤 일을 후회하는 경우가 참으로 많죠.

지출 내역을 적다 보면, 이처럼 '바보 같은 지출'들이 눈에 들어옵니다. 하지만 여러분의 지출 내역에 후회되는 항목이 많다고 해서 너무 우울해하진 마세요. 이런 것들이 많을수록 앞으로 아낄 수 있는 돈이 많다는 뜻이니까요. 희망적이지 않나요?

이처럼 **지출 현황을 파악하면 앞으로 어떤 지출을 줄일 수 있는지 알게 됩니다.** 이 과정은 지출 계획을 세우는 데 큰 도움이 되죠. 지금 기억해야 할 것은 한 가지입니다.

'지출 계획을 세우기에 앞서 반드시 현재의 지출 현황을 파악해야 한다!'

지출 정리를 잘하려면 카테고리를 나눠라

책상 정리를 잘하려면 필기구는 종류별로 서랍에 넣고, 책은 책대로 책꽂이에 잘 꽂아야 합니다. 서류는 프로젝트별로, 업무 내용별로 구분해 보관해야 깔끔하게 정리할 수 있습니다. 이렇게 정리가 잘되어 있어야 필요할 때 바로 찾아 사용할 수 있습니다.

지출을 관리하는 것도 마찬가지입니다. 지출을 카테고리별로 구분해서 정리해야 관리를 잘할 수 있습니다. 지난달에 지출이 많았던 이유를 파악해 이번 달에는 씀씀이를 줄여보려고 한다면 내가 지난달에 식비를 많이 썼는지, 옷을 많이 샀는지, 술을 많이 마셨는지를 알아야 합니다. 즉 지출을 카테고리별로 구분해야 내가 어디에 돈을 많이 썼는지 파악할 수 있습니다.

자, 이제 지출을 정리하기 위해 카테고리를 만들어보도록 하겠습니다. 카테고리를 나눈다고 해서 거창한 작업이 필요한 것은 아닙니다. 어렵지 않으니, 차근차근 따라오시기 바랍니다.

지출은 크게 고정 지출과 변동 지출로 나눌 수 있습니다. 고정 지출은 대출금, 아파트 관리비, 각종 공과금, 보험료, 통신비 등 매월 일정하게 나가는 지출을 말합니다. 납입되는 금액의 변동성이 크지 않기 때문에 매월 얼마를 지출하는지 쉽게 예측할 수 있습니다.

변동 지출은 식비, 의류비, 교통비, 유흥비 등 매월 금액이 변동되는 지출을 말합니다. 변동 지출은 고정 지출을 제외한 비용으로, 매월 씀씀이에 따라 변동 폭이 커질 수 있습니다. 매월 얼마를 지출할지는 개인의 소비 성향과 생활 환경에 따라, 개인의 의지에 따라 달라집니다. 즉 본인의 의지로 지출액을 조절할 수 있습니다. 그렇기 때문에 지출 관리를 할 때 변동 지출을 중심에 두어야 합니다.

변동 지출은 식비, 교통비 등으로 세부적으로 구분해서 관리하는 것이 좋습니다. 항목별로 한도를 정해두고 관리해야 하기 때문입니다. 예를 들어, 지난달에 식비가 너무 많이 발생했다면 이번 달에는 식비 지출에 한도를 정해 적절한 수준으로 소비가 이루어지도록 관리해야 합니다. 교통비, 유흥비 등도 마찬가지입니다.

다음은 변동 지출을 세부적으로 구분한 표입니다.

변동 지출은 식비, 교통비, 생필품비, 의류비, 자기계발비, 유흥비, 기타 비용으로 구분할 수 있습니다. 여러분이 자주 쓰는 비용의 종류가 있다면 항목을 추가해서 정리해도 됩니다. 단, 항목이 너무 많아지면 관리하는 데 오히려 방해가 될 수도 있으므로, 적당한 수준 (6~7개)에서 분류하는 것이 좋습니다.

지출을 정리해보면 알게 되는 것들

카테고리를 나눴으니 실제로 지출을 정리해보겠습니다. 다음은 이 대리의 지난달 통장 지출 내역과 카드 사용 내역입니다. 여러분도 본인의 통장 지출 내역과 카드 사용 내역을 가지고 따라해보기 바랍니다.

먼저 이 대리의 통장 지출 내역을 고정 지출과 변동 지출로 구분해보았습니다. 그리고 변동 지출은 세부적으로 식비, 교통비, 생필품비 등으로 정리했습니다.

지출 정리하기1

통장 지출 내역

지출 내역	금액	구분
원룸 월세	650,000원	고정 지출
관리비	50,000원	고정 지출
주차비	50,000원	고정 지출
대출 이자	75,000원	고정 지출
신용카드	1,320,000원	변동 지출
적금	500,000원	보류
보험료	235,000원	고정 지출
통신비	120,000원	고정 지출
합계	3,000,000원	

카드 사용 내역

지출 내역	금액	구분
AA식당	8,000원	식비
BB운송	12,600원	교통비
CC마트	7,500원	생필품비
DD패션	39,900원	의류비
EE서점	14,000원	자기계발비
FF포차	43,000원	유흥비
GG헤어샵	12,000원	기타
…	…	…
합계	1,320,000원	

표에서 살펴볼 첫 번째 사항은 오른쪽 카드 사용 내역의 합계액이 통장 지출 내역의 신용카드 금액에서 나왔다는 점입니다. 따라서이 두 부분의 금액이 일치해야 합니다. 통장 지출 내역의 신용카드는변동 지출로 구분하고, 카드 사용 내역의 개별 항목들은 변동 지출의하위 카테고리로 구분했다는 점을 확인하기 바랍니다.

두 번째, 적금은 일단 '보류'로 구분해놓았습니다. 적금이나 투자비용은 매달 일정한 금액이 빠져나가기 때문에 원래는 고정 지출로잡아두는 것이 옳습니다. 하지만 이 대리의 경우, 여유자금이 확보되지 않은 상태에서 빠져나가는 것이므로 나중에 정리할 것을 염두에두고 일단은 지출 항목으로 잡지 않았습니다.

여러분도 본인의 지출 내역을 카테고리별로 구분해보았나요? 카드 사용 내역이 생각보다 많아 시간이 오래 걸릴 수도 있습니다. 또는 돈을 어디에 썼는지 생각나지 않는 경우도 있을 겁니다. 만약 마땅한 카테고리를 찾지 못했다면 일단 변동 지출의 기타 항목에 넣어두세요.

지출을 카테고리별로 모두 구분했다면 다음 단계로 넘어갑시다. 카테고리별로 금액을 합산하는 단계입니다. 계산기를 들고 카테고리별로 금액을 더해보겠습니다.

지출 정리하기2

고정 지출

구분	금액
주거비	825,000원
보험료	235,000원
통신비	120,000원
합계	1,180,000원

변동 지출

구분	금액
식비	608,000원
교통비	190,000원
생필품비	215,500원
의류비	39,900원
자기계발비	14,000원
유흥비	230,000원
기타	22,600원
합계	1,320,000원

이 대리의 지난달 지출은 고정 지출이 118만 원, 변동 지출이 132만 원이었습니다. 주거비가 825,000원으로 고정 지출의 거의 대부분을 차지했습니다. 그 밖의 고정 지출 항목으로는 보험료와 통신

비가 빠져나갔습니다.

변동 지출은 본인의 의지로 통제할 수 있는 지출이므로 조금 더 꼼꼼하게 살펴보겠습니다. 지난달 이 대리가 식비로 60만 원가량 쓴 것은 먹방 유튜브를 즐겨보다 보니 한밤중에 식욕이 당겨 야식을 많이 배달시켜 먹었기 때문입니다.

대중교통을 이용하는 이 대리가 출퇴근하는 데 사용하는 교통비는 6만 원 정도입니다. 그런 이 대리가 지난달에 교통비로 19만 원이나 쓴 것은 택시를 많이 탔기 때문입니다. 이 대리는 사실 그동안 택시를 자주 탄다고 생각하지 못했습니다. 하지만 지출 내역을 모아놓고 보니 지난달에 택시를 탄 횟수는 무려 11번이었습니다. 3일에 한 번은 택시를 탄 것입니다. 택시를 꼭 타야만 했던 일은 한 번도 없었는데 말입니다.

생필품비로 21만 원가량 지출한 것은 의외였습니다. 이 대리는 인터넷 쇼핑을 자주 하는 편입니다. 이상한 것은 물건을 21만 원어치나 샀지만, 기억에 남는 물건은 하나도 없다는 사실입니다. 비싼 물건을 산 적은 한 번도 없는데, 이 돈이 전부 어디로 갔는지 정말 알다가도 모를 일입니다.

유흥비도 생각보다 많이 나왔습니다. 두 번 마신 술을 한 번만 덜 마셨어도 유흥비는 훨씬 줄어들었을 것입니다.

여기까지만 봐도 지출을 줄일 수 있는 항목이 한두 가지가 아니라는 것을 알 수 있습니다. 야식만 덜 배달시켜 먹었어도, 택시를 조금만 덜 탔어도, 꼭 필요한 물건만 샀어도, 술값을 조금만 덜 냈어도 지난달에 50만 원이나 적자가 나는 일은 없었을 것입니다. 이처럼 지출 내역을 정리하다 보면 알 수 있는 사실이 많습니다.

여러분의 지출 내역은 어떤가요? 카테고리별로 구분해서 더해보았나요? 예상대로 지출하셨나요, 아니면 생각지도 못한 지출이 많았나요? 내일은 지출을 줄일 수 있는 방법을 알아보고 본격적으로 지출 계획을 세워보도록 하겠습니다. 아직 본인의 지출 내역을 정리하지 못한 분들은 〈재테크 따라하기〉에서 마저 마무리하시고 넘어가기 바랍니다.

나의 한 달 지출 현황은?

A4 용지 한 장을 꺼낸 뒤 지난달의 통장 지출 내역과 카드 사용 내역을
확인해 쭉 적어봅시다. 그리고 각각의 지출 내역을 항목별로 구분하고,
카테고리별로 합산해봅시다. 방법이 기억나지 않는다면, 본문 내용을
다시 한 번 확인하기 바랍니다.

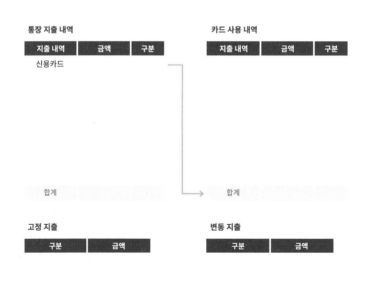

절약을 위한 이 대리의 완벽한(?) 계획

지난달의 지출 내역을 정리해본 이 대리는 쓸데없이 쓴 돈이 너무 많다는 것을 알게 되었다. 버는 돈보다 쓰는 돈이 더 많다는 사실을 눈으로 확인해보니 지금껏 계획 없이 돈을 쓴 것이 후회가 되었다. 지출 내역을 직접 정리해보지 않았다면 이런 사실들을 깨닫지 못했을 것이다.

이 대리는 이번 달부터 지출을 줄이고 절약을 시작하겠다고 다짐했다. 지출이 너무 많으면 돈을 아무리 벌어도 여유자금을 모을 수 없다는 것을 알았기 때문이다.

'그래! 이제부터 허리띠를 꽉 졸라매고 돈을 쓰지 않는 거야!'

이 대리의 계획은 이랬다. 일단 식비를 절약하기 위해 회사에 도시락을 싸가기로 했다. 사 먹는 음식은 자극적이기만 할 뿐 건강에 도움이 되지 않으니 다이어트에 도움이 되는 건강한 도시락을 아침마다 준비할 생각이었다. 퇴근 후에 마트에 들러 도시락을 쌀 방울토마토와 샐러드 재료를 잔뜩 사야겠다고 생각했다.

또한 교통비를 절약하기 위해 출퇴근을 걸어서 해야겠다고 결심했다. 집에서 회사까지는 버스 다섯 정거장 거리였다. 이것이야말로 교통비도 아끼고 운동도 하는 일석이조 효과가 아니겠는가. 그러려면 미세먼지를 막아줄 마스크와 걷기에 편한 워킹화를 준비할 필요가 있었다.

'그래! 버스비 몇 푼 아끼려다 병원비로 더 많은 돈이 나갈 수도 있으니 발이 편한 신발이 꼭 필요하지!'

이 대리는 친구들을 만나면 돈 쓸 일이 많아지니 주말에는 집에서 혼자 시간을 보내는 것이 좋겠다고 생각했다. 그리고 주말에 혼자 있다 심심해지면 외출하고 싶은 마음이 들 수도 있으니 그것에 대비해 게임기를 하나 사두기로 했다.

'집에서 게임을 하다 보면 시간이 금방 지나가니 돈 쓸 일이 줄어들겠지.'

이 대리는 자신의 절약 계획이 완벽하다고 생각했다. 계획대로 잘 실천한다면 금방 돈을 모을 수 있을 거라는 기대감에 기분이 좋아졌다.

"자, 그럼 이제 돈을 절약하는 데 필요한 재료들을 사러 가볼까!"

Day 9

각종 지출을 줄이기 위한 꿀팁

오늘의 목표　지출을 줄이는 방법들을 알아보고,
지출 계획을 세워보자.

앞서 현재의 지출 내용을 정리하고, 지출 현황을 파악해보았습니다. 지출 관리 프로세스의 다음 단계는 지출 예산을 수립하고, 지출 계획을 세우는 것입니다. **지출 계획은 앞으로의 소비생활에 기준이 되므로 꼼꼼하게 따지며 세워야 합니다.** 지출 예산을 얼마로 잡느냐에 따라 재테크의 재원이 되는 여유자금의 크기가 결정되기 때문에 이 과정은 지출 관리 프로세스 가운데 가장 중요하다고 할 수 있습니다.

지출 관리 프로세스

처음 지출 계획을 세우는 사람들은 이 대리처럼 허리띠를 꽉 졸라매 소비를 아예 없애는 데 초점을 맞추는 경우가 많습니다. 물론 회사에 도시락을 싸가고 걸어서 출퇴근한다면 건강에도 도움이 되고 돈도 절약할 수 있습니다. 하지만 여기에는 전제조건이 있습니다. 계획을 끝까지 유지할 수 있어야 한다는 것입니다.

우리는 새는 돈을 막고 낭비를 없애 여유자금을 만들려고 하는 것이지, 극기 훈련을 하려고 하는 것이 아닙니다. 계획을 지나치게 세우면 그 상태를 계속 유지하기 힘듭니다. 더군다나 이 대리처럼 시작하기 전부터 써야 할 돈이 많다면 계획을 끝까지 유지하는 것이 더욱 힘듭니다. **지출 계획은 끝까지 지켜나갈 수 있도록 세우는 것이 가장 중요합니다.**

지출 계획을 세우는 데 큰 법칙이 있는 것은 아닙니다. 사람마다 소득, 경제 상황, 소비 성향, 취향 등이 모두 다르기 때문입니다. 천편일률적으로 어떤 소비는 허용되고, 어떤 소비는 절대 해서는 안 된다고 분류할 수는 없습니다. 각각의 상황에 맞는 소비를 하면서 아낄 수 있는 부분, 불필요하게 낭비되는 지출을 조금씩 줄여나가면 됩니다.

지출 계획을 세우는 절대적인 법칙은 없지만, 알아두면 좋은 노하우는 있습니다. 지금부터 각종 지출을 줄이기 위한 방법을 소개할까 합니다.

고정 지출 줄이는 방법

먼저 고정 지출입니다. 고정 지출에는 주거비와 대출 이자, 공과금, 관리비, 보험료, 통신비 등이 있습니다. 이들 내용을 하나씩 살펴보겠습니다.

1. 주거비

주거비는 월세, 보증금 대출 이자, 관리비 등으로 이루어집니다. **주거비로 나가는 지출은 월수입의 25%를 넘지 않는 것이 좋습니다.** 만약 주거비가 월수입의 25% 이상 지출되고 있다면 주거비 부담을 줄일 수 있는 방법을 찾아봐야 합니다.

이 대리의 경우, 다음과 같이 주거비가 월수입의 33%나 됩니다. 어떤 방식으로든 주거비를 줄일 방법을 모색해야 합니다.

$$\frac{\substack{\text{월세} \\ (650,000원)} + \substack{\text{대출 이자} \\ (75,000원)} + \substack{\text{관리비와 주차비} \\ (100,000원)}}{\text{월수입(250만 원)}} = \frac{825,000원}{2,500,000원} = 33\%$$

여러분도 자신의 주거비를 계산해보기 바랍니다. 월수입의 몇 퍼센트나 되나요? 주거비를 줄여야 할 상황이라면 이어지는 내용을 더 집중해서 살펴보기 바랍니다.

주거비를 줄이기 위해서는 가장 먼저 월세를 줄일 수 있는 방법을 찾아봐야 합니다. 앞서 이 대리가 월세를 전세로 전환했을 때 절감할 수 있는 주거비를 계산해보았습니다. 30만 원 이상 절감되었던 것을 여러분도 기억하실 겁니다. 여기서는 이야기를 조금 더 진행시켜보겠습니다.

월세와 보증금에 따라 달라지는 주거비

조건	월세	월 대출 이자	주거비 합계
보증금 3,000만 원 월세 65만 원	65만 원	75,000원 (대출 3,000만 원, 3%)	725,000원
보증금 9,000만 원 월세 35만 원	35만 원	225,000원 (대출 9,000만 원, 3%)	575,000원
보증금 1억 6,000만 원 월세 0원	0원	400,000원 (대출 1억 6,000만 원, 3%)	400,000원

위의 표는 월세와 보증금에 따라 달라지는 주거비를 계산해본 것입니다. 동일한 집을 표와 같이 세 가지 조건으로 계약할 수 있다고 가정해봅시다(관리비, 주차비 제외). 보증금 3,000만 원에 월세 65만 원인 집을 보증금 9,000만 원에 월세 35만 원에 살 수도 있고, 월세 없이 보증금 1억 6,000만 원에 전세로 살 수도 있습니다. 이 세 가지 조건

이 모두 가능하다면 어떤 계약을 하는 것이 가장 유리할까요?

대출만 가능하다면 전세로 사는 것이 주거비 측면에서 가장 유리합니다. 월세와 대출 이자를 합한 금액이 40만 원으로 가장 낮기 때문입니다. 만약 대출을 모두 받지 못한다 하더라도 보증금을 조절해 계약한다면 월세를 충분히 낮출 수 있습니다.

주거비를 줄이기 위한 두 번째 방법은 미혼인 사회 초년생들이 쓸 수 있는 방법입니다. 바로 '**부모님과 함께 살기**'입니다. 직장생활을 막 시작한 사회 초년생들은 하루빨리 부모님으로부터 독립하기를 꿈꿉니다. 부모님에게 간섭받지 않으면서 자신만의 공간을 자유롭게 가꿔나가는 것은 정말 가슴 설레는 일이죠.

하지만 아무 준비 없이 부모님으로부터 독립하면 월세, 대출 이자, 관리비, 공과금 등의 고정 비용이 크게 늘어나고, 그만큼 생활의 여유는 줄어들게 됩니다. 그동안 꿈꿔온 화려한 싱글라이프와는 오히려 거리가 멀어지는 것이죠.

반면 부모님과 함께 살면서 매달 주거비만큼의 돈을 따로 저축한다면 어떻게 될까요? 이 대리가 부모님과 함께 살면서 3년 동안 주거비를 모았다고 생각해봅시다. 이 대리의 한 달 주거비는 주차비를 포함해 825,000원입니다. 다른 생활은 그대로 유지하고 이 주거비만 저축한다 해도 3년 후에 약 3,000만 원을 모을 수 있습니다. 여기에 부모님과 함께 산다면 식비 등도 줄일 수 있으니 추가적인 절약도 가능합니다.

$$825,000원 \times 12개월 \times 3년 = 2,970만 원$$

3년 후에는 이 돈으로 투자를 시작할 수도 있고, 독립을 하고 싶다면 새로운 집의 보증금으로 사용할 수도 있습니다. (보증금 3,000만 원이 있다면 한 달에 15만 원 이상의 월세를 절약할 수 있습니다.) 이처럼 **부모님과 함께 살 경우 경제적인 이점은 매우 큽니다.** 그러므로 여건이 된다면 월세를 줄이기 위해 독립 시기를 늦추는 것도 진지하게 고려해야 합니다.

2. 대출 이자

은행에서 대출을 받았다면, 대출 이자도 고정 지출의 많은 부분을 차지할 수 있습니다. 주택을 마련하기 위해 대출을 받았을 수도 있고, 학자금을 마련하기 위해 대출을 받았을 수도 있습니다. 그 어떤 경우를 막론하고 대출로 인해 지출되는 돈이 많다면, 이 부분 또한 반드시 줄여나가야 합니다.

대출 이자를 줄이는 방법은 매우 간단합니다. 대출금을 줄여 대출 이자를 줄이거나, 대출 금리를 낮춰 대출 이자를 줄이면 됩니다.

먼저, 대출금을 줄이는 방법을 자세히 살펴보겠습니다. 대출금을 줄이려면 여유 현금이 생길 때마다 대출 원금을 갚아야 합니다. 너무 당연한 이야기죠? 3%의 금리로 1,000만 원을 빌린 A씨가 이번 달에 50만 원의 원금을 갚았다고 생각해봅시다. 이는 매달 얼마씩의 지출을 줄이는 효과가 있을까요?

50만 원의 원금을 갚으면 한 달 대출 이자가 25,000원에서 23,750원으로 줄어듭니다. 즉 1,250원의 이자 절감 효과가 있습니다. 원금 50만 원을 갚기만 했는데 한 달에 1,250원의 지출을 줄일 수 있는 것입니다.

1,250원이 작은 금액처럼 보이나요? 이렇게 생각해봅시다. A씨가 빌린 1,000만 원의 대출은 대출 기간이 20년 남아 있습니다. 바꿔 말하면, 20년 동안 대출 이자를 계속 내야 한다는 것입니다. 하지만 이번 달에 50만 원을 미리 갚으면서 한 달에 1,250원씩 이자가 줄어들었습니다. 20년 동안 매달 1,250원씩 절약한다면 총 얼마의 대출 이자를 아낄 수 있을까요?

1,250원 × 12개월 × 20년 = 30만 원

50만 원을 갚음으로써 총 30만 원의 이자 비용을 아낄 수 있는 것입니다. 대단하지 않나요?

대출 이자를 줄이기 위해 대출 금리를 낮추는 방법도 있습니다. 현재의 대출보다 금리가 더 저렴한 금융기관으로 갈아타는 방법(대환대출)도 있고, 금리인하요구권으로 현재의 금융기관은 그대로 둔 채 대출 금리만 낮추는 방법도 있습니다.

금리인하요구권은 대출을 받을 당시보다 신용 상태가 개선되었을 때 대출을 받은 금융기관에 대출 금리 인하를 요구할 수 있는 권리입니다. 대출 금리를 낮춰 대출 이자를 줄일 수 있는 매우 유용한 방법이지만 많은 사람이 이런 제도가 있다는 사실을 잘 몰라 이용하지 못하고 있는 실정입니다. 금리인하요구권에 대해 더 알고 싶은 분들은 이어지는 〈심화학습〉을 자세히 살펴보기 바랍니다.

3. 공과금, 관리비

매달 납부하는 공과금과 관리비는 할인 제도를 이용해 혜택을 받을 수 있습니다. 전기세는 매달 계좌에서 자동으로 돈이 빠져나가는 자동이체만 신청해도 1%의 할인을 받을 수 있습니다. 카카오톡으로 납부고지서를 받는다면 추가로 200원의 할인을 받을 수 있습니다. 모바일로 간편하게 고지서를 받아 보면서 할인까지 받다니, 일석이조의 효과 아닌가요?

수도세는 자가 검침을 신청하고, 이메일로 고지서를 받으면 매월 800원의 할인을 받을 수 있습니다. 자가 검침이 힘든 경우에는 이메일 고지서만 받더라도 매월 200원의 할인을 받을 수 있습니다.

할인이 가능한 신용카드를 이용하면 공과금이나 관리비 할인 혜택을 받을 수도 있습니다. 하지만 할인을 받기 위해서는 신용카드의 전월 이용 실적이 일정 수준 이상 있어야 하므로 오히려 소비가 늘어날 수 있습니다. 약간의 할인을 받기 위해 억지로(?) 돈을 써야 한다면, 할인을 받지 않느니만 못하겠죠?

4. 보험료

보험료를 줄이는 것도 고정 지출을 줄이는 데 도움이 됩니다. 보험은 종류가 많고, 보장 내용이 다양해 일반인에게는 매우 어렵습니다. 그래서 상품 내용을 정확히 알지 못하고 보험을 가입하는 경우가 많습니다. 그 결과, 본인에게 맞지 않는 상품에 가입하거나, 필요 없는 특약을 추가해 보험료가 비싸질 수 있습니다. 이렇게 비싸진 보험료를 각자에게 맞는 수준으로만 조정해도 지출을 큰 폭으로 줄이는 것이 가능합니다.

간단한 예를 들어보겠습니다. A씨는 최근 종신보험에 가입했습니다. 종신보험은 본인이 사망했을 때 가족에게 사망보험금을 지급하는 보험입니다. 가장이 사망했을 때 남겨진 가족들의 생계를 위해 만들어진 보험이죠. A씨의 사망 시기가 언제인지는 상관없습니다. 죽기만 하면(?) 약정대로 가족에게 사망보험금이 지급됩니다.

가장의 사망보험금은 중요합니다. 하지만 사망보험금이 언제나 필요한 것은 아닙니다. 시간이 흘러 자녀들은 모두 독립하고, A씨와 배우자도 은퇴를 해 연금으로만 생활한다고 생각해봅시다. 이 시기에는 A씨가 죽는다 해도 A씨의 가족들이 입는 경제적 타격이 크지 않습니다. 자녀들은 알아서 생계를 유지할 것이고, 배우자도 연금으로 계속 생활을 할 것입니다. 이 말은 A씨의 사망보험금이 꼭 종신일 필요는 없다는 이야기입니다.

상황이 이와 같다면 A씨는 종신보험 대신 정기보험에 가입해 보험료를 줄일 수 있습니다. 정기보험은 사망보험 중에서 보험 기간이 일정 기간으로 한정되어 있는 생명보험입니다. 보험 기간은 본인의 은퇴 시기와 자녀들의 독립 시기를 고려해 설정할 수 있습니다. 60세나 65세, 70세 등으로 말이죠.

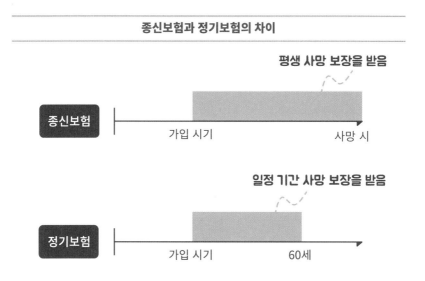

종신보험과 정기보험의 차이

종신보험의 문제는 한 달에 납부하는 보험료가 정기보험보다 무척 비싸다는 것입니다. 얼마 정도 차이가 날까요? S생명보험의 경우, (30세 남성이 사망보험금 1억 원의 보험을 20년 납으로 가입하면) 종신보험의 보험료는 197,000원인 반면, 정기보험(보장 기간 60세)의 보험료는 27,000원입니다.

종신보험과 정기보험의 보험료 차이

보험 종류	보험료	납입 기간	총 보험료
종신보험	197,000원		47,280,000원
정기보험	27,000원	20년	6,480,000원
차액	170,000원		40,800,000원

출처: S생명보험

보험료 차이가 무려 7배가 넘습니다. 종신보험이 정기보험보다 17만 원 더 비쌉니다. 납입 기간인 20년 동안 총 보험료 차이는 4,080만 원입니다. 보장 기간만 다를 뿐인데, 차이가 엄청나죠. 평생에 걸쳐 보장이 필요한 경우가 아니라면, 4,000만 원이나 더 많은 보험료를 내면서 군이 종신보험에 가입할 이유가 없습니다. 이처럼 **과다한 보험료만 줄여도 많은 지출을 아낄 수 있습니다.**

5. 통신비

스마트폰 요금 등 통신비 지출이 크다면, 이들 비용을 줄이는 것도 도움이 됩니다. 우선 평소에 사용하는 통화량과 데이터 사용량을 체크한 뒤 본인에게 적당한 요금제로 바꾸는 것이 좋습니다. 매월 쓰는 데이터 사용량은 겨우 1~2G 정도인데, 비싼 값을 주고 무제한 요금제를 쓸 필요가 없다는 이야기입니다.

스마트폰을 구입할 때 지원금 혜택을 받지 않았다면, 선택약정할
인제도로 요금 할인을 받을 수 있습니다. 12개월·24개월을 선택해
무려 25%의 요금을 할인받을 수 있습니다. 본인이 할인 대상인지 확
인해 혜택을 놓치지 말길 바랍니다.

변동 지출 줄이는 방법

고정 지출을 살펴보았으니, 이제 변동 지출도 알아보겠습니다. 변
동 지출은 개인의 의지에 따라 씀씀이가 크게 달라집니다. **변동 지출을
줄이기 위해서는 매월 사용 금액을 정해놓고 쓰는 습관이 중요합니다.**

변동 지출 관리를 위해 가장 먼저 해야 할 일은 **생활비 통장을 따
로 만드는 것입니다.** 생활비 통장을 따로 만들어 월급날마다 정해둔
생활비를 월급 통장에서 생활비 통장으로 이체시켜야 합니다. 그리고
생활비 통장에 들어 있는 돈만으로 한 달 동안 생활하는 습관을 만들
어야 합니다.

생활비 통장을 만들었다면 다음으로 할 일은 **신용카드 대신 체크
카드를 사용하는 것입니다.** 신용카드를 쓰면 생활비 한도에 맞춰 돈을
쓰기가 어렵습니다. 통장에 돈이 들어 있지 않아도 카드 결제를 할 수
있다 보니 계획하지 않은 곳에 카드를 긁어댑니다. 이제부터는 신용카
드 대신 통장에 있는 한도 내에서만 결제가 되는 체크카드를 사용하

도록 합시다. 이 체크카드는 생활비 통장과 연동시켜놓아야 합니다.

체크카드를 만들었다면 카드를 사용할 때마다 **통장 잔액을 알려주는 서비스를 신청하는 것이 좋습니다.** 카드를 쓸 때마다 문자 메시지를 받을 수도 있고, 애플리케이션을 깔아 즉시 알림 서비스를 받을 수도 있습니다. 은행에 따라 차이가 있으니, 무료 서비스를 찾아 신청하기 바랍니다. 잔액을 확인하는 것만으로도 쓸데없는 낭비를 줄이는 데 큰 도움이 됩니다.

변동 지출을 관리하는 3 Step

Step1. 생활비 통장을 따로 만든다.

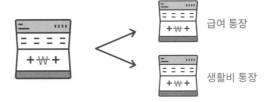

Step2. 체크카드를 만들어 생활비 통장과 연동시킨다.

Step3. 카드를 쓸 때마다 통장 잔액을 알려주는 서비스를 신청한다.

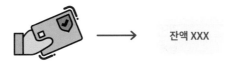

이 대리의 새로운 지출 계획

고정 지출과 변동 지출을 줄일 수 있는 방법을 알았으니, 이제 지출 계획을 세워보도록 하겠습니다. 이 대리의 고정 지출과 변동 지출을 다시 살펴봅시다.

이 대리의 현재 주거비는 월수입의 33%에 해당하는 높은 수준입니다. 원룸 계약 기간이 몇 개월 남지 않은 이 대리는 월세가 저렴한 방을 구해 주거비를 58만 원 수준으로 낮추기로 계획을 세웠습니다.

이 대리의 지출 계획

고정 지출	구분	금액		
	주거비	825,000원	→	580,000원
	보험료	235,000원	→	150,000원
	통신비	120,000원	→	70,000원
	합계	1,180,000원	→	800,000원

변동 지출	구분	금액		
	식비	608,000원	→	300,000원
	교통비	190,000원	→	100,000원
	생필품비	215,500원	→	100,000원
	의류비	39,900원		
	자기계발비	14,000원		200,000원
	유흥비	230,000원		
	기타	22,600원		
	합계	1,320,000원	→	700,000원

보험료도 보험 리모델링을 통해 15만 원으로 줄일 생각입니다. 통신비는 현재 사용량에 비해 비싼 요금제를 사용하고 있어 요금제를 변경하고 선택약정할인을 받아 7만 원으로 낮출 예정입니다.

변동 지출 또한 지난달의 과도한 씀씀이를 줄여볼 계획입니다. 식비, 교통비, 생필품비 등을 줄여 70만 원으로 한 달을 지내겠다는 목표를 세웠습니다. 생활비 통장을 새로 만들어 월급날에 70만 원을 이체할 예정이고, 신용카드를 없애고 체크카드를 사용해 지출을 관리할 생각입니다.

이에 따라 이 대리는 고정 지출 80만 원, 변동 지출 70만 원, 총 150만 원으로 새로운 지출 계획을 세웠습니다. 이대로라면 100만 원 정도의 지출을 줄일 수 있겠네요.

금리인하요구권

심화
학습

앞서 말했듯, 금리인하요구권은 대출을 받을 당시보다 신용 상태가 좋아졌을 때 대출 금리 인하를 요구해 대출 이자를 줄일 수 있는 유용한 방법입니다.

금리인하요구권을 신청할 수 있는 상황은 다음과 같습니다. 첫 번째, 새로 취직하거나 승진을 한 경우입니다. 대출을 받을 당시 직위가 사원이었는데, 현재 대리 등으로 승진을 한 상태라면 금리인하요구권을 신청할 수 있습니다. 두 번째, 연소득이 증가한 경우입니다. 대출을 받았을 때보다 현재의 연소득이 근로소득자 평균 임금상승률의 2배 이상 증가했다면 금리인하요구권을 신청할 수 있습니다. 세 번째, 신용등급이 상승한 경우입니다. 그 밖에 자산이 증가하거나 부채가 감소한 경우, 대출금융기관의 주거래 고객이 된 경우, 의사, 변호사 등 전문 자격시험에 합격한 경우 금리인하요구권의 신청 자격이 생깁니다.

혹시 '대출 금리가 낮아져봐야 이자가 얼마나 줄어들겠어?'라고 생각하지 않았나요? 통계에 따르면, 시중은행의 경우 금리인하요구권을 신청했을 때 신청 대비 수용률은 95% 이상, 금리 인하 폭은 0.8% 수준이라고 합니다. 대출 금리가 0.8% 낮아진다면 절약할 수 있는 대출 이자는 얼마나 될까요?

금리인하요구권에 따른 대출 이자 감소 효과

대출금	금리 인하 폭	대출 이자 감소 효과
1,000만 원		6,667원 (1,000만 원×0.8%)/12개월
5,000만 원	0.8%	33,333원 (5,000만 원×0.8%)/12개월
1억 원		66,667원 (1억 원×0.8%)/12개월

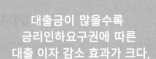

대출금이 많을수록
금리인하요구권에 따른
대출 이자 감소 효과가 크다.

1,000만 원을 대출받았을 때, 대출 금리가 0.8% 인하된다면 한 달에 절약할 수 있는 대출 이자는 6,667원입니다. 대출금이 많을수록 대출 이자 감소 효과가 큽니다. 대출금이 5,000만 원이면 매월 33,333원을 절약할 수 있고, 대출금이 1억 원이면 66,667원을 절약할 수 있습니다. 1년이면 80만 원(66,667원×12개월), 10년이면 800만 원을 절약할 수 있죠. 단지 금리인하요구권을 신청했을 뿐인데 말입니다. 신청 요건만 충족한다면 무조건 신청해야 하지 않을까요?

지출 계획을 세워보자

지출 항목별로 예산을 짜보겠습니다. 지난달의 지출 내역을 정리해둔 자료를 꺼낸 뒤 줄일 수 있는 금액을 파악하고 항목별로 한 달에 얼마의 예산을 사용할지 생각해봅시다. 그리고 그 금액을 정리해 옆쪽에 적어봅시다. 방법이 생각나지 않는다면, 본문 내용을 다시 한 번 확인하기 바랍니다.

고정 지출

구분	금액
	→
	→
	→
	→
합계	→

변동 지출

구분	금액
	→
	→
	→
	→
	→
	→
	→
합계	→

가계부 작성, 결국 포기했어요

취직을 한 뒤 부모님으로부터 독립하게 된 날, 어머니는 이 대리를 앉혀놓고 이렇게 말씀하셨다.

"이제 혼자 살면 네가 모든 걸 스스로 판단해야 해. 돈 번다고 펑펑 쓰고 다니지 말고 아껴야 해. 가계부도 꼬박꼬박 쓰고."

돈 관리를 잘하기 위해 가계부를 써야 한다는 사실은 이 대리도 잘 알고 있었다. 실제로 가계부를 써본 적도 있었다. 그것도 두 번이나!

이 대리가 처음 가세부를 쓴 것은 취직을 하고 두 번째 월급을 받은 이후였다. 첫 월급으로 부모님께 드릴 선물을 사고, 친구들에게 취직 기념으로 한턱내고, 출근할 때 입을 정장 한 벌 사고 나니 어느새 돈이 하나도 남아 있지 않았다. 이렇게 하다가는 돈을 하나도 모으지 못하겠다는 생각에 부랴부랴 가계부를 쓰기 시작한 것이다.

처음에는 가계부를 엄청 열심히 썼다. 돈을 쓸 때마다 주머니에서 손바닥 크기의 가계부를 꺼내 십 원 단위까지 꼼꼼하게 지출 내역을 적었다. 가계부를 곧바로 적지 못한 날은 퇴근 후에 집으로 돌아와 가계부를 정리했다. 그런데 시간이 지날수록 가계부를 쓰는 일이 조금씩 귀찮아졌다.

가계부 쓰는 일이 하루씩 밀리기 시작하자 가계부를 정리하는 데 필요한 시간도 길어졌다. 3일 전에 돈을 어디에 썼는지 기억도 잘 나지 않았다. 그러다 보니 점점 가계부와 멀어졌다. 이 대리가 첫 가계부를 쓴 기간은 고작 2주일이었다. (한 달도 채우지 못하다니!)

두 번째로 가계부를 쓴 것은 직장생활 3년 차 때였다. 직장생활을 3년이나 했는데 돈이 하나도 모이지 않자 이 대리는 굳게 마음먹고 다시 가계부를 쓰기로 결심했다.

그 당시 인터넷에서 다운받은 엑셀 가계부는 정말 신세계였다. 계산기를 두드리지 않아도 그날 쓴 돈의 합계가 자동으로 계산되었다. 지출 항목을 써두면 항목별로 얼마를 썼는지 집계도 되었고, 그래프까지 그려졌다. 이런 가계부라면 돈 관리를 철저히 할 수 있을 것만 같았다.

하지만 두 번째 가계부 작성 역시 2주일을 넘기지 못했다. 무엇보다 집에서 컴퓨터를 켜는 것이 너무 귀찮았다. 집에서도 일을 하는 듯해 기분이 영 별로였다. 실컷 하루 치 가계부를 작성한 뒤 저장도 하지 않고 컴퓨터 전원을 끈 날, 이 대리는 엑셀 가계부도 자신과 맞지 않는다는 사실을 깨달았다. 결국 이 대리는 그 후로 두 번 다시 가계부를 쳐다보지도 않았다.

가계부를 계속 쓰기 위한
세 가지 방법

오늘의 목표 가계부를 잘 쓰는 팁을 알아보자.

지금까지 여러분은 지출 현황을 파악하고, 지출 계획을 세워 예산을 수립하는 단계를 거쳤습니다. 이제는 마지막 단계인 '가계부 쓰기'입니다.

가계부를 써야 하는 이유는 무엇일까요? **불필요한 씀씀이를 줄이고, 지출을 통제하기 위해서입니다.** 가계부를 쓰면 자신의 소비 패턴을 되돌아볼 수 있습니다. 그리고 자신의 소비가 잘못되었다는 것을 눈으로 확인해야 지출을 줄일 수 있습니다.

가계부를 잘 쓰는 사람은 누구?

그렇다면 가계부는 어떻게 써야 할까요? 이야기를 시작하기에 앞서 문제 하나를 내겠습니다. 다음 세 사람 중 가계부를 가장 잘 쓰는 사람은 누구일까요?

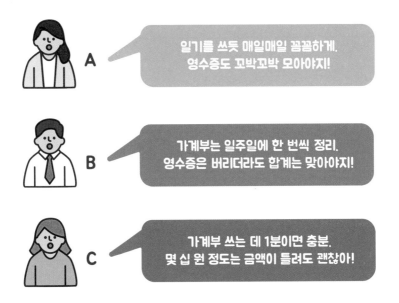

여러분은 누가 가계부를 가장 잘 쓰는 것 같나요? 매일매일 꼼꼼하게 가계부를 쓰는 A일까요? 일주일에 한 번씩 가계부를 쓰는 B일까요? 영수증을 모으지 않고, 대략적인 금액만 가계부에 적는 C일까요?

정답은 세 명 가운데 '**끝까지 가계부를 쓰는 사람**'입니다. '강한 사람이 살아남는 것이 아니라, 살아남는 사람이 강한 것이다'라는 말이 있습니다. 이 말이 지출 관리로 넘어오면 이렇게 바뀝니다.

'잘 쓰는 사람이 끝까지 가계부를 쓰는 게 아니라, 끝까지 쓰는 사람이 가계부를 잘 쓰는 것이다.'

그만큼 지속적으로 가계부를 쓰는 것은 어려운 일입니다. 의욕적으로 가계부를 쓰기 시작했지만 이 대리처럼 중도에 포기하는 경우가 많습니다. 하지만 어려운 일인 만큼, 가계부를 꾸준히 쓰는 것은 의미가 있습니다. 지금까지의 제 경험에 따르면 몇 년 동안 가계부 관리를 꾸준히 해온 사람 중에 재테크를 못하는 사람은 한 명도 없었습니다.

가계부 잘 쓰는 방법

가계부를 쓰는 방법은 특별히 정해져 있지 않습니다. 다만 어떻게 하면 도중에 그만두지 않고 끝까지 쓸 수 있을지를 항상 고민해야 합니다. 그게 곧 잘 쓰는 거니까요. 지금부터 끝까지 가계부를 쓰기 위한 몇 가지 팁을 알려드리겠습니다.

1. 너무 디테일하게 쓰지 않을 것

가계부를 너무 디테일하게 쓸 필요는 없습니다. 세부적으로 정확하게 쓰려고 하다 보면 시간도 많이 걸리고 가계부를 쓰는 일 자체가 어렵게 느껴질 수 있습니다.

> 가계부를 쓰던 A씨는 고민에 빠졌다. 이틀 전에 마트에서 산 생선이 갈치였는지, 고등어였는지 생각이 나지 않았기 때문이다. 매사 정확한 것을 좋아하는 A씨는 가계부도 한 치의 오차 없이 정확하게 쓰고 싶었다. 그런 A씨에게 마트에서 산 생선이 갈치였는지, 고등어였는지는 매우 중요한 문제였다.

이런 예를 접한다면 대부분의 사람이 코웃음을 칠 것입니다. "그냥 '생선'이라고 적으면 되지 뭘 그런 걸로 고민하고 그래"라고 말하며 말이죠. 하지만 고민의 종류와 정도가 조금씩 다를 뿐, 가계부를 쓸 때 A씨처럼 고민하는 사람이 적지 않습니다.

가계부를 쓸 때 모든 물건의 이름을 정확하게 기록할 필요는 없습니다. 언제, 어디에서, 얼마의 돈을 썼는지 기록하는 것만으로도 충분합니다. 가계부를 쓸 때는 간략하게, 필요한 내용만 적어야 합니다. 이것이 가계부를 끝까지 쓸 수 있는(가계부를 잘 쓰는) 비결입니다.

2. 너무 많은 정성을 쏟지 말 것

가계부를 꼼꼼하게 적으면 지출 내용을 확인할 때 도움이 됩니다. 물건을 구매할 때마다 영수증을 챙기면 빠뜨리는 내용 없이 정확하게 가계부를 적을 수 있습니다. 하지만 영수증을 붙이고 꼼꼼하게 내용을 적느라 너무 많은 시간을 할애한다면 금방 지쳐버릴 수도 있습니다.

가계부를 쉽게 쓰기 위해서는 우선 가계부를 간단하게 만들 필요가 있습니다. 불필요한 부분을 빼고, 필요한 부분만 남기면 가계부 작성이 간단해집니다.

가계부 단순화하기

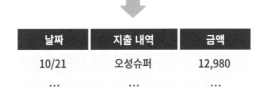

날짜	구분		지출			수입		메모
	대항목	소항목	내역	지출구분	금액	수입구분	금액	
10/21	통신비	전화비	SKT	농협통장	70,000			
10/21	공과금	전기료	전기세	우리은행	13,400			
10/21	식비	간식	오성슈퍼	체크카드	12,980			
...	...	...	...	...	...			

날짜	지출 내역	금액
10/21	오성슈퍼	12,980
...	...	...

일반적으로 가계부에 들어 있는 항목들을 간단하게 줄여 보았습니다. 위의 표보다 아래 표가 훨씬 단순하죠?

가계부를 쓸 때는 첫째, 고정 지출을 적을 필요는 없습니다. 매달 같은 내용을 적는 것이 무슨 의미가 있을까요? 월세, 대출 이자, 공과금, 관리비, 통신비, 보험료 등의 고정 지출은 가계부에서 빼는 것이 좋습니다. 매달 금액이 변동하는 변동 지출만 관리하면 됩니다.

둘째, 지출 내역을 대항목, 소항목으로 자세하게 구분할 필요는 없습니다. 적합한 항목을 찾느라 시간을 허비하지 마십시오.

셋째, 지출 구분은 하지 않아도 됩니다. 여러 개의 통장이나 카드를 한 가계부 안에서 관리하면 복잡하기만 할 뿐 실효성이 없습니다. 생활비 통장과 그 통장과 연동한 체크카드만 사용하도록 합시다.

넷째, 수입을 적을 필요는 없습니다. 가계부에는 지출 내용만 적으면 됩니다. 앞서 생활비 통장에 매달 일정한 금액(이 대리는 70만 원)을 입금해 사용하기로 했죠? 매달 같은 금액이 들어올 텐데, 같은 내용을 적어 가계부를 복잡하게 만들 필요는 없습니다.

마지막으로, 메모 칸을 따로 만들 필요가 없습니다. 메모 칸에 적히는 지출보다 적히지 않는 지출이 훨씬 많기 때문입니다. 괜히 메모 칸을 만들어 빈 공간만 늘리고 복잡하게 하는 것보다는 아예 없애는 편이 깔끔하고 단순합니다. 특이 사항을 꼭 적어두어야 하는 지출이 있다면 가계부 여백에 조그맣게 메모해두는 것이 어떨까요?

가계부가 간단하면 작성하기도 쉽습니다. **날짜와 지출 내역, 금액만 적으면 됩니다.** 하루에 1~2분이면 가계부 쓰는 일을 모두 끝마칠 수 있습니다.

3. 억지로 하지 않을 것

가계부를 쓰는 일은 억지로 하면 안 됩니다. 누가 시키지 않아도 내가 재미있어서 하는 즐거운 일로 만들어야 지치지 않고 끝까지 가계부를 쓸 수 있습니다.

가계부 작성한 날　　　돈을 안 쓴 날　　　지출 계획을 지킨 결산일

저는 가계부를 쓸 때마다 스스로에게 보너스를 지급했습니다. 12시가 지나기 전에 그날의 가계부를 적으면 보너스 계좌에 1,000원을 이체했죠. 간혹 지출이 하나도 없어 가계부를 쓸 수 없는 날도 있습니다. 그런 날은 가계부를 쓰지 않으니 보너스를 받지 못할까요? 돈을 하나도 쓰지 않고 아낀 날은 2배의 보너스, 즉 2,000원을 보너스 계좌에 이체했습니다. 마지막으로 한 달이 지난 후 가계부를 결산할 때, 미리 설정해둔 예산(지출 한도)이 넘지 않으면 가장 큰 상을 주었습니다. 이때는 1만 원을 보너스 계좌에 이체했죠.

이런 방식으로 상황을 설정해 스스로에게 보상을 하니 가계부를 쓰는 데 동기부여가 되었습니다. 그리고 그렇게 모은 보너스를 평소에 사지 못한 것, 하지 못한 것에 사용하니 재미도 있었습니다. 여러분도 반드시 이 방법을 사용할 필요는 없습니다. 각자의 스타일에 맞게 가계부 쓰는 일을 즐겁게 만드는 방법을 찾기 바랍니다.

스마트폰으로 가계부 쓰기

가계부 작성의 많은 장점에도 불구하고, 날마다 가계부를 쓰는 것이 귀찮고 번거로운 분들에게는 스마트폰의 가계부 애플리케이션이 도움이 될 수 있습니다. 돈을 사용할 때마다 스마트폰을 꺼내 지출 내역을 기록할 수도 있고, 신용카드·체크카드와 연동해 자동으로 가계부에 입력할 수도 있죠. 지금부터 알아두면 유용한 가계부 애플리케이션을 소개해드리겠습니다.

1. 위플머니(아이폰)

사용 방법이 복잡하지 않아 누구나 쉽게 활용할 수 있는 가계부 애플리케이션입니다. 지출 내역 입력 방법이 단순할 뿐만 아니라 월별 지출 금액을 깔끔하게 확인할 수 있어 관리가 쉽습니다. 또 식비, 교통비 등 카테고리별로 지출 통계를 확인할 수 있어 어떤 지출을 줄여야 할지 한눈에 파악할 수 있습니다. 가계부 작성이 어렵고 익숙하지 않은 초보 사용자들에게 특히 유용합니다.

2. 뱅크샐러드(아이폰 & 안드로이드)

금융사와 정보를 연동해 지출 내역이 자동으로 입력되는 가계부 애플리케이션입니다. 이 애플리케이션의 가장 큰 특징은 지출 내역을 일일이 적을 필요가 없다는 것입니다. 처음 한 번만 카드나 은행과 연동하면 그 후부터는 자동으로 사용 내역을 받아와 알아서 입력해줍니다. (물론 현금 사용 내역은 직접 적어야 합니다.) 지출 내역이 너무 많고 복잡해서 일일이 계산해 가계부를 쓰는 것이 힘들거나 신용카드, 체크카드 사용이 빈번하다면 유용하게 활용할 수 있습니다.

위플머니

뱅크샐러드

제4장
여유자금을
모으기 위한
기초 쌓기

예금 풍차돌리기를 하면
이자를 더 받을 수 있나요?

점심 식사를 일찍 마친 이 대리는 회사 근처에 있는 은행으로 발걸음을 옮겼다. 본격적으로 여유자금을 모을 계좌를 만들기 위해서였다. 《4주 완성! 첫 돈 공부》를 읽으며 월수입을 파악하고 지출 계획을 세우는 과정까지 완료한 이 대리였다. 지출 계획을 세워보니 한 달 여유자금은 100만 원이었다. 계획대로 실행만 한다면 이제부터 매달 100만 원씩 모을 수 있을 것 같았다.

'내가 스스로 계획을 세우고 저축을 하기 위해 은행에 오다니!'

이 대리는 재테크가 제대로 진행되고 있는 것 같아 자신감이 생겼다.

은행에 도착해 번호표를 뽑은 이 대리는 의자에 앉아 자신의 순서가 오기를 기다렸다. 조금 지나자 '띵동' 알림 소리와 함께 번호판에 이 대리의 번호가 떴다. 그렇게 이 대리는 친절한 미소의 은행 직원과 마주했다.

은행 직원: 어떤 업무를 도와드릴까요?

이 대리: 적금 통장을 만들려고 하는데요.

은행 직원: 정기 적금 말씀하시는 거죠? 한 달에 얼마씩 납부하실 예정이세요?

이 대리: 매달 100만 원씩 넣으려고요. 그런데 가입 전에 여쭤볼 게 있는데요. 친구한테 듣기로는 예금 상품에 매달 새로 가입하면서 돈을 모으는 방법도 있다고 하던데, 그건 어떻게 하는 거예요?

은행 직원: '예금 풍차돌리기' 말씀이시군요. 안 그래도 요즘 그 방법으로 돈을 모으려고 하시는 분들이 많아요. 말씀하신 것처럼 매달 예금 상품에 가입하시는 거예요. 고객님이라면 매달 100만 원씩 새로운 예금 상품에 가입하시는 거죠.

이 대리: 그렇게 하면 그냥 적금에 돈을 넣는 것보다 이자를 더 많이 받을 수 있나요?

은행 직원: 글쎄요. 그런 경우도 있고, 그렇지 않은 경우도 있어서 뭐가 더 괜찮다고 딱 잘라 말씀드리기 어려워요. 그런데 지금은 적금 금리가 예금 금리보다 높아서 적금을 선택하시는 편이 나아요.

이 대리는 은행 직원의 말을 정확히 이해할 수 없었지만, 달리 더 물어볼 것도 없었다. 그래서 이렇게 말했다.

"그럼 그냥 적금 통장 하나 만들어주세요."

적금과 예금에 대한
오해와 이용 전략

오늘의 목표　적금과 예금으로 돈을 모으는
세 가지 전략을 알아보자.

재테크 프로세스는 '벌고, 쓰고, 모으고 불리기'의 과정이라 이야기했
습니다. 지금부터는 재테크 프로세스 가운데 3단계와 4단계인 여유
자금을 모으고 재산을 불리는 과정에 대해 알아보려 합니다.

　여유자금을 모으고, 재산을 불리기 위해서는 다양한 금융 상품
을 이해하는 것이 중요합니다. 재테크 목표를 달성하기 위해서는 자
신에게 어떤 금융 상품이 적합한지 알아야 하기 때문입니다. 그러기

위해 가장 먼저 여러 금융 상품을 접해보아야 합니다. 이번 장에서는 여러 금융 상품 중 가장 간단하면서도 기본이 되는 적금과 예금에 대해 알아보도록 하겠습니다.

가장 기본적인 금융 상품, 적금과 예금

지금까지 살아오면서 '적금'과 '예금'이라는 단어를 수도 없이 들어보았을 것입니다. 그런데 그 둘의 차이점을 물어보면 정확하게 대답하지 못하는 사람들이 있습니다. 적금과 예금의 차이를 간단하게 설명하면 적금은 매월 일정한 금액을 적립해서 모으는 것이고, 예금은 목돈을 한꺼번에 예치하는 것입니다.

적금과 예금의 차이

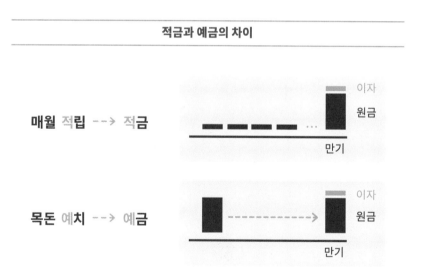

다시 말하면, 매달 100만 원씩 모아 1년 후에 원금 1,200만 원과 그에 따른 이자를 받는 것은 적금, 1,200만 원을 한 번에 맡겨 1년 후에 원금과 그에 따른 이자를 받는 것은 예금입니다.

적금과 예금은 그 목적에 있어 약간의 차이가 있습니다. 적금은 여유자금을 모으는 데 목적이 있는 반면, 예금은 기본 재산을 불리는 데 목적이 있습니다. 즉 **적금은 돈을 모으는 상품**이고, **예금은 재산을 불리는 상품**입니다. 매달 여유자금을 모으겠다는 목적을 가지고 있는 이 대리에게는 적금이 적합합니다.

적금과 예금에 대한 두 가지 오해

적금과 예금의 기본 개념을 알았으니 이제 이야기를 한 단계 발전시켜보겠습니다. 적금과 예금에 대해 사람들이 오해하고 있는 부분이 있습니다.

첫 번째 오해는 상품의 만기를 1년으로 해야 한다는 것입니다. 과연 그럴까요? **적금과 예금의 만기는 1년보다 길게 할 수도 있고, 짧게 할 수도 있습니다.** 상품에 따라 만기를 1개월로 설정할 수도 있고, 3년으로 설정할 수도 있죠.

만기를 설정하는 것은 매우 중요합니다. 만약 만기가 되기 전에 중도 해지한다면 원래 약정된 이자를 거의 받지 못하기 때문입니다. 따라서 자신에게 돈이 필요한 시기가 언제인지 정확히 파악하고, 거기에 맞춰 만기를 설정하는 것이 바람직합니다.

두 번째 오해는 적금의 이자 계산 방식에 관한 것입니다.

A씨는 한 달에 100만 원씩 납입하는 금리 2%짜리 정기 적금에 가
입했다. 1년 후 만기가 되자 A씨는 혼란에 빠졌다. 돌려받은 금액
이 생각보다 훨씬 적었기 때문이다. A씨는 원금 1,200만 원과 2%
인 이자 24만 원, 총 1,224만 원을 받을 것이라 생각했다. 그런데 A
씨가 받은 금액은 12,109,980원이었다. A씨가 기대했던 이자의 절
반에도 미치지 못하는 금액이었다. 이자소득세를 감안한다 해도
차이가 너무 많이 났다. 이자 차이가 왜 이렇게 큰 것이었을까?

혹시 은행에서 실수를 한 것은 아닐까요? 그렇지 않습니다. A씨
의 이자 계산 방식이 잘못되었습니다. 이자 계산 방식은 돈을 맡긴 기
간과 금리에 따라 달라집니다. A씨가 1,200만 원을 예금으로 한 번에
맡겼다면 1,200만 원 전체에 대한 1년 치 이자를 받았을 것입니다.

예금의 이자 계산법

예치 기간: 12개월 --> **12개월 치 이자 계산(1,200만 원×2%=**24만 원**)**

하지만 적금은 1,200만 원을 한 번에 맡기는 것이 아니라 100만 원씩 12개월에 걸쳐 납입하는 것이죠. 이 때문에 적금의 이자 계산 방식은 예금의 이자 계산 방식과 다릅니다.

A씨가 첫 달에 넣은 100만 원으로는 12개월에 해당하는 이자를 받을 수 있습니다. 하지만 두 번째 달에 넣은 100만 원의 예치 기간은 11개월이므로 11개월에 해당하는 이자만 받을 수 있고, 세 번째 달에 넣은 100만 원의 예치 기간은 10개월이므로 10개월에 해당하는 이자만 받을 수 있습니다. 마찬가지로 마지막 달에 넣은 100만 원의 예치 기간은 1개월이므로 1개월 치 이자만 받을 수 있습니다. 이렇게 계산된 이자를 모두 더하면 적금의 이자가 됩니다. 그림으로 살펴보면 다음과 같습니다.

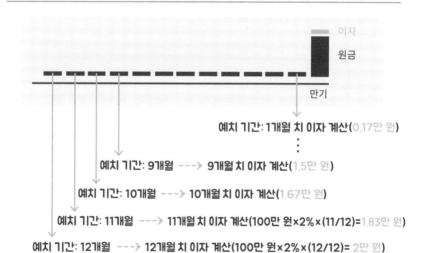

적금의 이자 계산법

예치 기간: 1개월 치 이자 계산(0.17만 원)

예치 기간: 9개월 ---> 9개월 치 이자 계산(1.5만 원)

예치 기간: 10개월 ---> 10개월 치 이자 계산(1.67만 원)

예치 기간: 11개월 ---> 11개월 치 이자 계산(100만 원×2%×(11/12)=1.83만 원)

예치 기간: 12개월 ---> 12개월 치 이자 계산(100만 원×2%×(12/12)= 2만 원)

이처럼 적금과 예금은 이자 계산 방식이 다릅니다. 납입 총액 (1,200만 원)에 대한 이자는 적금이 예금에 비해 적습니다. **적금 이자는 예금 이자의 절반 수준이라고 생각하시면 됩니다.** 위의 사례에서 예금 이자가 24만 원이라면 적금 이자는 절반 수준인 12만 원 정도입니다. 그러니 생각보다 적금 이자가 적다고 은행으로 달려가 따져 묻는 일은 없어야 하겠죠?

적금과 예금을 활용해 돈을 모으는 세 가지 전략

적금과 예금은 상품 구조가 매우 단순합니다. 하지만 단순한 적금과 예금만으로도 재미있는 상품 구조를 만들어낼 수 있습니다. 지금부터 B씨의 고민을 함께 해결하며, 적금과 예금의 응용법을 알아보겠습니다.

은행에 들어선 B씨는 어떤 상품으로 돈을 모아야 할지 고민에 빠졌다. B씨는 오늘부터 3년 동안 매달 100만 원씩 모을 계획을 가지고 있었다. 그리고 3년 후에 그렇게 모은 돈으로 새 차를 구입할 예정이었다. B씨는 비록 이자가 적더라도 안정적으로 돈을 모으고 싶었다. 은행 직원에게 물어보니 적금과 예금 금리 모두 연 2%라고 했다. B씨는 어떤 방법으로 돈을 모으는 것이 좋을까?

여러분은 B씨가 어떤 전략으로 돈을 모으는 것이 바람직하다고 생각하나요? 다음 세 가지 전략을 비교하며 B씨에게 가장 좋은 방법을 찾아보도록 합시다.

1. 만기가 3년인 적금 상품에 가입하기

첫 번째 전략은 만기가 3년인 적금 상품에 가입하는 방법입니다. 가장 단순한 방법이죠. 매월 100만 원씩 넣어 3년 후에 원금과 이자를 동시에 받는 전략입니다. 이 전략을 사용했을 때 3년 후에 받게 되는 금액이 얼마나 되는지 계산해보겠습니다.

전략1. 3년 적금 전략

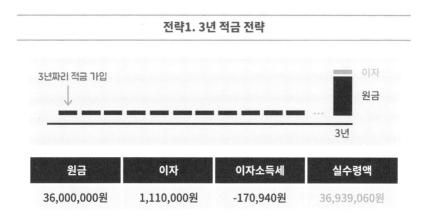

원금	이자	이자소득세	실수령액
36,000,000원	1,110,000원	-170,940원	36,939,060원

3년 후 만기가 되었을 때 B씨가 받게 되는 실수령액(원금+이자-이자소득세)은 36,939,060원입니다. 자세한 계산 방식은 뒤에서 자세히 설명할 예정이니, 지금은 만기 때 받는 금액이 어느 정도인지만 체크하고 넘어가겠습니다.

2. 적금과 예금 상품 병행하기

두 번째 전략은 적금과 예금 상품을 병행해 이용하는 방법입니다. 1년짜리 적금 상품에 가입한 뒤 만기가 되면 그 금액을 예금으로 예치하고 다시 1년짜리 적금 상품에 가입하는 방식입니다. 순서를 자세히 적어보겠습니다.

① 현재: 1년짜리 적금 상품에 가입
② 1년 후: 적금 만기 금액을 1년 예금으로 예치하고, 1년짜리 적금 상품에 새로 가입
③ 2년 후: 적금 만기 금액과 예금 만기 금액을 합해 1년 예금으로 예치하고, 1년짜리 적금 상품에 새로 가입
④ 3년 후: 예금 만기와 적금 만기가 동시에 돌아옴

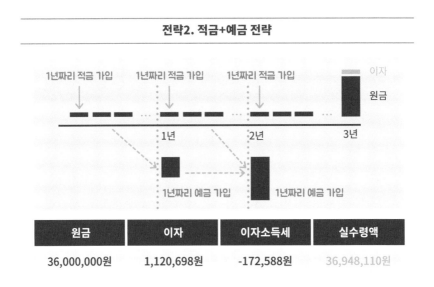

전략2. 적금+예금 전략

원금	이자	이자소득세	실수령액
36,000,000원	1,120,698원	-172,588원	36,948,110원

이 전략을 사용했을 때, 3년 후에 받게 되는 금액이 얼마인지 계산해보겠습니다. 이때 받게 되는 실수령액은 36,948,110원입니다. 첫 번째 전략보다 9,000원가량 실수령액이 많아집니다. 실수령액이 많아지는 이유는 적금이 만기가 되어 예금에 새로 가입할 때 적금 이자가 포함된 금액을 맡김으로써 **복리효과(이자에 이자가 붙는 효과)**가 생기기 때문입니다.

3. 매월 예금 상품에 가입하기(예금 풍차돌리기)

세 번째 전략은 예금을 이용해 돈을 모으는 방법입니다. '아니, 예금은 재산을 불리는 상품이라고 말하지 않았나? 여유자금을 모으는 상품은 적금이라고 했잖아'라고 생각하신 분도 있을 겁니다. 맞습니다. 하지만 예금으로도 적금과 똑같은 현금 흐름 상품을 만들 수 있습니다. 매달 100만 원씩 예금 상품에 새로 가입해 매달 100만 원씩 적금을 납입하는 효과를 만드는 것이죠. 순서를 자세히 적어보겠습니다. 내용이 조금 복잡하니 차근차근 읽어보기 바랍니다.

① 1개월 차: 1년 만기 100만 원 예금 상품에 가입
② 2개월 차: 1년 만기 100만 원 예금 상품에 새로 가입(첫 달 가입한 예금과 이번 달에 가입한 예금이 각각 존재하므로 예금 통장이 2개가 됨)
③ ~12개월 차: 위와 같은 방식으로 12개월 차까지 매달 새로운 예금 상품에 가입(이에 따라 12개월 차에는 100만 원짜리 예금 통장이 12개가 됨)
④ 1년 1개월 차: 1개월 차에 가입한 예금이 만기가 됨. 만기가 된 예금에

100만 원을 더해(200만 원+1개월 차 예금의 만기 이자) 새로 예금 상품에 가입

⑤ 1년 2개월 차: 2개월 차에 가입한 예금이 만기가 됨. 만기가 된 예금에 100만 원을 더해(200만 원+2개월 차 예금의 만기 이자) 새로 예금 상품에 가입

⑥ ~1년 12개월 차: 매월 만기가 돌아오는 예금에 100만 원을 더해 새로 예금 상품에 가입

⑦ 2년 1개월 차: 1년 1개월 차에 가입한 예금이 만기가 됨. 만기가 된 예금에 100만 원을 더해(300만 원+1개월 차, 1년 1개월 차 예금의 만기 이자) 새로 예금 상품에 가입

⑧ 2년 2개월 차: 1년 2개월 차에 가입한 예금이 만기가 됨. 만기가 된 예금에 100만 원을 더해(300만 원+2개월 차, 1년 2개월 차 예금의 만기 이자) 새로 11개월 만기의 예금 상품에 가입(만기를 11개월로 하는 이유는 3년 후 시점에 모든 예금의 만기를 일치시키기 위함)

⑨ 2년 3개월 차: 1년 3개월 차에 가입한 예금이 만기가 됨. 만기가 된 예금에 100만 원을 더해(300만 원+3개월 차, 1년 3개월 차 예금의 만기 이자) 새로 10개월 만기의 예금 상품에 가입(이때부터 가입하는 예금은 이와 같은 방식으로 만기를 1개월씩 줄임)

⑩ 2년 12개월 차: 1년 12개월 차에 가입한 예금이 만기가 됨. 만기가 된 예금에 100만 원을 더해(300만 원+12개월 차, 1년 12개월 차 예금의 만기 이자) 새로 1개월 만기의 예금 상품에 가입

⑪ 3년 후: 12개의 예금 만기(2년 1개월~2년 12개월 차)가 동시에 돌아옴.

전략3. 예금 풍차돌리기

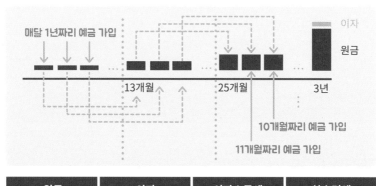

원금	이자	이자소득세	실수령액
36,000,000원	1,133,574원	-174,570원	36,959,004원

　내용이 조금 복잡한가요? 위의 표를 보고도 이해가 잘 되지 않을 수도 있습니다. 그렇다면 '예금을 이용하면 적금과 같은 현금 흐름의 상품을 만들 수도 있다' 정도로만 이해하고 넘어가기 바랍니다.

　세 번째 전략을 사용했을 경우 만기가 되었을 때 받는 실수령액은 36,959,004원입니다. 두 번째 전략보다 11,000원가량 실수령액이 많아집니다. 이처럼 실수령액이 많아지는 이유는 1년 차 이후 매월 만기 예금을 새로 예치할 때 이자가 포함된 금액을 맡겨 발생하는 복리효과가 두 번째 전략보다 자주 발생하기 때문입니다. 이 전략은 한때 유행했던 '예금 풍차돌리기'를 응용한 방법입니다.

　단순하게 생각했던 적금과 예금으로 다양한 전략을 세워 돈을 모을 수 있다는 사실이 신기하지 않나요? 어떤 전략을 사용하느냐에 따라 실수령액이 달라지는 점도 참으로 흥미롭습니다.

전략3 실수령액		전략2 실수령액		전략1 실수령액
36,959,004원	>	36,948,110원	>	36,939,060원

3년 동안 돈을 모으기 위해 어떤 전략을 사용할지 실수령액 외에 고려해야 할 요소들이 더 있습니다. 첫 번째 전략의 경우 만기가 3년이었죠. 만기가 되기 전에 급하게 돈이 필요해 중도 해지한다면 이자를 거의 받을 수 없습니다. 만약 돈을 중도에 인출해야 할 상황을 염두에 둔다면 두 번째 전략처럼 만기를 1년 정도로 짧게 설정하는 것이 유리할 수 있습니다.

세 번째 전략의 경우, 12개나 되는 통장을 관리하는 것이 힘들다는 단점이 있습니다. 거기에다 이자를 손해 보지 않으려면 매월 정해진 날짜에 꼬박꼬박 예금 상품에 새로 가입해야 하는데, 이 또한 쉬운 일이 아닙니다. 따라서 전략을 선택할 때 실수령액 이외에 만기 기간과 관리의 용이성 등을 함께 고려해야 합니다.

세 번째 전략을 선택할 때 한 가지 유의해야 할 점이 있습니다. 실수령액 측면에서 세 번째 전략이 항상 유리하지만은 않다는 사실입니다. 앞서 실수령액을 비교해봤을 때, 세 번째 전략의 실수령액이 가장 컸죠.

하지만 어떤 전략이 더 유리한지는 적금 금리와 예금 금리에 따라 달라집니다. 위의 사례처럼 적금과 예금 금리가 동일하거나 예금 금리가 적금 금리보다 크다면 세 번째 전략이 가장 유리합니다. 예금으로 적금의 효과를 유도하면서 복리효과도 얻을 수 있기 때문이죠. 그런데 적금 금리가 예금 금리보다 크다면 결과가 바뀝니다. 이때는 첫 번째 전략이 더 유리하죠.

현재 대부분의 금융기관에서는 적금 금리가 예금 금리보다 높습니다. (한동안 유행하던 '예금 풍차돌리기 전략'이 지금은 유리하지 않은 이유입니다.) 따라서 **상품에 가입할 때는 현재 상황에서 어떤 전략을 쓰는 것이 유리한지 계산해보고 결정하는 것이 중요합니다.**

만기 실수령액은 단순히 금리뿐 아니라, 위의 예시에서 나온 것처럼 단리와 복리의 차이에 따라서도 결과가 달라집니다. 내일은 단리와 복리가 무엇인지 알아보도록 하겠습니다.

이자에도 이자가 붙는다고요?

이 대리가 재테크를 공부하며 귀동냥으로 들은 말 중에서 가슴 설레는 단어가 하나 있었다. 바로 '복리의 마법'이라는 단어였다. '복리'라는 것에 얼마나 신묘하게 돈을 불리는 힘이 있으면 '마법'이라는 수식어까지 붙었겠는가. 이에 비해 '단리'라는 단어는 너무 초라해 보였다.

친절한 은행 직원은 이 대리에게 2개의 금융 상품 카탈로그를 보여주었다. 첫 번째 적금 상품은 월복리 상품으로, 금리가 무려 2.43%였다.

'적금인데도 복리로 이자를 주는 상품이 있다니!'

'월복리'라는 단어를 본 이 대리는 벌써 부자가 된 듯한 기분이 들었다. 두 번째 적금 상품은 단리 상품으로, 금리가 2.5%였다. 은행 직원은 첫 번째 상품을 가리키며 이렇게 말했다.

"요즘은 적금에 복리가 붙는 상품이 거의 없어요. 그런데 이 상품은 월복리로 이자를 드려요. 원금뿐 아니라 이자에도 매월 이자가 붙죠. 복리로 이자가 계산되기 때문에 다른 적금 상품들보다 유리해요."

그리고 두 번째 상품에 대한 설명도 이어나갔다.

"이 상품은 가장 기본적인 적금 상품이에요. 단리로 이자가 붙지만, 월복리 상품보다 금리가 높기 때문에 단기로 적금을 가입하실 거라면 더 유리할 수 있어요."

2개의 카탈로그를 번갈아 바라보던 이 대리는 이렇게 생각했다.

'금리 차이가 0.07%네. 별로 큰 차이는 없어 보이는데, 아무래도 단리보다는 월복리 상품이 낫겠지?'

이 대리는 마침내 큰 결단을 내린 듯 말했다.

"저는 월복리 적금으로 하겠습니다!"

단리와 복리의 이해

오늘의 목표　단리와 복리의 차이에 대해 알아보자.

한 번쯤 '복리'라는 단어를 들어본 적이 있을 것입니다. 먼저, 복리에 대해 설명할 때 자주 언급되는 예시를 소개해드리겠습니다.

미국 뉴욕의 맨해튼은 세계에서 땅값이 가장 비싼 지역 중 하나다. 이 비싼 땅을 처음으로 산 백인들은 당시 땅의 주인이었던 인디언들에게 과연 얼마를 땅값으로 지불했을까? 단돈 24달러였다. 현재 600억 달러의 가치에 달하는 맨해튼을 고작 24달러에 팔다니! 많은 사람이 인디언들을 비웃었다. 밑져도 한참 밑지는 장사가 아닐 수 없었다.

하지만 세계적인 투자자 피터 린치의 생각은 달랐다. 그는 인디언들을 비웃은 사람들에게 이렇게 말했다.

"인디언들은 결코 밑지는 장사를 한 것이 아니라네. 만약 인디언들이 24달러를 8%의 채권에 복리 투자해 지금까지 가지고 있었다면 그 돈은 얼마가 됐을까? 약 32조 달러일세. 지금 맨해튼 전체의 땅값인 600억 달러보다 무려 53배나 많은 돈이지."

이와 같은 이야기를 들으면 대부분의 사람이 고작 24달러가 무려 32조 달러로 불어나는 복리의 무시무시한 힘에 고개를 끄덕이며 '복리의 마법'에 찬사를 보냅니다. 그리고 복리에 대한 맹신의 씨앗을 마음속에 품죠.

복리란 무엇일까?

그렇다면 복리는 과연 무엇일까요? 복리가 대체 무엇이기에 이렇게 대단한 힘을 발휘하는 것일까요? **복리란 중복된다는 의미의 복(復)과 이자를 의미하는 리(利)가 합쳐진 단어입니다.** 이는 이자가 중복된다는 뜻으로, 말 그대로 **이자에도 이자가 붙는다는 뜻입니다.** 이해하기 쉽게 단리와 비교해 설명해보겠습니다.

단리 이자 계산법

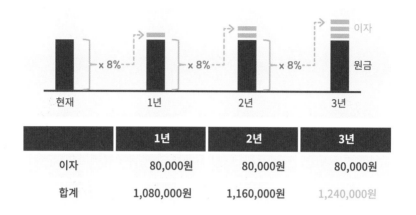

	1년	2년	3년
이자	80,000원	80,000원	80,000원
합계	1,080,000원	1,160,000원	1,240,000원

연 8%의 이자를 주는 예금 상품에 100만 원을 맡겼다고 가정해봅시다. 단리로 계산하면 3년 후에는 얼마의 이자를 받을 수 있을까요? **단리 이자는 원금에 금리를 곱해 계산합니다.** 1년 뒤에 받는 이자는 원금 100만 원에 8%를 곱한 8만 원입니다. 2년 뒤에 받는 이자도 원금 100만 원에 8%를 곱한 8만 원입니다. 3년 뒤에 받는 이자 역시 원금 100만 원에 8%를 곱한 8만 원입니다. 원금이 일정하기 때문에 매년 받게 되는 이자 또한 8만 원으로 동일합니다. 3년 동안 100만 원을 맡겨 받는 총 이자는 24만 원(8만 원×3년)입니다.

이제 복리로 계산할 때의 이자를 살펴보겠습니다. **복리 이자는 원금과 이자를 합한 금액에 금리를 곱해 계산합니다.** 1년 뒤에 받는 이자는 원금 100만 원에 8%를 곱한 8만 원입니다. 여기까지는 단리 이

복리 이자 계산법

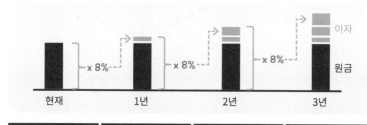

	1년	2년	3년
이자	80,000원	86,400원	93,312원
합계	1,080,000원	1,166,400원	1,259,712원

자와 동일합니다. 하지만 2년 뒤에 받는 이자는 원금 100만 원에 1년 차 이자 8만 원을 더한 108만 원에 8%를 곱한 86,400원입니다. 단리 로 계산할 때보다 6,400원이 더 많습니다. 3년 뒤에 받는 이자는 원 금과 이자를 합한 금액 1,166,400원에 8%를 곱한 93,312원입니다.

복리로 이자를 계산하면 매년 받게 되는 이자액은 계속 증가합니 다. 매년 받는 이자를 원금에 더해 다시 이자를 계산하기 때문입니다. 3년 동안 100만 원을 맡겨 받는 총 이자는 259,712원입니다. 단리로 받는 이자보다 2만 원 정도 많습니다.

이처럼 금리 수준과 만기가 같은 조건이라면, **단리로 이자를 계 산할 때보다 복리로 이자를 계산할 때 더 많은 이자를 받을 수 있습 니다.**

복리와 단리, 어떤 것을 선택할까?

그렇다면 여기서 문제 하나를 내보겠습니다. 여러분 앞에 2개의 적금 상품이 놓여 있습니다. 한 개는 금리 2.43%의 월복리 적금이고, 나머지 한 개는 금리 2.5%의 단리 적금입니다. 1년 동안 돈을 모으고자 할 때, 여러분은 어떤 상품을 선택하시겠습니까?

어떤 적금이 유리할까?

월복리 적금		단리 적금	
금리	2.43%	금리	2.5%
만기	1년	만기	1년
월적립액	100만 원	월적립액	100만 원

VS.

이 대리는 금리 차이가 0.07%로 크지 않았기 때문에 단리 적금보다는 월복리 적금이 유리할 것이라 판단했습니다. 그래서 은행 직원에게 월복리 적금 상품에 가입하겠다고 했죠. 여러분의 선택도 이 대리와 같나요?

결과적으로 이 대리의 선택은 틀렸습니다. 월복리 적금의 금리는 2.43%, 단리 적금의 금리는 2.5%였죠. 네이버 금융계산기로 계산해 보면 월복리 적금(2.43%)은 만기가 되었을 때 134,623원의 이자를 받는데, 단리 적금(2.5%)은 137,475원의 이자를 받습니다. 아뿔싸! 복리의 마법이 고작 0.07%의 금리 차이에 깨져버리다니!

이 사례는 우리가 금융 상품을 선택할 때 막연히 복리가 더 좋을 것이라는 등의 느낌에 의존하지 말고, 어떤 상품이 더 유리한지 실제로 계산해보는 것이 중요하다는 교훈을 줍니다.

복리의 마법이 효과를 발휘하려면?

그렇다면 대체 왜 이런 결과가 나온 것일까요? 복리는 단리보다 좋은 거 아니었나요? '72의 법칙'이라는 것이 있습니다. 72의 법칙이란, 복리로 돈을 운용할 때 원금이 2배가 되는 기간을 간편하게 계산하는 방식입니다. 72라는 숫자를 해당 수익률로 나누면 원금이 2배가 되는 기간이 대략적으로 산출됩니다.

$$72 \div \underset{\text{(금리)}}{\%} = \underset{\text{(년)}}{Y}$$

예를 들어보겠습니다. 1,000만 원을 매년 12%의 수익이 발생하는 상품에 복리로 투자했을 때, 원금이 2배로 불어나는 데 걸리는 기간은 얼마일까요? 72의 법칙에 따르면, 6년이 걸린다고 합니다. 72를 12(%)로 나눈 값이 6(년)이죠.

72의 법칙을 알면 원금이 2배가 되는 기간을 대략 예측할 수 있습니다. '매년 10%의 수익이 발생하는 상품에 투자한다면, 원금이 2배가 되는 데 7.2년(72÷10)이 걸리겠구나' 하는 식으로 감을 잡을 수 있습니다.

72의 법칙을 계산하는 식에는 '복리의 마법'에 대한 비밀도 숨어 있습니다. 그것은 바로 **복리의 마법이 효과를 발휘하려면 수익률이 높거나**(그래야 짧은 기간에 원금의 2배가 될 테니까요.), **기간이 길어야 한다**는 것입니다.

하지만 이 대리의 월복리 적금은 어떤가요? 이 대리의 적금은 복리의 마법을 부리기에는 금리도 낮고, 만기도 짧습니다. 그러니 복리의 마법과 같은 효과를 발휘할 수 없는 것입니다.

단리 상품으로 복리처럼 이자 받는 방법

복리와 단리에 대한 설명은 거의 다 해드린 것 같네요. 그런데 여러분에게 고백할 것이 한 가지 있습니다. 은행 상품 중에는 복리로 이자를 주는 상품이 거의 없습니다. '복리가 좋다고 실컷 설명해놓고 상품이 없다니? 이게 무슨 소리야?'라고 생각하실 수도 있습니다. 하지만 실망하지 않으셔도 됩니다. 여러분 스스로가 단리 상품을 이용해 복리 상품을 만들 수 있기 때문입니다.

은행에는 새로 예금 상품에 가입하기 위해 방문하시는 분들도 있고, 만기가 된 예금을 찾기 위해 방문하시는 분들도 있습니다. 예금 만기가 된 고객들 중 일부는 돈을 찾지 않고 재예치하기도 합니다. 제가 은행에서 근무하며 관찰해본 결과, 예금이 만기되었을 때 그 돈을 재예치하는 고객들은 크게 두 가지 유형으로 나뉩니다.

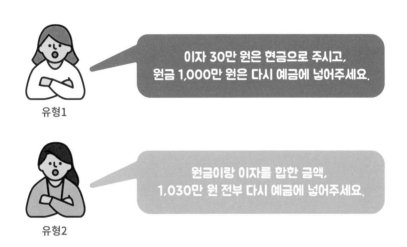

유형1

이자 30만 원은 현금으로 주시고, 원금 1,000만 원은 다시 예금에 넣어주세요.

유형2

원금이랑 이자를 합한 금액, 1,030만 원 전부 다시 예금에 넣어주세요.

두 유형의 차이점은 거의 없습니다. 원금만 재예치하는지, 이자까지 재예치하는지만 다를 뿐입니다. 하지만 이 사소한 차이에서 단리식 투자법과 복리식 투자법이 갈립니다.

1년이 지난 후 다시 예금 만기가 되었을 때, 첫 번째 유형의 고객이 찾을 수 있는 금액은 1년 전과 마찬가지로 이자 30만 원과 원금 1,000만 원입니다. 원금 1,000만 원에 대한 이자만 발생했기 때문입니다. 이것이 바로 단리식 투자법입니다.

반면, 두 번째 유형의 고객이 찾을 수 있는 금액은 첫 번째 유형의 고객보다 무조건 많습니다. 원금과 이자를 모두 재예치했기 때문입니다. 원금뿐 아니라 이자에도 다시 이자가 붙었기 때문에 더 많은 금액을 돌려받을 수 있습니다. 이자에도 이자가 붙는다는 복리는 바로 이런 것입니다. 두 번째 유형의 고객이 이자를 포함해 돈을 재예치했던 것은 단순한 행동처럼 보였지만, 실은 복리식 투자법을 활용할 줄 아는 재테크의 달인이었기에 가능한 행동이었습니다.

대출 이자에도 복리가 적용된다고?

이제 이야기의 주제를 조금 바꿔보겠습니다. 복리로 이자를 계산하는 방식은 돈을 모을 때만 적용될까요? 그렇지 않습니다. 복리의 마법은 돈을 빌렸을 때도 적용됩니다. 특히 마이너스 통장은 복리로 대출 이자가 계산되는 대표적인 예입니다. 마이너스 통장으로 전세금을 대출받은 B씨의 사례를 살펴보겠습니다.

갑자기 전세금을 올려달라는 집주인의 말에 B씨는 5,000만 원의 급전이 필요했다. 전세금 대출을 받으려면 준비해야 할 서류가 한두 가지가 아니었기에 B씨는 기존에 개설해둔 마이너스 통장 (대출 금리 8%)에서 필요한 돈을 꺼내 쓰기로 했다.
마이너스 통장은 정말 편리했다. 돈을 빌리기 위해 추가로 제출

해야 하는 서류도 없었고, 은행에 방문할 필요도 없었다. 입출금 통장과 마찬가지로 계좌 이체만 하면 되었다.

은행에서는 대출금을 갚으라고 독촉하지도, 이자를 빨리 내라고 닦달하지도 않았다. 그래서 B씨는 대출금 5,000만 원의 존재를 까맣게 잊고 지냈다. 전세를 빼 다른 집으로 이사 갈 때도 마이너스 통장에서 빌린 돈은 갚지 않았다. 보너스를 받아 여유가 조금 생겼을 때도 마이너스 대출 상환은 항상 뒷전이었다. 그렇게 10년이라는 시간이 흘렀다.

은행에서 연락을 받은 B씨는 깜짝 놀랐다. 마이너스 통장 잔고가 생각지도 못한 수준으로 커져 있는 것이 아닌가! 5,000만 원을 빌린 뒤 가만히 두기만 했을 뿐인데, B씨의 마이너스 통장 빚은 10년 동안 얼마로 늘어났을까?

여러분이 반드시 알아두어야 할 것은 **빚에는 복리가 적용된다는** 사실입니다. 복리로 투자했을 때 원금이 불어나는 속도가 점점 빨라지듯 복리로 대출받았을 때 빚이 늘어나는 속도 역시 점점 빨라집니다. '복리의 마법'이 빚으로 바뀌면 '복리의 재앙'이 됩니다.

B씨의 마이너스 통장 이자는 어떻게 계산되는지 살펴보겠습니다.

2019년 10월 1일 B씨는 마이너스 통장에서 5,000만 원을 인출했습니다. 마이너스 통장의 이자는 매월 계산됩니다. 대출 이자는 8%입니다. 2019년 11월 1일에 계산된 첫 번째 대출 이자는 333,333원이었습니다. 다음과 같이 계산된 결과죠.

$$50{,}000{,}000원 \times 8\% \times 1/12 = 333{,}333원$$

(원금)　　　　(연 이자) (한 달 치 계산)　　(월 이자)

원금 5,000만 원에 대출 금리 8%를 곱합니다. 이때 8%는 1년의 이자이므로, 한 달 치 이자를 계산하기 위해서는 12분의 1을 곱해줍니다. 그 결과 마이너스 통장의 첫 번째 이자가 333,333원이 된 것입니다.

그 다음 달에는 원금 5,000만 원에 333,333원을 더한 금액인 50,333,333원에 대한 이자를 계산합니다. 두 번째 이자는 335,556원입니다. 처음보다 이자가 조금 늘었습니다. 복리로 계산되기 때문에 이자는 앞으로도 계속 늘어날 것입니다.

그렇다면 마이너스 통장에서 빌린 돈을 갚지 않고 그대로 내버려 둘 경우, 10년 후인 2029년 10월 1일 마이너스 통장의 잔고는 얼마가 되어 있을까요?

마이너스 통장의 복리 이자

2019.10.1	인출	-50,000,000	-50,000,000
2019.11.1	대출 이자	-333,333	-50,333,333
2019.12.1	대출 이자	-335,556	-50,668,889
2020.01.1	대출 이자	-337,793	-51,006,681
⋮	⋮	⋮	⋮
2029.07.1	대출 이자	-720,474	-108,791,641
2029.08.1	대출 이자	-725,278	-109,516,919
2029.09.1	대출 이자	-730,113	-110,247,032
2029.10.1	대출 이자	-734,980	-110,982,012

10년 후 마이너스 통장 잔고는 무려 -1억 1,100만 원입니다. 원금이 5,000만 원인데, 이자만 약 6,100만 원이 붙었습니다. 돈을 빌린 이후 아무 짓도 하지 않았는데 말입니다. (아무 짓도 하지 않으면서 이자도 갚지 않은 게 잘못이라면 잘못이겠죠.)

대부업체에 돈을 빌렸을 때만 일어나는 일이 아닙니다. 시중은행에서 신용등급이 7~8등급인 사람이 마이너스 통장을 사용했을 때 충분히 발생할 수 있는 일입니다. 복리의 마법이 대출에 적용되면 이렇게 무섭습니다.

기준금리를 낮추는 이유

기준금리가 인하되었다는 뉴스가 전해졌습니다. 얼마 전에도 비슷한 뉴스를 보았는데 그새 또 금리가 떨어졌나 봅니다. 기준금리는 현재 역대 최저치인 0.5%까지 내려갔습니다(2020년 7월 기준). 기준금리가 도대체 무엇이기에 연일 이렇게 뉴스거리가 되는 것일까요?

연도별 기준금리 변화

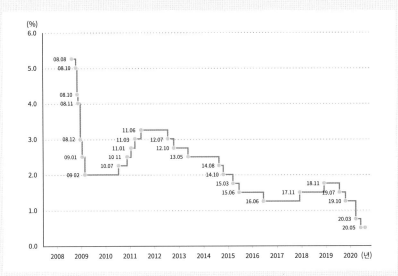

출처: 한국은행

기준금리는 한국은행이 결정하는 정책금리로, 예금이나 대출 금리의 기준이 되는 금리를 말합니다. 즉 기준금리가 오르면 은행의 예금이나 대출 금리도 그 영향으로 오르고, 반대로 기준금리가 내려가면 예금이나 대출 금리도 내려갑니다.

한국은행의 금융통화위원회는 국내외 경제 상황을 고려해 1년에 8회 기준금리를 조정합니다. 만약 경기가 침체되면 한국은행은 기준금리를 내립니다. 금리를 낮춰 시장에 돈이 돌게 만들기 위함이죠. 생각해보세요. 금리를 낮춰 이자가 저렴해지면 사람들은 대출을 받아 투자와 소비에 사용할 것입니다. 사람들이 대출을 받는 만큼 시장에 돈이 풀리게 되고, 그만큼 경기가 활성화되는 것이죠.

반대로 경기가 과열되고, 물가상승률이 높아지면 한국은행은 기준금리를 높입니다. 금리를 높여 시장에 풀려 있는 돈을 회수하는 것이죠. 기준금리를 높여 이자가 비싸지면 기업이나 개인들은 투자금을 회수하고 대출을 줄여나갈 것입니다. 그 결과, 투자와 소비가 줄어들어 경기 과열을 막아줍니다.

쉽게 정리하면, 한국은행은 경기가 침체되어 있을 때 기준금리를 낮추고, 경기가 과열되어 있을 때 기준금리를 올립니다. 현재 기준금리가 역대 최저치로 낮아졌다는 말은 그만큼 경기 상황이 좋지 않다는 뜻이죠.

경기 침체 ----→ 기준금리 ⬇

경기 과열 ----→ 기준금리 ⬆

이자만 많이 주면 좋은 거 아닌가요?

이 대리는 은행에서 적금에 가입하고 회사로 돌아가는 길에 W저축은행 앞에 걸려 있는 현수막 하나를 보았다.

'연 이자 3.2% 확정 금리'

평소 이 대리는 이런 현수막에 관심을 갖지 않았지만 최근 며칠 계속해서 재테크를 고민하고 있어서인지 절로 눈길이 갔다. 역시 '관심을 가지는 만큼 보인다'라는 말이 맞는 것 같았다.

'금리가 3.2%나 된다고?'

이 대리는 두 눈을 의심하지 않을 수 없었다. 방금 가입한 적금 상품의 금리는 2.5%였는데, 0.7%나 더 높다니! 이 대리는 여러 가지 생각이 들기 시작했다. 조금 더 알아보지 않고 덜컥 결정한 자신이 원망스러웠다. 아니, 그보다는 (이자를 조금밖에 주지 않는) 은행에게 속았다는 기분이 들었다. 저축은행은 뭐 하는 곳이기에 일반 은행보다 이자를 더 많이 주는지 궁금하기도 했다. 지금 당장 은행으로 돌아가 방금 가입한 적금을 해지하고 저축은행으로 달려가야 하나 고민도 되었다.

'그래! 내가 힘들게 허리띠를 졸라매며 모으는 돈인데 이자를 0.1% 라도 더 주는 곳에 돈을 맡겨야지. 그런데 5분 만에 다시 찾아가 적금을 해지하겠다고 하면 은행 직원이 그 이유를 꼬치꼬치 캐묻겠지? 며칠 있다가 가야겠다.'

고민 끝에 이 대리는 이율이 높은 저축은행 적금 상품에 가입하기로 결심했다. 하지만 한 가지 궁금증이 계속해서 머릿속에 맴돌았다.

'그런데 저축은행은 일반 은행과 뭐가 다르지? 저축은행에 돈을 맡겨도 안전한 건가?'

Day
13

수익률 뒤에 숨어 있는 위험

오늘의 목표　재테크를 할 때 어떠한 위험(리스크)이 있는지
파악하고, 위험을 피하는 방법을 알아보자.

이 대리는 일반은행의 2.5% 적금과 저축은행의 3.2% 적금 중에 어느 쪽을 선택할지 고민에 빠졌습니다. 여러분이라면 어느 쪽을 선택하시겠습니까?

금리만 따져본다면, 저축은행의 적금을 선택하는 것이 옳습니다. 1년 후에 더 많은 이자를 줄 테니까요. 그럼에도 이 대리는 (또는 여러분은) 저축은행의 적금을 선택하는 것을 망설이고 있습니다. 그 이유는 무엇일까요? '저축은행이 과연 안전할까?'라는 의구심 때문입니다.

저축은행에 돈을 맡겨도 안전할까?

저축은행에 '은행'이라는 명칭이 들어가기 때문에 자칫 일반 시중 은행과 헷갈릴 수도 있을 것입니다. 하지만 이 둘은 엄연히 다른 금융 기관입니다. 과거에 '상호신용금고'라고 불리던 곳이 현재 저축은행 으로 명칭이 바뀐 것뿐입니다.

저축은행은 업무에 있어서도 시중은행과 차이가 납니다. 저축은 행은 단지 금융 중개업을 위한 기관이기 때문에 돈을 맡기고(예금), 빌리는(대출) 업무만 가능합니다. 그 밖의 은행 업무(신탁, 외국환, 증 권)는 할 수가 없죠.

저축은행은 시중은행에 비해 규모가 작을 뿐만 아니라 건전성이 떨어지는 경우가 많기 때문에 안정성에 대한 의문이 들기도 합니다. 그럼에도 불구하고 저축은행에도 한 가지 큰 장점이 있습니다. 바로 시중은행보다 예금 금리가 높다는 것입니다.

그렇다면 저축은행의 금리가 시중은행의 금리보다 높은 이유는 무엇일까요? 저축은행 입장에서 보면 답을 쉽게 알 수 있습니다. 앞서 이야기했듯 저축은행은 시중은행보다 규모가 작고, 안정성에서도 밀 립니다. 이런 상황에서 시중은행과 같은 수준의 금리를 내세우면 과 연 고객들이 돈을 맡길까요? 저축은행의 금리가 높은 이유는 고객들 의 돈을 유치하기 위해서입니다. 그리고 예금 금리를 많이 지불하는 만큼 돈이 필요한 고객들에게는 더 높은 금리로 대출을 해주기 때문 에 사업을 유지할 수가 있습니다.

하지만 저축은행은 자본금도 적고, 사업의 안정성도 떨어지기 때문에 망할 위험도 무시할 수 없습니다. 2011년에 발생한 '저축은행 영업 정지 사태'가 이를 말해줍니다. 2011년 2월 부산저축은행을 비롯해 무려 10곳이 넘는 저축은행이 사업 부실로 인해 집단적으로 영업 정지가 된 적이 있습니다. 이 사건으로 3만 8,000여 명의 사람이 피해를 보았습니다. 피해 규모는 6,000억 원 이상이었죠. 이처럼 저축은행은 은행에 비해 금리가 높은 만큼 위험 또한 높습니다.

금융 상품을 고를 때, 수익률(금리)만 따져서는 안 됩니다. **수익률뿐 아니라 위험도 함께 고려해야 합니다.** 하지만 위험은 늘 숨어 있기 마련이죠. 금리(2.5% vs. 3.2%)처럼 눈에 띄지도 않고, 수치화하기도 어렵습니다.

투자 위험이란?

재테크의 위험 요소를 고려하기 위해서는 먼저 위험이 무엇인지 정확히 알아야 합니다. 투자에서는 이를 흔히 '리스크'라고 표현합니다. 위험은 과연 무엇일까요? 투자 위험에 대한 정의는 여러 가지가 있지만, 제가 가장 좋아하는 위험의 정의는 다음과 같습니다.

'위험은 실현된 결과가 예상한 결과로부터 벗어날 가능성이다.'

너무 어렵다고요? 쉽게 설명해드리겠습니다. 어떤 사람이 펀드에 투자하며 10% 정도의 수익이 날 것이라 예상했습니다. 하지만 돈을 찾을 때가 되었을 때 10% 수익이 나기는커녕 10% 손해가 났습니다. 예상한 결과(10% 수익)와 실현된 결과(10% 손실)가 달랐죠. 이처럼 실현된 결과가 예상한 결과로부터 벗어날 가능성이 높은 상품을 두고 '투자 위험이 높다'고 말합니다.

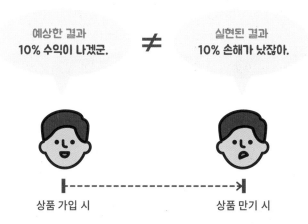

저축은행에 돈을 맡길 때는 3.2%의 이자를 받을 것이라 예상했는데 1년 후에 저축은행이 망해서 원금도 제대로 받지 못할 가능성이 있다면, 이것 또한 '위험'입니다.

주식 이야기를 해보도록 하겠습니다. 주식에 대해 아는 것이 없다고요? 걱정하지 마세요. 어렵지 않습니다. 여러분도 알고 있고, 저도 알고 있는 삼성전자 주식에 대한 이야기입니다.

다음은 최근 4년 동안 삼성전자의 주가를 표시한 그래프입니다. 2016년 1월 4일 24,100원이던 주가는 1년 후인 2017년 1월 2일

삼성전자의 주가

	2016.01.04	2017.01.02	2018.01.02	2019.01.02
주가	24,100원	36,100원	51,020원	38,750원
변동률		49.8%	41.3%	-24.0%

36,100원으로 올랐습니다. 2018년 1월 2일에는 51,020원으로 올랐고, 2019년 1월 2일에는 38,750원으로 떨어졌습니다.

주식 투자자 A씨는 2017년 1월 2일에 이렇게 생각했습니다.

'최근 1년 동안 삼성전자의 주가가 49.8%나 올랐으니, 지금 주식을 사놓고 1년이 지나면 40% 정도 수익을 올릴 수 있겠군.'

그리고 1년 후에 실제로 삼성전자의 주가는 41.3% 올랐습니다. 예상한 결과(40% 이상의 수익)와 실현된 결과(41.3% 수익)가 같았죠. A씨는 성공적인 주식 투자를 한 것입니다.

반면, 주식 투자자 B씨는 2018년 1월 2일에 이렇게 생각했습니다.

'최근 1년 동안 삼성전자의 주가가 41.3%나 올랐으니, 지금 주식을 사놓고 1년이 지나면 40% 정도 수익을 올릴 수 있겠군.'

하지만 1년 후 삼성전자의 주가는 오르기는커녕 24%나 떨어져 버렸습니다. 예상한 결과(40% 이상의 수익)와 실현된 결과(24% 손실)가 달랐죠. B씨의 주식 투자는 대실패였습니다.

오늘 저는 이렇게 생각했습니다.

'최근 몇 달 동안 삼성전자의 주가가 오르는 추세이니, 지금 주식을 사놓고 1년이 지나면 40% 정도 수익을 올릴 수 있겠군.'

하지만 1년 후 삼성전자의 주가가 어떻게 될지는 아무도 모릅니다. 40%가 오를 수도 있고, 20%가 떨어질 수도 있습니다. 예상한 결과와 실현된 결과가 다를 가능성이 존재하는 것입니다. 이런 경우 이 주식 투자를 '위험'하다고 말합니다.

변동성이 큰 투자 상품이 위험하다?

이제 투자 위험이라는 것이 어떤 건지 감이 잡혔나요? 그렇다면 지금부터 여러분의 투자 감각이 얼마나 좋은지 테스트해보겠습니다. 다음 세 가지 중에 어떤 상품에 투자하는 것이 가장 유리할까요?

1번은 처음 1년 동안 1%의 수익이 나고, 다음 해에도 1%의 수익이 납니다. 2번은 처음 1년 동안은 10%의 수익이 나지만, 다음 해에는 8%의 손해가 납니다. 3번은 처음 1년 동안은 20%의 수익이 나지만, 다음 해에는 18%의 손해가 납니다.

참고로 이야기하면, 위 세 가지 선택지의 연평균 수익률은 모두

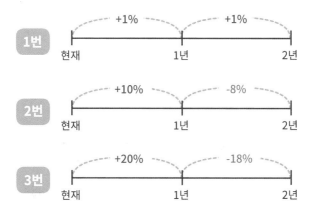

1%로 동일합니다. 1번의 연평균 수익률은 (1%+1%)/2년=1%입니다. 2번의 연평균 수익률은 (10%-8%)/2년=1%입니다. 3번의 연평균 수익률은 (20%-18%)/2년=1%입니다.

어느 것을 선택하는 것이 가장 유리할까요? 연평균 수익률이 같으니 어떤 것을 선택해도 똑같을까요? 정답은 다음과 같습니다.

	현재	1년	2년
1번	1,000,000원	1,010,000원	1,020,100원
2번	1,000,000원	1,100,000원	1,012,000원
3번	1,000,000원	1,200,000원	984,000원

1번		2번		3번
1,020,100원	>	1,012,000원	>	984,000원

세 가지 중에 가장 유리한 것은 1번입니다. 어떻게 이런 결과가 나왔을까요? 먼저 세 가지 투자 안에 똑같이 100만 원씩 투자했다고 생각해봅시다.

1번의 경우, 1년이 지난 후에 1%의 수익이 나기 때문에 1,010,000원(100만 원×(1+0.01))이 됩니다. 그리고 다음 해에는 똑같은 방식으로 1,020,100원(1,010,000원×(1+0.01))이 됩니다.

2번의 경우, 1년이 지난 후에 10%의 수익이 나기 때문에 1,100,000원(100만 원×(1+0.1))이 됩니다. 그리고 다음 해에는 -8%의 손실이 나기 때문에 1,012,000원(1,100,000원×(1-0.08))이 됩니다. 1번보다 8,000원가량 수익이 낮습니다.

3번의 경우, 1년이 지난 후에 20%의 수익이 나기 때문에 1,200,000원(100만 원×(1+0.2))이 됩니다. 이때까지는 3번의 수익률이 가장 높습니다. 하지만 다음 해에는 -18%의 손실이 나기 때문에 984,000원(1,200,000원×(1-0.18))이 됩니다. 1번보다 수익이 떨어졌을 뿐만 아니라 원금도 까먹었습니다. (분명히 연평균 수익률은 1%였는데 오히려 손해가 나버렸네요?)

어떤가요? 여러분이 예상한 결과인가요? 아니면 전혀 예상하지 못한 결과인가요? 이 질문을 던지면, 의외로 3번을 선택하는 사람이 많습니다. 처음에 20%나 오르기 때문에 1번이나 2번보다 유리하다고 생각하기 때문입니다.

연평균 수익률은 동일한데, 왜 각각 다른 결과가 나왔는지 납득이 되지 않는 분들도 있을 것입니다. 다음 표를 보시죠.

		평균 수익률	수익률 편차	결과
1번	현재 1년 2년	1%	0%	1,020,100원
2번	현재 1년 2년	1%	18%	1,012,000원
3번	현재 1년 2년	1%	38%	984,000원

앞서 말씀드린 것처럼 평균 수익률은 1%로 모두 동일합니다. 다만, 수익률 편차는 1번, 2번, 3번이 각각 다릅니다.

먼저 1번은 1년 차 수익률과 2년 차 수익률이 모두 1%로 동일합니다. 따라서 수익률 편차는 0%입니다. 2번은 1년 차 수익률이 10%인데 비해 2년 차 수익률은 -8%입니다. 수익률 편차를 계산해보면, 18%(10%-(-8%))가 나옵니다. 3번은 1년 차 수익률이 20%인데 비해 2년 차 수익률은 -18%입니다. 따라서 수익률 편차는 38%(20%-(-18%))가 나옵니다.

수익률 편차가 높다는 말은 변동성이 크다는 의미입니다. 크게 올랐다가 크게 떨어지니 변동성이 높은 것입니다. 또한 변동성이 높다는 말은 위험이 높다는 것을 의미하기도 합니다. **변동성이 높을수록 내가 예상한 결과와 실현된 결과가 다를 가능성(위험)이 커지기 때문입니다.**

그 밖의 위험의 종류

위험에는 투자를 해서 원금을 까먹는 경우(투자 손실 위험)만 있는 것이 아닙니다. 이외에도 우리가 투자를 할 때 주의해야 할 위험들이 존재합니다. 유동성 위험과 인플레 위험 등이 이에 해당합니다.

앞서 위험은 '실현된 결과가 예상한 결과로부터 벗어날 가능성'이라고 했습니다. 그렇다면 어떤 경우가 있을까요? 우선, 유동성 위험 예시를 보겠습니다.

C씨는 투자 목적으로 아파트를 한 채 구매했다. C씨는 2억 원에 산 이 아파트가 5년 뒤에는 2억 5,000만 원으로 오를 것(25% 상승)이라고 예상했다. 그리고 5년 뒤, 아파트 가격은 2억 6,000만 원으로 기대치보다 더 올랐다. C씨는 5년 전 계획대로 아파트를 팔아 사업자금에 보태기로 결정했다. 그런데 아파트를 사겠다는 사람이 나타나지 않았다. C씨는 아파트가 팔릴 때까지 신규 사업을 연기할 수밖에 없었다.

C씨는 자신이 구매한 아파트 가격이 올랐음에도 제때 팔리지 않

아 신규 사업을 연기할 수밖에 없었습니다. 예상과 결과가 달랐죠. 이처럼 **자산을 즉시 현금화할 수 없어서 발생하는 위험을 유동성 위험**이라고 합니다.

C씨의 경우 단순히 신규 사업을 연기하는 것으로 끝났지만, 유동성 위험은 생각보다 큰 손실을 발생시키기도 합니다. 예를 들어, 사업을 하는 도중에 만기가 돌아오는 어음을 막아야 하는데 부동산을 현금화하지 못한다면 부도가 날 수도 있습니다. 따라서 유동성 위험은 우리가 투자를 할 때 반드시 고려해야 할 요소입니다.

이번에는 인플레 위험 예시를 보겠습니다.

D씨는 3년 동안 돈을 모아 새 차를 구입하기로 결심했다. D씨가 사려는 차의 가격은 3,000만 원이었다. 그래서 D씨는 3년 동안 3,000만 원을 모으는 것을 목표로 매달 80만 원씩 투자했다. 3년 후, D씨는 목표한 대로 3,000만 원을 모았지만 문제가 생겼다. 물가 상승으로 인해 D씨가 사려고 한 차의 가격이 4,000만 원으로 오른 것이다.

D씨 역시 목표를 달성할 수 없었습니다. 돈은 계획대로 충분히 모았지만, 차의 가격이 올랐기 때문입니다. 이처럼 **투자 기간 동안의 물가 상승으로 인해 발생하는 구매력의 하락 위험을 인플레 위험**이라고 합니다.

투자 위험을 피하는 방법

그렇다면 이러한 투자 위험들을 피할 방법은 없을까요? 물론 있습니다. 하나하나 알아보도록 하죠.

첫 번째는 **예금자보호제도**를 이용하는 방법입니다. 예금자보호제도는 말 그대로 **금융회사가 망했을 때(영업 정지나 파산) 예금자의 재산을 보호해주는 제도**입니다. 금융기관별로 1인당 5,000만 원(원금+이자)까지 보호가 됩니다. 금융회사가 망해도 5,000만 원까지는 돌려준다는 이야기입니다.

위험을 피하기 위해서는 금융 상품에 가입할 때 예금자보호가 가능한 상품인지 확인해야 합니다. 시중은행과 저축은행의 적금과 예금은 모두 예금자보호법을 적용받습니다. 따라서 이 대리는 저축은행으로 적금을 갈아타더라도 5,000만 원까지는 안전하게 보호받을 수 있습니다.

두 번째는 **분산투자**를 하는 방법입니다. 분산투자를 하면 개별적인 투자 상품의 위험이 서로 상쇄되기 때문에 전체적인 위험이 줄어드는 효과가 있습니다. 쉽게 설명하면, 1,000만 원을 투자하고자 한다면 삼성전자의 주식을 사는 데 1,000만 원을 모두 사용하지 말고 삼성전자와 현대자동차의 주식을 각각 500만 원씩 사는 것이 덜 위험하다는 뜻입니다. 삼성전자의 주가가 하락한다면 현대자동차 상승분으로 위험을 상쇄할 수 있고, 반대로 현대자동차의 주가가 하락한다면 삼성전자 상승분으로 위험을 상쇄할 수 있기 때문입니다.

분산투자는 주식 투자를 할 때만 가능한 것이 아닙니다. 만약 주식시장 전체에 위기가 닥친다면, 즉 삼성전자의 주가도 떨어지고 현대자동차의 주가도 떨어진다면 분산투자를 하는 효과가 없겠죠? 모든 돈을 주식 투자를 하는 데만 사용하지 않고, 적금이나 예금 등 원금 손실이 없는 상품으로 적절히 나누는 것도 분산투자입니다. 그리고 재테크 목표에 맞게 투자 기간을 구분해 적절히 배분하는 것도 분산투자가 될 수 있습니다. 투자 기간을 분산해 여러 상품에 투자함으로써 투자 위험을 줄일 수 있기 때문입니다.

　내일은 투자 기간에 따라 투자 방법이 어떻게 달라져야 하는지 알아보도록 하겠습니다.

어떤 금융 상품에 돈을 맡겨야 하죠?

이 대리는 《4주 완성! 첫 돈 공부》를 읽으며 돈을 모을 때도 분산투자가 필요하다는 사실을 알게 되었다. 예전에 이런 말을 들어본 적이 있었다.

'달걀을 한 바구니에 담지 마라.'

달걀을 한 바구니에 담으면 한꺼번에 깨질 위험이 있기 때문에 여러 바구니에 나눠 담아야 한다는 말이었다. 그리고 그것이 분산투자를 해야 하는 이유라고 들었던 기억이 얼핏 났다. 하지만 그때는 분산투자는 돈 많은 부자들이나 사용하는 용어라고 생각했다.

이 대리는 돈을 모으는 방법을 진지하게 고민할 필요가 있다고 생각했다. 꼭 분산투자를 하기 위해서가 아니더라도 여유자금 100만 원 전부를 이자가 낮은 적금에 넣으면 수익률이 너무 낮지 않을까 싶었다.

적금만으로는 목표 기간 내에 재테크 목표를 달성하는 것이 불가능해 보였다.

목표에 따라 각각 돈을 운용할 수 있는 방법을 연구해보기로 결심한 이 대리는 본인의 재테크 목표를 노트에 다시 한 번 적어보았다.

- 1년 동안 여행자금 300만 원 모으기
- 3년 동안 새차구입자금 2,500만 원 모으기
- 5년 동안 새집이사자금 4,000만 원 모으기

이 대리는 몇 번이나 자신의 목표를 읽어보았다. 하지만 목표를 달성하기 위해 어떤 금융 상품에 돈을 맡겨야 할지 여전히 감이 오지 않았다.

'어떤 금융 상품에 돈을 맡겨야 내 재테크 목표를 달성할 수 있을까? 목표 기간에 따라 돈을 모으는 방법이 있지 않을까?'

이 대리는 생각이 여기까지 미치자 목표 기간에 적합한 투자 방법을 알아보기로 결심했다.

Day 14

투자 기간에 따라 달라지는 투자 방법

오늘의 목표   투자 기간에 따라 어떤 금융 상품에 투자해야 할지 생각해보자.

이번에는 금융 상품의 투자 기간에 대해 알아보겠습니다. 지금까지 재테크를 하는 사람들의 관심사는 오직 '수익률' 한 가지였습니다. 그들이 금융 상품에 가입할 때 물어보는 것은 매우 단순합니다.

"그래서 그 상품에 가입하면 이자를 얼마나 주나요?"

"그래서 거기에 투자하면 수익률이 얼마죠?"

하지만 수익률 못지않게 중요한 것이 바로 투자 기간입니다. 투자 기간에 따라 선택할 수 있는 금융 상품의 종류가 달라질 뿐만 아니라 수익률 또한 달라지기 때문입니다. 우리가 세운 재테크 목표를 달성할 수 있는지의 여부는 투자 기간에 따른 상품 배분에 달려 있다고 해도 과언이 아닙니다.

그렇다면 투자 기간은 어떻게 나눌 수 있을까요? 크게 단기, 중기, 장기로 분류할 수 있습니다.

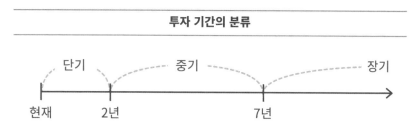

투자 기간의 분류

투자 기간에 따른 투자 방법

1. 단기

투자 기간이 2년 미만일 때는 단기로 분류합니다. 단기로 투자를 할 때는 금융 상품의 안정성과 유동성이 중요합니다.

단기는 가까운 미래를 말합니다. 가까운 미래의 일은 먼 미래의 일보다 예측이 쉽습니다. 바꿔 말하면, 단기 목표일수록 필요한 자금의 용도와 필요 금액이 구체적으로 확정되어 있는 경우가 많습니다. 예를 들어보겠습니다.

전셋집에 살고 있는 A씨는 요즘 스트레스가 이만저만이 아니다. 집주인이 자신을 볼 때마다 들으라는 듯 이렇게 넋두리를 했기 때문이다.

"인근 전셋집들은 보증금을 다 올려 받았는데, 우리 집만 아직 그대로야. 세상에 나 같은 집주인이 어디 있어? 10년 동안 보증금을 한 번도 올리지 않았잖아. 세입자들이 그걸 알아야 할 텐데 말이야. 나도 앞으로는 보증금을 1,000만 원씩 올려 받아야겠어."

A씨는 전세 계약이 끝나는 1년 뒤에 집주인이 보증금을 올릴 것임을 직감적으로 알 수 있었다. A씨는 1년 뒤에 닥칠 일을 대비해 1,000만 원을 준비해둬야겠다고 생각했다. 그래서 1년 동안 매달 돈을 모아 1,000만 원을 마련하기로 결심했다.

A씨가 수익성만 따져서 주식이나 펀드로 돈을 모은다고 가정해봅시다. 주식이나 펀드와 같은 투자형 상품은 수익성이 높은 대신 위험이 따릅니다. 1년 후 돈이 필요한 시기에 원금마저 손해가 날 가능성이 있다는 말입니다. 1년 후에 올려줄 보증금 1,000만 원이 없다면 A씨는 다른 전셋집을 찾거나, 추가로 대출을 받기 위해 은행을 기웃거릴 수밖에 없겠죠. 재테크 목표 달성 실패입니다. A씨에게는 주식이나 펀드보다 원금이 보장되고 1년 뒤에 바로 찾아 쓸 수 있는 적금이 적합합니다.

이처럼 투자 기간이 단기인 재테크 목표를 달성하기 위해서는 수익성보다는 안정성과 유동성이 확보되는 금융 상품에 돈을 맡겨야 합니다.

2. 중기

투자 기간이 2~7년 사이일 때는 중기로 분류합니다. 투자 기간이 중기일 때는 금융 상품의 수익성이 중요합니다.

중기는 단기보다 더 긴 시간입니다. 돈을 모으는 데 시간적 여유가 있으므로 단기보다 공격적인 투자를 하여 수익성을 추구할 수 있습니다. 수익성에 중점을 둘 수 있는 이유는 일시적으로 손실이 나더라도 만회할 시간이 충분하기 때문입니다.

주식이나 펀드 등 투자형 상품은 금리형 상품처럼 직선적으로 움직이지 않습니다. 오르기도 하고 떨어지기도 하죠. 만약 운이 없게도 단기에 돈이 필요한 시기가 펀드의 하락 시기와 맞물린다면, 이때는 손해를 감수하며 환매를 할 수밖에 없습니다. 하지만 시간적 여유가 있다면 펀드가 오를 때까지 기다릴 수 있습니다.

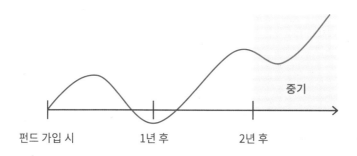

보증금을 올려줘야 하는 A씨가 위의 그래프처럼 움직이는 펀드에 가입했다면 어땠을까요? 1년 후 A씨는 손해를 감수하며 펀드를 환매해야만 했을 것입니다. 비록 이 펀드가 1년 이후부터 높은 수익률을 올릴 수 있는 상품이었다 해도 말입니다.

3. 장기

투자 기간이 7년 이상일 때는 장기로 분류합니다. **투자 기간이 장기일 때는 금융 상품의 수익성과 안정성이 중요합니다.**

투자 기간이 장기인 대표적인 예는 노후자금(연금)입니다. 노후자금 준비를 일찍 시작한다면 30년 이상의 긴 안목으로 투자를 할 수 있습니다. 복리효과도 충분히 누릴 수 있습니다. 복리의 마법은 기간이 길어질수록 극적으로 나타난다는 사실, 기억하시죠? 그래서 노후자금 준비는 일찍 시작할수록 유리합니다.

노후자금을 얼마나 모아뒀는지에 따라 노후의 생활 수준이 달라집니다. 당연히 모아둔 돈이 많을수록 노후에 풍족한 생활을 할 수 있습니다. 그래서 노후자금을 모을 때는 수익성이 중요합니다.

물론 노후자금에 대한 투자가 뜻대로 되지 않는 경우도 있을 것입니다. 하지만 노후자금 재테크를 실패하더라도 노후에 기본적인 생활이 가능한 수준의 돈만큼은 안정적으로 모을 수 있어야 합니다. 그래서 수익성 못지않게 안정성도 중요합니다.

수익성과 안정성은 양립할 수 없는 특성처럼 보이기도 합니다. 그리고 실제로 두 가지를 동시에 충족시키기는 어렵습니다. 수익성이 높은 주식 투자는 안정성이 떨어지고, 안정성이 높은 저축은 수익성이 떨어집니다. 하지만 투자 기간이 장기로 늘어난다면 수익성과 안정성을 동시에 추구하는 것이 가능해집니다.

그렇다면 단기, 중기, 장기 각각의 특성에 어울리는 금융 상품은 어떤 것들이 있을까요? 다음을 참고하기 바랍니다.

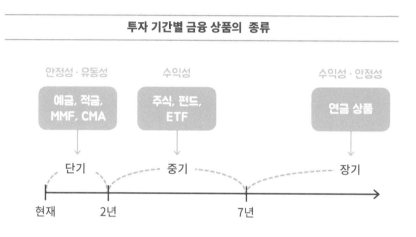

투자 기간별 금융 상품의 종류

상품 종류가 많죠? 지금은 '여러 종류의 금융 상품이 있구나' 정도만 생각하고 넘어가도 좋습니다. 각각의 상품에 관한 이야기는 PART 2에서 다시 하도록 하죠.

투자 기간을 나누지 않고 재테크를 한다면?

이 대리의 이야기로 돌아가보겠습니다. 이 대리의 재테크 목표는 세 가지로, 1년 동안 여행자금 300만 원 모으기, 3년 동안 새차구입 자금 2,500만 원 모으기, 5년 동안 새집이사자금 4,000만 원 모으기입니다. 만약 이 대리가 재테크 목표별로 투자 기간을 나누지 않고, 이전에 가입했던 적금을 그대로 유지한다면 어떻게 될까요? (적금은 저축은행에서 가입한 것으로 가정하여 금리 3.2%를 적용하겠습니다.)

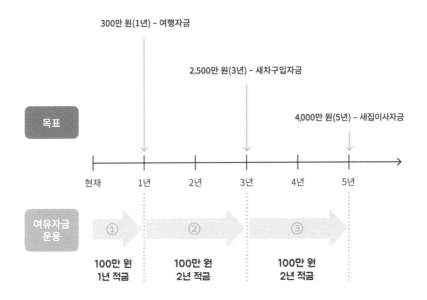

이 대리의 여유자금 운용 ①

위 표의 상단 부분에는 이 대리의 재테크 목표를, 하단 부분에는 여유자금 운용 방법을 기재했습니다. 이 대리는 ①시기에 1년짜리 적금 상품에 가입해 매달 100만 원을 납입했습니다. 첫 번째 적금이 만기가 되고, 이 대리는 고민에 빠졌습니다. 새차구입자금이 필요한 시기까지 2년밖에 남지 않았기 때문입니다. 투자형 상품에 새로 가입하자니, 2년이라는 두사 기간이 짧아 부담스러웠습니다. 그래서 이 대리는 ②시기에 또다시 2년짜리 적금 상품에 가입해 매달 100만 원을 납입했습니다.

두 번째 적금이 만기가 된 후에도 이 대리의 고민은 계속되었습니다. 새집이사자금이 필요한 시기까지 2년밖에 남지 않았기 때문입니다. 이 대리는 ③시기에도 2년짜리 적금 상품에 가입해 100만 원을 납입했습니다.

이렇게 여유자금을 운용했을 때 이 대리는 재테크 목표를 달성할 수 있을까요? 다음 표는 이 대리의 재테크 여유자금 운용 결과입니다.

이 대리의 여유자금 운용 결과 ①

	1년 시점	3년 시점	5년 시점
적금	12,175,968원 (1년 적금 만기)	33,852,768원 (2년 적금 만기+잔액)	33,529,568원 (2년 적금 만기+잔액)
필요자금	3,000,000원	25,000,000원	40,000,000원
잔액	9,175,968원	8,852,768원	-6,470,432원

①시기에 이 대리의 적금 만기 금액은 12,175,968원입니다. 이 중 300만 원을 여행자금으로 쓰고(첫 번째 재테크 목표 달성), 9,175,968

원이 남았습니다.

②시기에 이 대리의 적금 만기 금액은 24,676,800원입니다. 여기에 ①시기의 잔액을 더하면 사용 가능한 금액은 33,852,768원입니다. 이 중 2,500만 원을 새차구입자금으로 쓰고(두 번째 재테크 목표 달성) 8,852,768원이 남았습니다.

③시기에 이 대리의 적금 만기 금액은 24,676,800원입니다. 여기에 ②시기의 잔액을 더하면 사용 가능한 금액은 33,529,568원입니다. 새집이사자금으로 쓰려고 하니 돈이 모자랍니다(세 번째 재테크 목표 실패). 6,470,432원이나 모자라네요.

이처럼 투자 기간을 나누지 않고 여유자금을 운용한다면 재테크 목표를 달성하기 힘들 수도 있습니다. 그렇다면 동일한 상황에서 투자 기간을 나누고, 단기와 중기 자금을 분산해 운용했을 때 어떤 결과가 나오는지 비교해보겠습니다.

투자 기간별로 상품을 나누어 재테크를 한다면?

현재 시점에서 이 대리는 100만 원을 25만 원, 40만 원, 35만 원으로 나눠 3개의 금융 상품에 가입했습니다. 1년 후 여행자금 마련을 위해서는 1년짜리 적금 상품에 매월 25만 원씩 납입했습니다. 3년 후 새차구입자금을 위해서는 A펀드(채권형, 연수익 5% 가정)에 매월 40만

이 대리의 여유자금 운용 ②

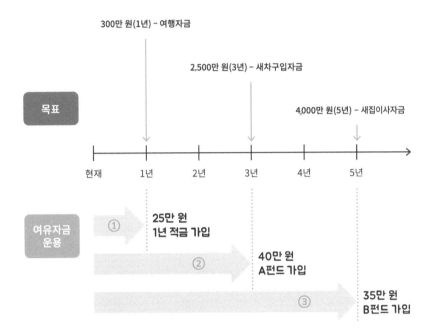

원씩 납입했고, 5년 후 새집이사자금을 위해서는 B펀드(주식형, 연수익 10% 가정)에 매월 35만 원씩 납입했습니다. ①시기가 끝난 후, 적금에 더 이상 내지 않아도 되는 25만 원은 매달 A펀드에 추가로 납입했습니다. ②시기가 끝난 후 A펀드에 더 이상 내지 않아도 되는 65만 원은 매달 B펀드에 추가로 납입했습니다.

이렇게 여유자금을 운용했을 때 이 대리는 재테크 목표를 달성할 수 있을까요? 다음 표를 살펴보겠습니다.

이 대리의 여유자금 운용 결과 ②

	1년 시점	3년 시점	5년 시점
적금 (금리 3.2%)	3,043,992원	-	-
채권형 펀드 (연수익 5% 가정)	5,040,000원	22,704,000원	-
주식형 펀드 (연수익 10% 가정)	4,620,000원	15,624,000원	44,793,600원
필요자금	3,000,000원 (적금에서 사용)	25,000,000원 (채권형 펀드에서 사용)	40,000,000원 (주식형 펀드에서 사용)
잔액	9,660,000원	13,328,000원	+4,793,600원

첫 번째 재테크 목표인 '여행자금 300만 원 모으기'는 1년이 지난 시점에 적금을 통해 달성했습니다. 두 번째 재테크 목표인 '새차구입자금 2,500만 원 모으기'는 A펀드와 (모자라는 부분은) B펀드의 부분 환매를 통해 달성했습니다. 세 번째 재테크 목표인 '새집이사자금 4,000만 원 모으기'는 B펀드를 통해 달성했습니다. 세 가지 재테크 목표를 달성하고 남은 돈은 4,793,600원입니다. 처음 방식으로 운용했을 때 약 650만 원이 부족했던 것과 확연히 비교가 되죠?

이처럼 투자 기간을 나눠 자금을 각각 운용할 경우, 그 성과는 뛰어납니다. 재테크 목표를 모두 달성했을 뿐만 아니라 돈도 남겼으니 말입니다. 물론 A펀드 5%, B펀드 10%라는 수익률이 실제로 실현되지 않을 수도 있습니다. 수익률은 확정된 것이 아니기 때문에 이보다 더 높아질 수도, 더 낮아질 수도 있습니다. 하지만 **투자 기간을 나눠 자금을 운용함으로써 수익성이 높은 금융 상품에도 투자할 수 있었다는 점**을 기억하기 바랍니다.

지금까지 재테크 프로세스를 살펴보았습니다. 많은 내용이 있었지만, 재테크 프로세스는 '벌고, 쓰고, 모으고, 불리기'의 과정으로 이루어진다는 것만큼은 반드시 기억해주셨으면 합니다.

파트 2에서는 은행, 증권사, 보험사, 부동산 등 금융회사별 재테크 상품과 투자 방법에 대해 다룰 것입니다. 다양한 재테크 목표를 성공시키기 위해서는 그것에 적합한 금융 상품을 선택할 수 있어야 합니다. 더 많은 금융 상품을 이해해야 본인에게 더 적합한 재테크 수단을 고를 수 있는 안목이 생깁니다. 내일은 은행의 금융 상품에 대한 이야기부터 시작해보도록 하겠습니다.

나의 여유자금 운용 계획하기

1. 다음 빈칸을 채워 나의 여유자금을 파악해봅시다.

   1) 1장에서 세운 재테크 목표들을 빈칸에 적어주세요.

   2) 2장에서 계산한 월수입을 빈칸에 적어주세요.

   3) 3장에서 계획한 지출 금액을 빈칸에 적어주세요.

   4) 월수입에서 지출을 뺀 여유자금을 빈칸에 적어주세요.

2. 여유자금 운용 계획을 대략적으로 세워봅시다.

   1) 앞서 정리한 재테크 목표들을 수평선 위쪽에 그려주세요.

   2) 목표가 단기인지, 중기인지, 장기인지 구분하여 각 목표에 맞는
       여유자금 운용 방법을 수평선 아래쪽에 그려주세요.

PART 2

Level Up!

금융회사별
재테크 상품과
투자 방법
완벽 이해

Level 1

제5장
은행과
친해져라

이 대리 이야기

— Day 15 —

어떤 금융 상품으로
여행자금을 모아야 할까요?

이 대리는 《4주 완성! 첫 돈 공부》를 읽으며 재테크 목적에 따라 여유자금을 모으는 방법도 달라야 한다는 사실을 알게 되었다. 이 대리는 단기 목표인 '여행자금 300만 원 모으기'는 안정성이 높은 은행 상품 (적금)을 활용하기로 결정했다.

하지만 이 대리의 고민은 여기서 끝나지 않았다. 은행이 한두 곳이 아니었고, 각 은행마다 다양한 적금 상품을 가지고 있었다. 여러 상품 중에 어떤 걸 골라야 할지 기준을 잡을 수 없었다. 이 대리는 결국 여자 친구에게 자신의 고민을 털어놓았다.

"내년에 함께 여행을 가기 위해 한 달에 25만 원씩 적금을 넣으려고 하는데 어떤 상품을 선택해야 할지 결정을 못 내리겠어."

여자친구는 이 대리보다 3살이나 어렸지만 매사에 꼼꼼했고 재테크에도 관심이 많았기에 이 대리에게 현실적인 조언을 해주곤 했다. 이 대리의 말에 여자친구는 별일 아니라는 듯 대수롭지 않게 대답했다.

"금리가 높은 상품을 선택하면 되잖아. 뭘 그런 걸로 고민하고 그래."

"단순히 금리가 높은 상품을 선택하면 되는 건가?"

"아무래도 금리가 가장 중요하지. 그런데 세금을 얼마나 내느냐에 따라 실제로 받는 이자 금액이 달라질 수도 있어. 세금을 적게 내는 상품을 알아보는 것도 중요해."

"적금 이자에도 세금이 붙는다고?"

이 대리는 적금 이자에도 세금이 붙는다는 생각은 전혀 하지 못했다. 그러고 보니 '비과세', '세금 우대' 같은 단어들을 들어본 적이 있었다. 하지만 그것들에 대해 정확히 알지는 못했다. 이 대리는 은행 상품의 금리와 세금에 대해 자세히 공부해보기로 결심했다.

금리는 높게, 세금은 낮게

오늘의 목표 은행 상품의 이자 계산 방법을 알아보고,
좋은 상품을 고르는 방법을 정리해보자.

이 대리는 '여행자금 300만 원 모으기'라는 단기 목표를 달성하기 위해 수익성이 높은 주식이나 펀드보다는 안정성이 높은 은행 적금에 가입하기로 했습니다. 다른 상품들보다 수익률이 높지는 않지만 만기가 되었을 때 납입한 원금과 예정된 이자를 안정적으로 받을 수 있기 때문에 내린 결정이었습니다. 대박은 치지 못하겠지만 여행자금을 마련하겠다는 목표를 달성하기에는 충분하니까요.

하지만 결정을 내린 후에도 이 대리의 고민은 끝나지 않았습니다.

은행이 한두 곳이 아니었고, 각 은행마다 가지고 있는 상품도 많았기 때문이죠. 그렇다면 적금이나 예금을 선택하기 전에 어떤 것들을 고려해야 할까요?

은행 상품의 이자 계산 방법

적금이나 예금을 고르는 방법은 생각보다 어렵지 않습니다. 이자를 많이 주는 상품을 선택하면 되죠. 이때 상품의 이자 계산 방법을 조금만 이해하고 있으면 됩니다.

지금부터 은행 상품의 이자 계산 방법을 알아보도록 합시다. 이자를 계산하는 큰 틀은 적금과 예금이 같으니, 계산이 조금 더 간단한 예금을 기준으로 살펴보겠습니다.

예금 이자는 과연 어떻게 계산될까요? 간단합니다. 원금에 예금 금리를 곱한 후, 계산된 금액에서 이자소득세를 빼면 됩니다. 그러면 실제로 받게 되는 예금 이자가 나옵니다.

| 원금 | 예금 금리 | 이자소득세 | 예금 이자 |

문제를 하나 내보겠습니다. A씨는 원금 1,000만 원을 금리가 3%인 예금에 1년 동안 맡겼습니다. 이자소득세는 일반과세로 예금 이자의 15.4%를 떼어갑니다. 그렇다면 1년 후에 A씨가 받게 될 이자는 얼마일까요?

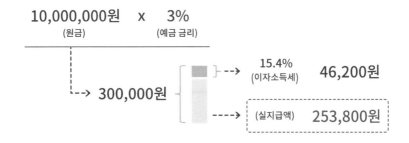

① 1,000만 원에 예금 금리 3%를 곱하면 30만 원입니다. 이때 발생한 30만 원을 '세전 이자'라고 합니다.

② 이자소득세를 계산해줍니다. 이자소득세는 세전 이자인 30만 원에 세율 15.4%를 곱해서 계산합니다. 이자소득세는 46,200원입니다.

③ 세전 이자에서 이자소득세를 빼줍니다. 실제로 받는 세후 이자는 253,800원(300,000원-46,200원)입니다.

1,000만 원을 금리가 3%인 예금에 맡겼을 때 A씨가 받게 되는 이자는 253,800원입니다. 이해하셨나요? 그렇다면 이제 위의 계산법은 모두 잊어도 됩니다. 사실 우리가 계산기를 들고 숫자를 곱하고 나

누며 이자가 얼마인지 계산할 필요는 없습니다. 네이버 검색창에 '이자계산기'만 검색하면 빠르고 정확하게 정답을 계산해주니 틀릴 위험을 무릅쓰고 직접 계산할 필요가 없거든요.

이자를 많이 받으려면?

이자를 많이 받는 방법은 다음 세 가지로 간단합니다. 첫째, **원금이 커지면** 예금 이자도 많아집니다. 원금이 1,000만 원에서 2,000만 원으로 늘어나면 예금 이자도 2배로 많아집니다. 둘째, **예금 금리가 높으면** 예금 이자도 많아집니다. 예금 금리가 3%인 상품보다 4%인 상품이 이자가 많은 것은 당연하겠죠? 셋째, **이자소득세가 낮으면** 예금 이자를 많이 받을 수 있습니다. 이자소득세를 15.4% 떼는 일반과세보다 9.5%만 떼는 세금우대저축이나 세금을 떼지 않는 비과세가 더 유리합니다.

예금 이자를 많이 받을 수 있는 세 가지 방법 중에 원금을 늘리는 것은 한계가 있으므로(돈이 없는 걸 어쩌란 말입니까!) 결국 나머지 두 가지 방법에 집중해야 합니다.

이자를 많이 받으려면
  - 금리가 높은 **상품 선택**
  - 세금을 낮추는 **상품 선택**

이자를 많이 받으려면 금리가 높은 상품을 선택하거나, 세금을 낮추는 상품을 선택하면 됩니다. 결국, 적금이나 예금에 가입할 때는 금리와 세금을 중요하게 생각해야 합니다. 그럼 지금부터 금리가 높은 상품과 세금을 낮추는 상품을 어떻게 찾아야 하는지 알아보겠습니다.

금리가 높은 상품을 선택하라

1. 금리 비교 사이트를 확인하라

금리가 높은 예금(적금)에 가입하기 위해서는 어떤 은행이 금리가 가장 높은지 알아야 합니다. 은행의 금리를 비교할 때 도움이 되는 사이트를 소개해드리겠습니다.

가장 먼저, 은행들의 금리를 비교하기 위해서는 전국은행연합회(www.kfb.or.kr) 홈페이지를 활용할 수 있습니다. 홈페이지에서 '금리/수수료 비교 공시' 메뉴를 이용하면 은행들의 예·적금 금리를 비교할 수 있습니다.

저축은행의 예·적금 금리를 비교하고자 할 때는 저축은행중앙회(www.fsb.or.kr) 홈페이지를 이용하면 됩니다. 홈페이지에서 'Quick Menu 〉 금리보기'를 이용하면 전국에서 금리를 가장 많이 주는 저축은행을 조회할 수 있습니다. 지역별로도 조회가 가능하기 때문에 편리하게 활용할 수 있습니다.

은행과 저축은행의 금리를 통합해서 조회하고 싶다면 금융감독

원 금융상품통합비교공시(http://finlife.fss.or.kr) 홈페이지를 이용하는 것이 가장 유용합니다. 은행과 저축은행의 금리를 통합해 한 번에 조회할 수 있을 뿐만 아니라 지역을 선택해 조회할 수도 있어 여러분이 사는 지역에서 금리가 가장 높은 곳을 확인할 수 있습니다.

2. 특판예금(적금)을 활용하라

2019년 7월 22일 카카오뱅크는 1,000만 고객 달성을 기념하며 특판예금을 판매했습니다. 특판예금의 금리는 무려 5%였죠. 현재(2020년 7월 기준) 은행의 최고 금리가 1%대라는 점을 감안하면 참으로 파격적인 숫자가 아닐 수 없습니다. 고객들은 100억 원의 한도금액에 도달할 때까지 선착순으로 예금에 가입할 수 있었습니다.

그렇다면 이 특판예금이 완판되기까지 어느 정도의 시간이 걸렸을까요? 놀라지 마세요. 카카오뱅크로 돈이 몰리는 데 걸린 시간은 불과 1초였습니다. '시~작!' 하는 동시에 바로 끝나버린 것이죠. 이자를 조금이라도 더 받기 위한 경쟁은 이처럼 치열합니다.

그렇다면 특판예금은 과연 무엇일까요? 말 그대로 '특별히 판매하는 예금'입니다. 쉽게 말하면, 일종의 '특가 세일'과 같습니다. 특판상품이 나오는 이유는 다양합니다. 카카오뱅크처럼 1,000만 고객 달성을 기념하기 위함이기도 하고, 회사 창립을 기념하기 위함이기도 합니다. 광복절을 기념하기 위해 특판 상품을 출시한 은행도 있고, 지점을 확장 이전했다며 특판 상품을 출시한 은행도 있습니다.

3. 각종 우대금리를 활용하라

각종 우대금리를 활용해 예금(적금) 금리를 높이는 방법도 있습니다. 우대금리란, 기본 금리 이외에 특정한 조건을 충족할 경우 추가로 받을 수 있는 금리를 뜻합니다. 우대금리를 받는 방법은 상품에 따라 여러 가지가 있습니다.

적금의 경우, 매월 납입 금액을 자동이체하면 우대금리를 주는 상품이 있습니다. 자동이체를 신청해 편리하게 돈을 입금하면서 추가로 우대금리까지 받을 수 있다는데, 마다할 이유가 없겠죠?

해당 은행에 월급 통장이 있는 경우 우대금리를 주는 상품도 있습니다. 인터넷이나 모바일로 상품을 가입할 경우 우대금리를 주기도 합니다. 만약 모바일로 상품을 가입해 우대금리를 받고 싶은데 방법이 어렵다면, 스마트폰을 들고 은행에 찾아가면 됩니다. 그럼 은행 직원이 친절하게 가입 방법을 알려줄 것입니다.

또한 금연 다짐 서약을 하면 0.3%의 우대금리를, 가입 기간 동안 많이 걸으면 최대 2.35%의 우대금리를 주는 등 이색적으로 우대금리를 주는 상품도 있습니다. 이런 상품에 가입하면 몸도 건강해지고 우대금리도 받을 수 있으니, 그야말로 '꿩 먹고 알 먹고' 아닌가요?

세금이 낮은 상품을 선택하라

절세가 가능한 은행 상품은 계속해서 줄어드는 추세입니다. 비과세 혜택을 받을 수 있었던 '장기주택마련저축' 가입은 2012년 12월 31일에, 15.4%의 이자소득세를 9.5%로 낮춰주는 '세금우대종합저축' 가입은 2014년 12월 31일에 종료되었습니다. 그 밖에 절세가 가능한 상품들도 종료 예정이거나 비과세 혜택이 줄어들고 있는 상황입니다. 따라서 현재 활용 가능한 절세 상품을 정리해보았습니다.

1. 비과세종합저축

비과세종합저축은 65세 이상인 자, 독립유공자와 그 유족 또는 가족, 기초 생활 수급자, 고엽제 후유증 환자, 5·18 민주화운동 부상자 등을 대상으로 이자소득세를 면제해주는 상품입니다. 가입 한도는 5,000만 원으로, 100% 비과세가 적용되기 때문에 이자를 많이 받을 수 있습니다. 예금은 물론 적금에도 적용 가능합니다.

비과세종합저축의 가입 가능 시기는 현재 2025년 12월 31일까지입니다. 이는 세법 개정을 통해 추후에 변경될 수도 있습니다. 가입 대상에 해당된다면 가장 먼저 고려해야 할 비과세 항목입니다.

2. 조합예탁금(정기예금)

신협, 농협, 수협, 산림조합, 새마을금고 등 상호금융권에서 가입할 수 있는 조합예탁금도 절세 상품 중 하나입니다. 조합예탁금은 1인당 3,000만 원 내에서 세금 혜택을 받을 수 있습니다. 다만, 세금 전액이 비과세가 아니라 농어촌특별세 1.4%는 납부해야 한다는 점이 비과세종합저축과 다릅니다. 그래도 일반 예금의 이자소득세 15.4%

에 비하면 세금을 훨씬 적게 뗀다고 볼 수 있습니다.

3. ISA

ISA는 하나의 ISA 계좌 안에 예금, 적금, 펀드, ETF 등 여러 금융 상품을 담아 통합적으로 관리하는 상품입니다. ISA의 장점은 계좌 전체의 수익에 대해 비과세 혜택을 준다는 것입니다. 만약 1년 동안 ISA에서 총 100만 원의 수익을 냈다면, 이 수익에 대해서는 이자소득세를 매기지 않습니다. (비과세 한도: 일반형 200만 원, 서민형 400만 원)

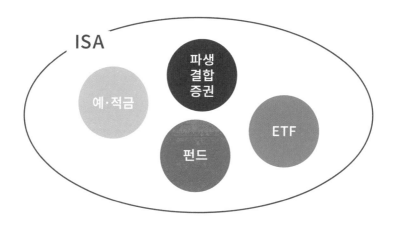

하지만 예금을 ISA 계좌에 넣어 비과세 혜택을 받으려 한다면, 이는 오히려 일반 정기예금에 가입하는 것보다 불리할 수 있습니다. 그 이유는 ISA 계좌의 수수료 때문입니다. 정기예금을 ISA 계좌에 넣어 운용하면 이자소득세는 비과세 혜택을 받을 수 있지만, 그 대신 은행은 ISA 계좌에서 수수료를 떼어갑니다. 이때 ISA 계좌의 수수료가 절약되는 세금액보다 높을 수 있으니 ISA에 가입할 때는 수수료가 어느 정도인지 반드시 확인해보아야 합니다.

ISA에 가입할 때 또 한 가지 유의해야 할 점이 있습니다. 바로 의무 가입 기간입니다. ISA는 3년이라는 의무 가입 기간이 있습니다. 의무 가입 기간 전에 돈이 필요하면, 납입한 원금 내에서 중도 인출만 가능합니다. 1년짜리 예금에 가입했더라도 말입니다. 원금을 제외한 이자는 3년이 지난 후에야 찾을 수 있습니다. 만약 비과세 때문에 ISA 가입을 고민하고 있는 중이라면 이런 점들을 신중하게 검토하시기 바랍니다.

4. 청년우대형 주택청약종합저축

금융 상품 중에서 이자소득세도 면제받고, 연말에 소득공제도 받을 수 있는 상품이 있다면 믿으시겠습니까? 자세히는 몰라도 대단한 상품처럼 보이죠? 마지막으로 살펴볼 금융 상품은 청년우대형 주택청약종합저축입니다.

이 상품의 첫 번째 장점은 기존의 주택청약종합저축과 마찬가지로 소득공제 혜택을 받을 수 있다는 것입니다. 두 번째 장점은 기존의 주택청약종합저축보다 금리가 1.5% 높다는 것입니다. 금리가 높으니 이자를 많이 받을 가능성이 크죠. 세 번째 장점은 이자소득세 비과세 혜택입니다. 이자 소득 합계액 500만 원까지 비과세가 가능합니다. 네 번째 장점은 기존 주택청약종합저축과 마찬가지로 청약 기능을 가지고 있다는 것입니다. 장점이 참 많은 금융 상품이죠.

하지만 장점이 많은 만큼 가입이 상대적으로 까다로운 편입니다. 청년우대형이기 때문에 만 19~34세 청년을 대상으로 하고, 연소득은 3,600만 원 미만이어야 합니다. 기존의 주택청약종합저축은 무주택 세대주만 가입할 수 있었지만, 이 상품은 무주택 세대의 세대원도 가입할 수 있습니다. 이 조건에 해당하지 않는다면 아쉽지만 일반 주택청약종합저축이라도 가입하는 것이 조금이라도 절세에 도움이 됩니다. 주택청약종합저축에 대해서는 내일 더 자세히 살펴보도록 하겠습니다.

지금까지 알아본 내용이 조금 복잡하게 느껴지나요? 금융 상품은 항상 변하고, 비과세 기준도 매년 달라지기 때문에 지금 살펴본 내용들이 모두 정답이라고 말할 수는 없습니다. 하지만 은행의 금융 상품이 어떻게 달라지든, 세법이 어떻게 개정되든, 상품을 고를 때 고민해야 할 기본 틀은 바뀌지 않습니다. **은행의 상품은 금리가 높을수록, 세금이 낮을수록 유리하다는 점을 항상 기억하기 바랍니다.**

금리가 가장 높은 예·적금 상품 찾기

여러분의 동네에서 금리가 가장 높은 예·적금 상품을 찾아보도록 합시다.

1. 금융감독원 금융상품통합비교공시 홈페이지에 들어갑니다.
2. 예금이나 적금을 선택하고, 지역을 선택한 뒤 금융 상품을 조회합니다.

저축 금액	저축 예정기간을 선택하세요
10,000,000 원	6개월 · 12개월 · 24개월 · 36개월

금융권역	전체 · 은행 · 저축은행
지역선택	전체 · 서울 · 부산 · 대구 · 인천 · 광주 · 대전 · 울산 · 세종
	경기 · 강원 · 충북 · 충남 · 전북 · 전남 · 경북 · 경남 · 제주
가입대상	제한없음 · 서민전용 · 일부제한

3. 최고 우대금리를 내림차순으로 정렬하여 내가 가입할 수 있는 최대 금리 상품
은 어떤 것인지 은행과 금리를 알아봅니다.

　- 적금 최대 금리: ＿＿＿＿＿＿＿ **은행,** ＿＿＿ **%**

　- 예금 최대 금리: ＿＿＿＿＿＿＿ **은행,** ＿＿＿ **%**

주택청약에 당첨되면 뭐가 좋은 건가요?

회사에 출근하니 아침부터 옆 부서가 시끌벅적했다. 무슨 일인지 궁금해진 이 대리는 옆자리에 앉아 있던 한 사원에게 물었다.

"한 사원, 저쪽은 아침부터 왜 이렇게 소란스러워?"

"마케팅 부서 최 대리님이 이번에 주택청약에 당첨됐대요. 아침부터 부서 사람들에게 커피랑 케이크 돌리고 난리도 아니에요. 우리한테는 안 쏘나?"

회사에서는 하루 종일 최 대리의 청약 당첨이 이슈였다. 사람들은 모두 최 대리를 칭찬했다. 다들 젊은 나이에 청약 통장을 만들고 당첨까지 된 최 대리를 1등 신랑감이라고 치켜세웠다. 친구를 소개시켜주겠다고 하는 여직원들도 있었다. 칭찬에 인색한 부장님도 최 대리를 불러 축하한다며 등을 두드려주었다.

최 대리는 이 대리보다 1년 늦게 입사한 후배였다. 후배인 최 대리가 벌써 집을 산다고 하니 이 대리는 그저 부럽고 배가 아팠다. 이 대리는 이렇게 생각했다.

'주택청약에 당첨됐다고 집을 공짜로 주는 건 아니잖아? 어차피 집을 사려면 돈이 들어가는 건 똑같은데, 뭘 귀찮게 청약까지 해?'

사실 이 대리는 주택청약에 대해 잘 알지 못했다. 주택청약에 당첨되면 뭐가 좋은지도 잘 몰랐다. 인터넷에 '청약을 하면 좋은 점'을 검색해 보았지만 알 수 없는 이야기만 가득했다. 이 대리는 이 참에 주택청약과 청약 통장에 대해 제대로 알아봐야겠다고 생각했다.

**Day
16**

은행의 베스트 상품,
주택청약종합저축

오늘의 목표　주택청약종합저축의 장점을 알아보고,
　　　　　　　나의 목적에 맞는 납입 금액을 정해보자.

누군가가 제게 첫 월급을 받으면 가장 먼저 가입해야 하는 금융 상품
을 골라달라고 한다면, 저는 주저하지 않고 '주택청약종합저축'을 추
천할 것입니다. 장점이 매우 많은 상품이기 때문이죠.

　먼저, 가장 기본이 되는 **주택청약 기능**이 있습니다. 또한 소득공
제를 받을 수도 있고, 대출을 받을 때 우대금리를 받을 수도 있습니
다. 집을 살 때 대출 이자 비용을 크게 줄일 수 있죠. 이처럼 장점이

많기 때문에 주택청약종합저축은 사회 초년생들이 가장 먼저 가입해야 하는 금융 상품 중 하나입니다.

아직까지도 감이 잘 오지 않는다고요? 자, 그럼 지금부터 주택청약종합저축의 장점을 한 가지씩 살펴보도록 하겠습니다.

주택청약종합저축의 세 가지 장점

주택청약종합저축의 장점 - 1. 주택청약 기능

첫 번째 장점은 주택청약 기능입니다. 앞서 이 대리는 주택청약에 당첨되면 무엇이 좋은지 알지 못했습니다. 어차피 돈을 주고 집을 사는 건 똑같으니까요. 귀찮게 청약을 하지 않고도 집을 살 수 있는 방법이 있을 것이라 생각했습니다. 그런데 왜 많은 사람이 주택청약에 열을 올리는 것일까요? 한 가지 사례를 살펴보겠습니다.

A씨는 최근 서울 한 지역의 아파트 청약에 당첨되었다. 전용면적 80㎡에 분양가는 7억 5,000만 원이었다. A씨가 청약을 넣은 아파트의 경쟁률은 무려 233:1이었다. 엄청난 경쟁률을 뚫고 청약에

당첨된 A씨는 요즘 기분이 날아갈 듯했다. 3년 전에 완공된 인근의 같은 평수 아파트는 현재 9억 원에 거래되고 있었기 때문이다. A씨의 아파트도 완공이 되면 그 이상 가격으로 팔 수 있을 듯했다. A씨는 청약에 당첨되었을 뿐인데 벌써 1억 원 이상의 돈을 번 것 같다며 매우 기뻐했다.

청약에 당첨되면 가장 좋은 점은 새 아파트를 시세에 비해 저렴하게 분양받을 수 있다는 것입니다. A씨만 하더라도 청약에 당첨되어 시세에 비해 1억 원 이상 저렴한 가격에 새 아파트에 입주할 수 있습니다. 인기가 많고 경쟁률이 높은 아파트에 당첨된다면 수억 원 이상의 시세 차익을 얻을 수 있으니 청약 당첨과 함께 큰 수익을 얻는 것과 다름없습니다. 그래서 뉴스를 보면 '로또 청약'이라는 표현이 자주 사용됩니다. 청약에 당첨되면 로또에 당첨된 것처럼 큰돈을 벌 수 있다는 의미입니다.

이처럼 청약에 당첨되면 경제적 이익을 크게 얻을 수 있습니다. 그래서 사람들이 아파트 청약에 당첨되려고 그렇게 기를 쓰는 것입니다. 그만큼 청약 통장 가입자 수도 늘어나고 있죠. 이제 청약에 조금 관심이 생기시나요?

청약에 대해 조금 더 자세히 알아보겠습니다. 청약에 대한 (다소 복잡한) 내용을 어느 정도 이해해야 주택청약종합저축에 가입할 때 필요한 전략을 세울 수 있기 때문입니다. 여러분이 청약에 대해 반드시 알아야 할 내용은 다음 세 가지입니다.

1. 주택청약, 이것만은 알고 하자 – 주택의 종류

주택의 종류를 알아야 하는 이유는 간단합니다. 주택의 종류에 따라 청약 자격이나 당첨자 선정 방식이 달라지기 때문입니다. 주택의 종류부터 차근차근 정리하지 않으면, 청약에 대한 내용을 아무리 찾아봐도 머릿속에서 복잡하게 엉켜버리기 십상입니다.

주택의 종류는 두 가지로 나뉩니다. **국민주택과 민영주택**이 바로 그것이죠. 국민주택은 국가, 지방자치단체, LH 및 지방공사가 건설하는 주거전용면적 $85m^2$ 이하의 주택을 말하고(단, 수도권 및 도시 지역이 아닌 읍·면 지역은 주거전용면적 $100m^2$ 이하의 주택을 말합니다.), 민영주택은 국민주택을 제외한 주택을 말합니다.

여러분이 청약하기를 원하는 지역의 아파트가 국민주택인지 민영주택인지 확인하는 방법은 매우 간단합니다. 한국감정원이 운영하는 주택청약 사이트 청약홈(www.applyhome.co.kr)에 들어가 메뉴에서 '청약 일정 및 통계>분양 정보/경쟁률>APT(아파트)'를 클릭하면 확인할 수 있습니다. 내가 분양받기를 원하는 아파트가 국민주택인지 민영주택인지에 따라 청약 전략도 달라지니 꼭 확인해보아야 합니다.

청약 정보 확인하기

출처: 청약홈

2. 주택청약, 이것만은 알고 하자 – 청약 자격

다음은 청약 자격입니다. 내용이 조금 복잡해지기 시작하죠? 국민주택의 청약 자격 1순위 요건은 가입 기간과 납입 횟수, 두 가지를 충족해야 합니다. 가입 기간은 가입 후 2년이 경과해야 하고, 납입 횟수는 24회 이상이어야 합니다. (다만, 이 요건은 지역에 따라 조금씩 다릅니다. 투기과열지구나 청약과열지역이 아닌 수도권은 1년, 12회 이상, 투기과열지구나 청약과열지역이 아닌 수도권 외의 지역은 6개월, 6회 이상입니다.) 1순위에 해당하지 않는 청약 통장 가입자는 2순위로 청약 자격이 주어집니다.

민영주택의 청약 자격 1순위 요건은 가입 기간과 납입금, 두 가지를 충족해야 합니다. 국민주택과 다른 점은 납입 횟수 대신 납입금을 본다는 것입니다. 민영주택의 지역별 예치 금액은 다음과 같습니다.

지역/전용면적별 예치 금액

(단위: 만 원)

구분	서울/부산	기타 광역시	기타 시/군
85m² 이하	300	250	200
102m² 이하	600	400	300
135m² 이하	1,000	700	400
모든 면적	1,500	1,000	500

출처: 청약홈

만약 서울에 있는 85㎡ 이하의 민영주택에 청약 신청을 하려면 예치 금액이 얼마나 필요할까요? 위의 표를 참고하면 300만 원이 필요하다는 것을 알 수 있습니다. 광주광역시에 있는 135㎡ 이하의 민영주택에 청약 신청을 하려면 예치 금액이 얼마나 필요할까요? 그렇습니다. 700만 원의 예치 금액이 필요합니다.

3. 주택청약, 이것만은 알고 하자 - 당첨자 선정 방식

마지막으로 당첨자 선정 방식입니다. 당첨자 선정 방식은 국민주택과 민영주택이 크게 다릅니다.

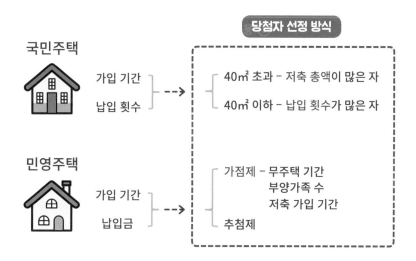

국민주택은 40㎡를 초과하는 경우와 40㎡ 이하인 경우로 나눕니다. 40㎡를 초과하는 경우에는 저축 총액이 많은 순서대로, 40㎡ 이하인 경우에는 납입 횟수가 많은 순서대로 당첨이 됩니다. 이때 주의할 점이 있습니다. 40㎡를 초과하는 경우, 저축 총액을 계산할 때 한 회차에 인정되는 금액은 10만 원까지라는 것입니다. 즉 20만 원씩 24회를 넣어도 240만 원(10만 원×24회)만 저축 총액으로 인정됩니다.

민영주택은 가점제와 추첨제로 당첨자를 선정합니다. 가점제는 청약을 신청하는 자의 무주택 기간, 부양가족 수, 저축 가입 기간에 따라 가점을 매긴 후, 점수가 높은 사람부터 청약에 당첨되는 방식입니다. 반면 추첨제는 가점 점수와 상관없이 추첨으로 당첨자를 선정하는 방식입니다. 가점제와 추첨제는 지역에 따라 비율이 다르니 다음 표를 참고하기 바랍니다.

선정 비율

주거전용면적	85m² 초과 공공건설임대주택	수도권 내 공공주택지구	투기과열지구	청약과열지역	그 외의 지역
60m² 이하	–	가점제: 40%			가점제: 40% 이하
60m² 초과 85m² 이하	–	가점제: 70%			가점제: 40% 이하
85m² 초과	가점제: 100%	가점제: 80%		가점제: 50%	추첨제: 100%

* 그 외 지역의 가점제 비율은 40% 이하의 범위에서 시장군수구청장이 정하는 비율을 적용

출처: 청약홈

청약과열지역에 전용면적 85m² 초과 아파트를 100세대 분양한다고 가정해보겠습니다. 이 경우, 100세대 가운데 50세대(50%)는 가점제를 통해, 50세대(50%)는 추첨제를 통해 당첨자를 선정합니다.

청약에 대한 내용이 조금 이해되시나요? 청약을 처음 접하는 분들은 내용이 다소 복잡하게 느껴질 수도 있습니다. 간단히 정리하면 이렇습니다.

청약을 하기 위해서는 먼저 청약 자격을 충족해야 합니다. 국민주

택의 경우는 가입 기간과 납입 횟수를, 민영주택의 경우는 가입 기간과 납입금을 충족해야 합니다.

당첨 확률을 높이고 싶다면 국민주택은 납입 횟수와 저축 총액을 늘려야 하고, 민영주택은 무주택 기간과 부양가족 수, 저축 가입 기간을 관리해 가점 점수를 높여야 합니다. (무주택 기간이 길수록, 부양가족 수가 많을수록, 저축 가입 기간이 길수록 가점 점수가 높아집니다.) 이때, 국민주택과 민영주택, 두 경우 모두 저축 가입 기간이 중요합니다. 따라서 청약을 위한 **주택청약종합저축은 일찍 가입할수록 무조건 유리하다는** 결론이 나옵니다.

주택청약종합저축의 장점 - 2. 소득공제

주택청약종합저축의 두 번째 장점은 소득공제를 받을 수 있다는 것입니다. 소득공제에 관한 내용을 알아보기에 앞서 주택청약종합저축의 상품 명세를 살펴보겠습니다.

주택청약종합저축의 금리는 1.0~1.8%로, 일반 적금에 비해 결코 높은 수준이 아닙니다. 하지만 소득공제를 받을 수 있다는 점에서 일반 적금보다 유리하죠. **소득공제 대상은 총 급여액이 7,000만 원 이하 근로자인 무주택 세대주입니다.** 즉 세 가지 요건을 모두 충족해야 합니다. ① 총 급여액이 7,000만 원 이하여야 하고, ② 연말정산을 하는 근로자여야 하며, ③ 무주택 세대주라는 요건을 만족시켜야 합니다.

주택청약종합저축의 상품 명세

구분	내용
가입 대상	누구나 가입 가능 (1인 1계좌)
계약 만기	만기 없음 (청약 당첨 후 입주자로 선정 시까지)
예금자보호	주택도시기금에 의해 정부가 관리
적립 금액	매월 2만 원~50만 원 (총액 1,500만 원까지 일시 예치 가능)
이율	1.0%(1개월~1년) 1.5%(1년~2년) 1.8%(2년 이상)
소득공제 대상	총 급여액 7,000만 원 이하 근로자인 무주택 세대주
소득공제 한도	연간 납입액(최고 240만 원)의 40%, 최고 공제 금액 96만 원

소득공제 대상까지는 그럭저럭 알겠는데, 소득공제 한도는 이해하기가 어렵습니다. 연간 납입액(최고 240만 원)의 40%라니…… 그래서 도대체 얼마나 이익이란 말일까요?

이 대리가 주택청약종합저축에 매월 20만 원씩 납입한다고 가정해보죠. 1년이면 240만 원을 납입하게 됩니다. 이 중 40%인 96만 원은 소득공제를 받을 수 있습니다. 96만 원을 소득공제받음으로써 이 대리는 얼마의 세금을 절약할 수 있는지 계산해보겠습니다.

이 대리의 1년 근로소득 금액은 3,600만 원입니다. 소득공제 항목이 없다면 세금 합계액은 4,752,000원입니다. 그런데 이 대리가 주택청약종합저축에 가입해 240만 원(20만 원×12회)을 납입했다면, 납부해야 할 세금은 어떻게 바뀔까요? 96만 원을 소득공제받을 수 있으므로, 과세표준은 35,040,000원으로 줄어듭니다. 그리고 이 금액을 기준으로 세금을 다시 계산해보면 총 4,593,600원이 나옵니다. 주택청약종합저축이 없을 때보다 158,400원의 세금이 줄어들었습니다. 매월 20만 원씩 주택청약종합저축을 납입함으로써 1년에 158,400원의 절세 효과가 생긴 것입니다.

주택청약종합저축의 소득공제 효과를 정리해보면 다음과 같습니다. 이 대리의 연간 납입액은 240만 원입니다. 연간 납입액의 40%인 96만 원은 소득공제가 됩니다. 소득공제 금액에 16.5%(소득세율+지방소득세율)를 곱하면 절세 금액은 158,400원이 됩니다.

주택청약저축의 소득공제 효과 정리

연간납입액 240만 원	-->	소득공제 금액 96만 원	-->	절세 금액 158,400원
연간 납입 한도 240만 원		연간 납입액의 40%		소득공제 금액×16.5%

다소 내용이 복잡하지만, 결론은 간단합니다. **매월 20만 원씩 주택청약종합저축을 넣어 1년에 158,400원의 절세 효과를 얻었다는 것**입니다.

일반 적금에 매월 20만 원씩 납입했을 때 1년 후에 받게 되는 이자의 총액은 2만 원 미만입니다. 주택청약종합저축에 가입한다면 여기에 약 14만 원의 금액을 추가로 절약할 수 있습니다. 1년 이자의 8배가 넘는 금액입니다. 이렇게 비교해보니 소득공제 효과가 대단해 보이지 않나요?

주택청약종합저축의 장점 - 3. 대출 우대금리

주택청약종합저축의 세 번째 장점은 디딤돌대출을 받을 때 우대금리를 적용받을 수 있다는 것입니다. 우대받을 수 있는 금리는 다음과 같습니다.

디딤돌대출 우대금리(주택청약저축 가입 시)

조건	우대금리
가입 기간이 1년 이상이고 12회 차 이상 납입한 경우	0.1%P
가입 기간이 3년 이상이고 36회 차 이상 납입한 경우	0.2%P

대출을 받아보신 분들은 아시겠지만, 대출 금리 0.2% 차이는 상환액에 많은 영향을 미칩니다. 만약 대출 금리 2.65%, 대출 기간 20년으로 2억 원을 대출받는다면 한 달에 상환해야 할 원리금은

1,074,481원입니다.

그런데 같은 사람이 주택청약종합저축에 3년 이상 가입해 0.2%의 우대금리를 적용받는다면, 한 달에 상환해야 할 원리금은 어떻게 바뀔까요? 1,054,941원입니다. 한 달에 2만 원 정도의 이자 비용을 아낄 수 있습니다. 한 달에 2만 원이 적게 느껴지시나요? 1년이면 24만 원입니다. 소득공제로 절세를 하는 금액(158,400원)보다 크죠. 대출 기간이 20년이므로 절약할 수 있는 총 금액은 480만 원(2만 원×12개월×20년)입니다. 3년 동안 주택청약종합저축을 납입하면서 유지만 했을 뿐인데 말입니다.

주택청약종합저축으로 대출 이자 할인받기

2.65% 원리금 상환액	0.2% 우대금리 적용 시 원리금 상환액	매월 할인 금액	20년 할인 총액
1,074,481원	1,054,941원	19,540원	4,689,600원

주택청약종합저축, 얼마씩 넣을까?

그렇다면 주택청약종합저축은 한 달에 얼마씩 넣는 것이 좋을까요? 그 답은 주택청약종합저축을 가입한 목적에 따라 달라집니다.

만약 가입 목적이 **소득공제를 받기 위해서라면 월 납입액은 20만 원**으로 하는 것이 좋습니다. 소득공제의 연간 한도가 240만 원(매월

20만 원)이기 때문입니다. 초과 금액은 소득공제가 되지 않기 때문에 그 이상을 납입할 필요가 없습니다.

만약 가입 목적이 소득공제와 상관없이 **주택청약을 위해서라면 월 납입액은 10만 원**으로 하는 것이 좋습니다. 국민주택의 청약 당첨자 선정은 저축 총액이 높을수록 유리한데, 이때 월 납입 인정 금액이 최대 10만 원이기 때문입니다. 초과 금액은 인정되지 않기 때문에 그 이상을 납입할 필요가 없습니다.

만약 가입 목적이 소득공제나 주택청약과 상관없이 **대출 우대금리를 받기 위해서라면 월 납입액은 최소 금액인 2만 원**으로 하면 됩니다. 디딤돌대출의 우대금리는 납입액과는 상관이 없습니다. 매월 최소 금액만 넣어도 납입 횟수에 따라 우대금리가 적용되기 때문에 2만 원을 초과해서 납입할 필요가 없습니다.

이 점들을 참고하여 목적에 맞게 가입하고 관리해나가기 바랍니다.

주택청약종합저축, 얼마씩 넣어야 할까?		
가입 목적	**월 납입액**	**이유**
소득공제	20만 원	소득공제 연간 한도 240만 원 (초과 금액은 소득공제가 되지 않음)
주택청약	10만 원	월 납입 인정 금액 최대 10만 원
대출 우대금리	2만 원	최소 금액만 넣어도 납입 횟수에 따라 우대금리가 적용

이 대리 이야기

— Day 17 —

대출을 갚기 위해 적금을 한다고요?

성진이는 이 대리의 오랜 친구다. 오늘은 성진이가 결혼을 하고 신혼살림을 차린 뒤 처음으로 하는 집들이 날이었다. 이 대리는 자기보다 결혼도 먼저 하고 새집도 장만한 성진이를 보며 묘한 기분에 휩싸였다. 늘 돈 없다고 죽는소리만 하던 녀석이 집을 샀다고 하니 참으로 신기했다. 이 대리는 성진이의 옆구리를 쿡쿡 찌르며 물었다.

"그렇게 돈 없다고 죽는소리하더니, 집은 어떻게 산 거야?"

그러자 성진이는 이렇게 대답했다.

"뭐 내 돈으로 산 건가? 은행 돈으로 산 거지. 안 그래도 집 산다고 대출을 너무 많이 받아서 죽을 맛이야."

"대출을 얼마나 받았는데?"

이 대리의 물음에 성진이는 손으로 V자를 그리며 "2억!"이라고 대답했다. 이 대리는 마음속으로 이렇게 생각했다.

'역시 집을 사는 건 어렵구나. 2억 원이나 빌려야 하다니……'

그리고 한편으로 성진이가 걱정되기도 했다.

"그 돈 다 갚으려면 이제 나랑 술도 못 마시겠다!"

"부지런히 갚아야지. 안 그래도 우리 여보랑 상의해서 대출 상환 계획을 세워뒀어. 내 계획은 이래. 우선 한 달에 100만 원씩 적금을 드는 거야. 대출을 갚을 목적으로 말이야. 그리고 1년 후에 만기가 되면 그 돈으로 대출 원금을 갚는 거지. 앞으로 이런 식으로 조금씩 갚아나가려고."

"너는 계획이 다 있구나."

이 대리는 계획을 잘 세워둔 성진이가 대견스러웠다.

대출, 그대로 두면
대(지)출이 된다

오늘의 목표   대출에 대한 기본 지식을 습득하고,
대출을 갚기 위한 계획을 세워보자.

이번에는 은행 대출에 대해 알아보겠습니다. '재테크에 대해 공부하
는데 대출에 대해 꼭 알아야 해?'라고 생각하신 분들도 있을 것입니
다. 얼핏 생각하기에 재테크와 대출은 전혀 상관이 없어 보이죠. 우
리의 목표는 여유자금을 모으고, 재산을 불려서 부자가 되는 것인데,
대출에 대해서까지 알아야 할 필요가 있을까요?

여러분이 대출에 대해 알아야 하는 이유는 단순합니다. **대출을**

이해해야 대출에 들어가는 이자 비용을 줄일 수 있기 때문입니다. 그리고 이자 비용을 줄여야(지출을 줄여야) 여유자금이 늘어나 재테크에 속도가 붙게 됩니다.

대출에 대한 이야기를 본격적으로 하기에 앞서, 이 대리의 친구 이야기부터 마무리지어 보겠습니다. 그는 결혼을 하고 집을 사기 위해 은행에서 2억 원이라는 돈을 빌렸습니다. 그리고 빚을 갚기 위해 적금을 활용해 한 달에 100만 원씩 모으겠다는 계획을 세웠습니다. 그렇게 1년 동안 돈을 모은 뒤 적금 만기가 되면 대출금을 상환할 예정이죠. 빚을 갚겠다는 생각을 가지고 있는 것은 매우 훌륭하지만 과연 그 방식이 효과적일까요?

대출을 갚기 위한 적금, 과연 효과적일까?

이야기를 조금 단순화해보겠습니다. 대출을 갚는 방법이 두 가지가 있다고 생각해봅시다. 첫 번째 방법은 이 대리의 친구처럼 적금으로 돈을 모아 만기가 되면 한 번에 돈을 갚는 것입니다. 두 번째 방법은 적금을 넣을 돈으로 그때그때 바로 대출을 갚아버리는 것입니다. 적금 통장에 돈을 넣는 대신, 대출 통장에 빚을 상환하는 것이죠. 과연 어느 방법이 더 효과적일까요?

앞서 빚을 내 적금을 드는 것은 앉아서 손해를 보는 일이라고 이야기했죠. 이 경우도 마찬가지입니다. 결론부터 이야기하면 첫 번째 방법은 잘못된 방법입니다.

적금 이자는 대출 이자보다 많을 수 없습니다. 대출 금리는 적금 금리보다 '무조건' 높기 때문이죠. 그래도 잘하면 대출 금리보다 높은 적금 금리를 찾을 수 있지 않을까요? 절대 그럴 수 없습니다. 은행의 수익 구조인 예대마진 때문입니다.

은행이 돈을 버는 기본 구조는 다음 그림과 같습니다. 먼저, 예금 자로부터 돈(1,000만 원)을 받습니다. 그리고 돈이 필요한 대출자에게 그 돈(1,000만 원)을 빌려줍니다. 은행은 대출자로부터 이자(40만 원)를 받습니다. 그리고 받은 대출 이자 중 일부(20만 원)를 예금자에게 이자로 지급하고, 나머지는 은행의 이익(20만 원)으로 남깁니다. 은행이 이런 수익 구조를 유지하려면, 대출 이자는 '무조건' 예금(적금) 이자보다 많아야 합니다.

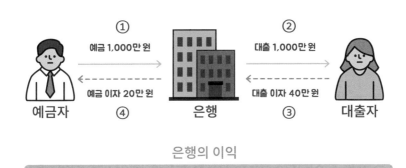

은행의 이익

대출 이자 40만 원 − 예금 이자 20만 원 = 20만 원

이처럼 대출 금리는 항상 적금 금리보다 높기 때문에 대출을 갚

기 위해 적금을 따로 가입하는 것은 불필요한 일입니다. 그냥 그 돈으로 바로 대출을 갚아버리는 게 훨씬 더 유리합니다. 만약 이 대리의 친구처럼 대출을 갚기 위해 적금에 가입할 계획을 세웠다면, 그것은 은행에 이자를 더 지불하기 위한 계획을 세운 것이나 다름없습니다.

대출, 어렵지 않다!

많은 사람이 대출에 대한 이야기를 어려워합니다. 대출은 일단 용어부터 어렵습니다. 대출을 받으려면 LTV, DTI, DSR을 알아야 한다고 합니다. 대출 금리에는 고정금리가 있고, 변동금리가 있다고 합니다. 대출을 상환하는 방식도 만기일시상환이니, 원리금균등상환이니, 원금균등상환이니 여러 가지가 있다고 합니다. 중도상환수수료에 대해서도 반드시 알아야 한다고 합니다. 이처럼 용어가 복잡하다 보니 대출에 대해 깊이 알아보는 것이 두렵기만 합니다.

하지만 앞서 이야기했듯 대출에 대해 알아야 대출에 들어가는 비용을 아낄 수 있습니다. 재테크를 하려면 대출에 대한 공부는 반드시 거쳐야 할 난관(?)입니다.

대출을 받았다면 자신의 대출에 대한 내용을 반드시 알고 있어야 합니다. 그리고 그 내용을 이해하기 위해 기본적인 용어들을 알아야 합니다. 대출에 관해서는 이 책에 나오는 내용만 알아도 전문가 소리를 들을 수 있을 것입니다.

나의 대출 알아보기

A씨는 1년 전에 집을 사면서 1억 원의 대출을 받았다. 얼마 전 서민형 안심전환대출에 대한 뉴스를 본 A씨는 대출을 옮겨야 할지 그대로 둬야 할지 고민에 빠졌다. 지금의 대출 금리도 그리 높지 않았기 때문이다. 이자 차이가 그리 많이 나지 않는다면 굳이 신경을 써가며 대출을 옮기고 싶지 않았다.

A씨는 자신의 대출 금리가 2.9%라고 알고 있었다. 1년 전에 대출을 받을 때, 은행에서 그렇게 들었다. 하지만 안심전환대출 때문에 정확한 금리를 다시 확인해본 A씨는 깜짝 놀라지 않을 수 없었다. 대출 금리에 3.75%라고 적혀 있는 것이 아닌가! A씨는 자신도 모르는 새 매달 10만 원가량의 이자를 더 내고 있었던 것이다. A씨는 은행에 속았다고 생각하며 반드시 안심전환대출로 갈아타겠다고 다짐했다.

혹시 자신의 대출 내역을 제대로 모르고 있던 A씨가 '꼼꼼하지 않거나 조금 모자란 사람'이라고 생각되시나요? 그런데 자신의 대출 내역을 정확히 모르고 있는 사람이 생각보다 많습니다. 대출 금리는 물론이고, 자신의 대출이 고정금리인지 변동금리인지조차 모르는 사람이 많죠. 만약 자신의 대출이 언제부터 중도상환수수료가 면제되는지 알고 있다면, 그 사람은 이미 대출의 전문가라 할 수 있습니다.

그러니 우선 대출 내역을 확인하는 것부터 시작해보겠습니다. 대출 내역은 자신이 대출을 받은 금융회사의 인터넷뱅킹이나 모바일 애플리케이션을 통해 확인할 수 있습니다. 이 방법을 사용하는 것이 어렵다면 금융회사에 직접 문의해서 확인할 수도 있습니다.

자신의 대출에 대해 알아야 할 내용은 다음과 같습니다.

1. 대출 금리가 현재 몇 퍼센트인지 알아야 합니다.
2. 대출 금리가 고정금리인지, 변동금리인지 알아야 합니다.
3. 대출 상환 방식을 알아야 합니다.
   (만기일시상환/원금균등상환/원리금균등상환)
4. 현재의 대출 잔액은 얼마인지, 만기는 얼마나 남았는지 알아야 합니다.
5. 원금을 별도로 갚을 경우, 중도상환수수료가 있는지 알아야 합니다.

대출을 받을 때 꼭 알아야 할 세 가지

1. 고정금리와 변동금리

대출 금리에는 고정금리와 변동금리가 있습니다. 고정금리는 한 번 정해진 대출 금리가 만기까지 변하지 않는 것을 말하고, 변동금리는 일정한 주기마다 시장 금리에 따라 대출 금리가 변하는 것을 말합니다. 말 그대로 **고정금리는 금리가 고정된 것**, **변동금리는 금리가 변동하는 것**입니다.

2. 대출 상환 방식

대출 상환 방식은 세 가지가 있습니다. 만기일시상환, 원금균등상환, 원리금균등상환이 바로 그것이죠. 대출을 갚는 방법이 뭐가 이렇게 많은 걸까요. 하나하나 살펴보도록 합시다.

첫 번째 방식은 **만기일시상환**입니다. 이는 **대출 기간 중에는 원금을 갚지 않고 이자만 갚다가 만기일에 원금 전체를 한꺼번에 갚는 방식**입니다. '만기'에 한꺼번에('일시'에) 원금을 '상환'한다고 해서 '만기일시상환'이라고 합니다.

두 번째 방식은 **원금균등상환**입니다. 이는 **대출 기간 중에 매달 원금을 균등하게 나누어 상환하는 방식**입니다. 대출 기간 중에 '원금'을 '균등'하게 '상환'한다고 해서 '원금균등상환'이라고 합니다.

세 번째 방식은 **원리금균등상환**입니다. 이는 **대출 기간 중에 원금과 이자의 합계인 원리금을 매월 균등하게 나누어 상환하는 방식**입니다. 대출 기간 중에 '원리금'을 '균등'하게 '상환'한다고 해서 '원리금균등상환'이라고 합니다.

자, 그럼 세 가지 방식 중에 어떤 방식으로 돈을 빌리는 것이 가장 유리할까요? 즉, 어떤 방식으로 돈을 빌리는 것이 이자 부담이 가장 적을까요?

만기일시상환은 대출 기간 동안 원금이 전혀 줄어들지 않기 때문에 세 가지 방식 중에서 대출 이자를 가장 많이 지불합니다. 이에 비해 원금균등상환은 처음부터 일정한 금액의 원금을 갚아나가기 때문에 이자가 줄어드는 속도가 빠릅니다. 즉 대출 기간 동안 지불하는 총 대출 이자가 가장 낮습니다. 원리금균등상환은 만기일시상환과 원금균등상환 방식의 중간 정도입니다.

예를 들어보겠습니다. B씨는 은행에서 대출 금리 4%, 대출 기간 10년으로 1억 원을 빌렸습니다. 대출 이자 합계액은 세 가지 대출 상환 방식에 따라 어떻게 달라질까요?

원금균등상환으로 대출을 했을 경우, 대출 이자 합계액은 20,166,667원입니다. 생각보다 적은 금액이 아니죠? 원리금균등상환으로 대출을 했을 경우, 대출 이자 합계액은 21,494,166원입니다. 원금균등상환과 비교했을 때 132만 원 정도의 이자를 더 내야 합니다.

자, 그럼 만기일시상환으로 대출을 했을 경우 대출 이자 합계액은 얼마일까요? 무려 4,000만 원입니다. 원금균등상환과 비교했을 때 1,900만 원 정도 차이가 납니다. 10년 동안 1,900만 원의 차이는 1년으로 치면 190만 원, 한 달로 치면 16만 원입니다. 상환 방식만 다를 뿐인데 원금균등상환과 비교해 2배 정도의 대출 이자를 더 내야 합니다.

물론 대출 이자 합계액만을 비교해 원금균등상환이 무조건 유리하다고 할 수는 없습니다. 대출을 받을 때는 매월 돈을 갚을 수 있는

상환 능력도 고려해야 하기 때문입니다. 만기일시상환은 대출 기간 동안 이자만 내면 되기 때문에 매월 대출 상환액에 대한 부담이 상대적으로 적습니다. 원리금균등상환은 매월 상환하는 금액이 일정하므로 지출 계획을 세우기 편합니다. 그래서 직장인들은 이 방식을 많이 이용하곤 합니다.

그럼에도 불구하고 이자 비용 차이를 강조하는 데는 이유가 있습니다. 앞서 대출 이자 합계액은 만기일시상환, 원리금균등상환, 원금균등상환 순으로 높다고 말씀드렸습니다. 대출 이자 합계액이 왜 이렇게 차이가 나는지 기억하시나요? 대출 기간 동안 원금을 얼마나 갚느냐에 따라 대출 이자 합계액이 달라지기 때문입니다. 만기일시상환은 만기까지 원금을 갚을 필요가 없으므로 대출 이자 합계액이 가장 큽니다. 원리금균등상환은 대출 초기에 원금 상환 비중이 작으므로 원금균등상환에 비해 대출 이자 합계액이 큽니다. 즉 **원금 상환이 느릴수록 대출 이자는 늘어납니다.**

이 대리의 친구가 세운 대출 상환 계획을 기억하시나요? 여러분은 이미 적금을 넣어 대출금을 한꺼번에 갚는 것보다 여윳돈이 생길 때마다 원금을 갚는 것이 더 유리하다는 사실을 확인했습니다.

결론은 한 가지입니다. 여러분이 이미 만기일시상환이나 원리금균등상환으로 대출을 받았다 해도 상관없습니다. 여윳돈이 생길 때마다 대출금을 상환하면 그만큼 대출 이자를 줄이는 효과를 얻을 수 있습니다. **원금을 빨리 갚아야 대출 이자 비용을 줄일 수 있다**는 사실을 항상 기억해야 합니다.

3. 중도상환수수료

마지막으로 알아볼 것은 중도상환수수료입니다. 앞서 대출 원금을 빨리 갚을수록 유리하다고 이야기했는데, 한 가지 마음에 걸리는 것이 있습니다. 돈을 미리 갚으면 중도상환수수료를 내야 한다고 하는데, 대출 원금을 갚아도 되는 걸까요?

은행에서 돈을 빌린 고객이 **만기 전에 대출금을 갚을 경우 은행에서는 중도상환수수료를 부과합니다.** 만기가 되기 전에 돈을 갚으면 은행 입장에서는 예상했던 것보다 이자 수익이 줄어들기 때문에 벌금처럼 수수료를 거둬가는 것이죠. (치사하죠?) 은행에 따라 중도상환수수료가 없는 대출 상품도 있고, 수수료율도 다르기 때문에 대출을 받을 때는 이 부분도 비교해봐야 합니다.

중도상환수수료는 기본적으로 다음과 같은 계산식으로 구해집니다.

$$\text{중도상환 금액} \times \text{중도상환 수수료율} \times \frac{\text{3년} - \text{대출경과일수}}{\text{3년}} = \text{중도상환수수료}$$

● 3년 경과 시 면제

조금 복잡하죠? 기본적으로 중도상환수수료는 중도 상환 금액에 수수료율을 곱해 계산합니다. 100만 원을 중도 상환하는데, 수수료율이 1.2%라면 중도상환수수료는 12,000원이라고 생각하면 됩니다.

여기서 덧붙일 점은 중도상환수수료는 대출 기간이 경과할수록 줄어든다는 것입니다. 예를 들어, 대출을 받은 지 1년이 지났다면 12,000원에 '2/3(=(3-1)/3)'을 곱하면 됩니다. 그럼 8,000원이 되겠네요. 대출을 받은 지 2년이 지났다면, 마찬가지 방식으로 12,000원에 3분의 1을 곱하면 됩니다. 이때는 4,000원이 나오네요. 만약 대출을 받은 지 3년이 지났다면, 중도상환수수료는 면제됩니다. 단, 중도상환수수료를 구하는 방식은 은행에 따라 조금씩 다를 수 있으니 유의하기 바랍니다.

중도상환수수료가 부과됨에도 불구하고 대출 원금을 미리 갚는 것이 유리할까요? 대출을 미리 갚으면 중도상환수수료를 내야 한다는 것을 알게 된 이 대리의 친구는 다음 달부터 여유자금 100만 원씩을 상환하는 게 유리할지, 중도상환수수료가 면제되는 3년 후부터 원금을 갚는 게 유리할지 알 수 없었습니다. 대출 이자는 4%이고, 중도상환수수료는 1.2%입니다. 여러분은 어떻게 하는 것이 좋을 거라 생각하시나요? 직접 계산해 비교해보겠습니다.

먼저, 100만 원을 갚는 경우입니다. 대출을 받은 지 1개월이 지난 시점에 원금 100만 원을 갚는다면, 중도상환수수료는 11,667원입니다.

그런데 중도상환수수료를 면제받기 위해 100만 원 갚는 일을 3년 동안 미뤘다면, 이 100만 원에 대해 3년 동안 붙는 대출 이자는 얼마일까요? 무려 12만 원입니다. 중도상환수수료를 내고 바로 상환했다면 11,667원만 지불했으면 됐을 테지만, 중도상환수수료를 내지 않기 위해 무려 12만 원의 이자를 더 낸 것입니다.

중도상환수수료

$$100만 원 \times 1.2\% \times \frac{36개월 - 1개월}{36개월} = 11,667원$$

VS.

대출 이자

$$100만 원 \times 4\% \times 3년 = 120,000원$$

이 예시를 통해 중도상환수수료를 내야 함에도 불구하고 원금을 일찍 갚는 것이 이자를 줄이는 데 유리하다는 것을 알 수 있습니다. 다시 한 번 기억해두기 바랍니다. 여유가 생길 때마다 빨리 대출금을 갚는 것이 지출을 줄이는 동시에 돈을 버는 일입니다.

집 살 때 알아야 할
대출 용어, LTV와 DTI

심화 학습

    내 집 마련은 가장 중요한 재테크 목표 가운데 하나입니다. 하지만 대출 없이 월급만을 모아 집을 마련하는 것은 현실적으로 어렵습니다. 그래서 집을 마련하기 전에 은행에서 돈을 얼마나 빌릴 수 있는지 파악해보아야 합니다.

    주택자금대출을 위해 가장 먼저 알아야 할 용어는 LTV입니다. LTV란, 집을 담보로 은행이 돈을 얼마까지 빌려줄 수 있는지를 나타내는 비율입니다. 집의 가치(Value)에 따라 얼마까지 대출(Loan)해줄 수 있는지를 말하는 것이죠.

    예를 들어보겠습니다. A씨는 2억 원짜리 아파트를 구입할 계획을 가지고 있습니다. 만약 정부에서 정한 LTV 한도가 70%라면, A씨는 대출을 얼마까지 받을 수 있을까요? 정답은 1억 4,000만 원입니다.

    그런데 LTV 비율이 얼마인지를 한마디로 이야기하기는 어렵습니다. 지역에 따라, 주택 금액에 따라, 주택의 소유 현황에 따라, 주택 구입 목적에 따라 다르게 적용되기 때문입니다.

    다음은 현재의 LTV 비율을 지역별로 나타낸 표입니다. (여러분이 LTV를 쉽게 파악할 수 있도록 9억 원을 초과하는 고가 주택에 관한 내용은 표에서 제외했습니다.)

지역별 LTV 비율

주택 가격	구분	투기지역 및 투기과열지구	조정대상지역	조정대상지역 외 수도권	기타 지역
고가 주택 (9억 원 이하)	서민 실수요자	1) 60%	2) 70%	70%	70%
	무주택 세대	40%	50%	70%	70%
	1주택 세대	3) 40%	4) 50%	60%	60%
	2주택 이상	대출 불가	대출 불가	60%	60%

1) 무주택 세대, 주택 가격 6억 원 이하, 부부 합산 연소득 9,000만 원 이하의 요건을 충족할 경우
2) 무주택 세대, 주택 가격 5억 원 이하, 부부 합산 연소득 9,000만 원 이하의 요건을 충족할 경우
3) 기존 주택을 1년 내 처분 및 전입
4) 기존 주택을 2년 내 처분

이제 주택을 구입할 때 몇 퍼센트의 LTV를 적용받게 될지 알아보겠습니다. 우선 구입하려는 주택이 어떤 지역에 포함되는지 확인해야 합니다.

투기지역, 투기과열지구, 조정대상지역 비교표(2020년 6월 19일 기준)

구분	정의	해당 지역	비고
투기지역	집값이나 토지 가격이 급등하는 지역	서울 강남, 서초, 송파, 강동, 용산, 성동, 노원, 마포, 양천, 영등포, 강서, 종로, 중구, 동대문, 동작 세종	16개 지역
투기과열지구	주택에 대한 투기가 성행할 우려가 높은 지역	서울 전 지역(25개 구) 경기 과천, 성남분당, 광명, 하남, 수원, 성남수정, 안양, 안산단원, 구리, 군포, 의왕, 용인수지, 용인기흥, 동탄2 인천 연수,남동, 서 대전 동, 중, 서, 유성 대구 수성 세종	48개 지역
조정대상지역	주택 분양 등이 과열되어 있거나 과열될 우려가 있는 지역	서울 전 지역(25개구 구) 경기 과천, 성남, 하남, 동탄2, 광명, 구리, 안양, 수원, 용인수지, 용인기흥, 광교, 의왕, 고양, 남양주, 화성, 군포, 안성, 부천, 안산, 시흥, 용인처인, 오산, 평택, 광주, 양주, 의정부 인천 중, 동, 미추홀, 연수, 남동, 부평, 계양, 서 대전 동, 중, 서, 유성, 대덕 충북 청주 세종	66개 지역

정부는 주택시장의 과열 양상에 따라 투기지역, 투기과열지구, 조정 대상지역, 기타 지역으로 구분해 규제를 하고 있습니다. 투기지역, 투기과열지구, 조정대상지역 순으로 규제가 강하다고 생각하시면 됩니다. 표를 통해 여러분이 구입하려는 주택이 어떤 지역에 속해 있는지 파악했다면, 그 다음에는 주택의 가격과 주택 소유 현황에 따라 LTV가 몇 퍼센트인지 확인할 수 있습니다.

다음으로 알아야 할 용어는 DTI입니다. DTI란, 연소득 중에서 (1년 동안 갚아야 하는) 부동산 담보대출의 원금과 이자가 차지하는 비율입니다. 대출을 받으면 매월 원금과 이자를 갚아나가야 합니다. 그런데 만약 대출을 너무 많이 받아 소득에 비해 갚아야 할 금액이 지나치게 많다면 제대로 생활을 할 수 없겠죠? 그래서 정부에서는 연소득에 비해 너무 많은 돈을 빌릴 수 없도록 DTI를 통해 대출 규제를 하고 있습니다. 즉 DTI는 연소득(Income)에 따라 얼마나 빚(Debt)을 얻는 것이 가능한가를 나타내는 지표입니다.

예를 들어, 연소득이 3,000만 원인데, 정부에서 정한 DTI가 50%라면 대출을 얼마나 받을 수 있을까요? 연소득 3,000만 원의 50%인 1,500만 원까지 대출이 가능합니다.

DTI도 LTV와 마찬가지로 지역에 따라 비율이 다릅니다. 규제가 강한 지역에서는 DTI 비율이 낮고, 규제가 약한 지역에서는 DTI 비율이 높습니다. 지역에 따라 DTI의 제한을 받지 않는 곳도 있습니다.

지역별 DTI 비율

주택 가격	구분	투기지역 및 투기과열지구	조정대상지역	조정대상지역 외 수도권	기타 지역
고가 주택 (9억 원 이하)	서민 실수요자	1) 60%	2) 60%	60%	규제 없음
	무주택 세대	40%	50%	60%	
	1주택 세대	3) 40%	4) 50%	50%	
	2주택 이상	대출 불가	대출 불가	50%	

1) 무주택 세대, 주택 가격 6억 원 이하, 부부 합산 연소득 9,000만 원 이하의 요건을 충족할 경우
2) 무주택 세대, 주택 가격 5억 원 이하, 부부 합산 연소득 9,000만 원 이하의 요건을 충족할 경우
3) 기존 주택을 1년 내 처분 및 전입
4) 기존 주택을 2년 내 처분

이는 현재의 DTI 비율을 지역별로 나타낸 표입니다. LTV와 마찬가지로 가장 먼저 여러분이 구입하려는 주택이 어떤 지역에 포함되는지 확인해봐야 합니다. 투기지역에 속하는지, 투기과열지구에 속하는지, 조정대상지역에 속하는지, 기타 지역에 속하는지 파악하면 DTI 비율이 얼마인지 알 수 있습니다.

나의 대출 알아보기

1. 혹시 대출이 있다면 자신의 대출 조건을 알아둘 필요가 있습니다. 확인해야 할 내용은 다음과 같습니다.

   1) 대출 금리: 고정금리 or 변동금리, 현재 금리: _____%
   2) 대출 잔액: _____원, 한 달 이자: _____원
   3) 잔존 만기: ____년 ____개월
   4) 상환 방식: 만기일시상환 or 원리금균등상환 or 원금균등상환
   5) 중도상환수수료: 금리 _____%, 면제 기간 ____년 후부터

2. 대출 조건을 모두 확인해보았나요? 대출 금리는 몇 퍼센트였나요? 다른 대출 상품들과 금리를 비교해봅시다.

   1) 금융감독원 금융상품통합비교공시 홈페이지(finlife.fss.or.kr)에 들어갑니다.
   2) '대출' 메뉴에서 필요한 조건의 대출을 조회해 자신의 대출 상품과 비교해보세요.
   3) 대출 금리 차이가 많이 나나요? 그렇다면 대출을 갈아타는 것을 고민해볼 필요가 있습니다.

대출을 받아 투자하면 수익률이 올라간다고요?

김 대리는 종이컵에 든 믹스커피를 홀짝이며 이 대리에게 말을 걸었다. 몇 주 동안 표정이 어두웠는데, 다시 거들먹거리는 꼴을 보니 요 며칠 주식이 오른 모양이었다.

"월급만 받아서 언제 돈을 벌려고 그래. 평생 쥐꼬리만 한 월급 가지고 살 거야? 나처럼 주식 투자를 해. 내가 하라는 대로만 하면 절대 손해 볼 일 없어."

안 그래도 몇 달 전에 김 대리가 추천해준 주식을 샀다가 주가가 반토막이 난 바람에 마음고생을 심하게 한 이 대리였다. 그런데 또 자기가 하라는 대로만 하면 손해 볼 일이 없다니! 이 대리는 가슴속에서 무언가 뜨거운 것이 치밀어 올랐지만 불편한 마음을 드러내지는 않았다.

김 대리의 멱살을 잡는다고 해서 달라질 것은 없으니까. 이 대리는 완곡하게 거절했다.

"나는 주식 투자랑 안 맞아. 지금 가지고 있는 돈도 없고……."

이 대리의 말에 김 대리는 한심하다는 듯한 표정을 지었다.

김 대리: 요즘 누가 자기 돈으로 주식 투자를 해? 자기 돈으로 투자해봤자 수익률이 별로 높지도 않아. 생각해봐. 네가 1억 원을 가지고 투자를 해서 1,000만 원을 벌었어. 그럼 수익률이 몇 퍼센트야?

이 대리: 1억 원으로 1,000만 원을 벌었으니 수익률은 10%지.

김 대리: 그럼 1억 원을 투자했는데, 그중에서 5,000만 원만 네 돈이고 나머지는 주식을 담보로 빌렸다고 가정하자. 이때 똑같이 1,000만 원을 벌었다면 수익률은 얼마일까?

이 대리: 내 돈은 5,000만 원이 들어갔는데, 1,000만 원을 벌었으니까…… 어? 수익률이 20%네?

김 대리: 네 돈으로 투자했을 때는 수익률이 10%였는데, 돈을 빌려서 투자하니 수익률이 2배로 오르지? 이게 바로 '레버리지 효과'라고 하는 거야. 돈을 크게 벌려면 레버리지 효과를 잘 이용해서 수익률을 극대화해야 해. 은행 예금으로 20%를 벌려면 적어도 10년은 돈을 묵혀놔야 하잖아. 레버리지 효과를 잘 이용해서 투자하면 그 돈을 한 달 만에 벌 수도 있어. 이 형님 믿고 내가 시키는 대로 투자해봐.

이 대리는 어느새 김 대리의 말에 고개를 끄덕이고 있었다.

양날의 검,
레버리지 투자 전략

오늘의 목표　레버리지 투자 전략의 장점과 단점에 대해
정확히 이해하자.

앞서 은행 대출에 대해 알아보았습니다. 재테크를 하기 위해서는 지
출을 줄여야 하는데, 대출에 대해 알아야 대출 비용(이자)을 줄일 수
있다고 했죠. 대출에 대해 알아야 하는 이유는 그뿐만이 아닙니다.
대출을 잘 활용하면 재테크 수익률을 높일 수 있습니다.

　대출을 통해 수익률을 높일 수 있다니! 얼핏 이해가 되지 않을 수
도 있습니다. 사례를 들어보겠습니다.

레버리지 투자란?

투자자 A씨는 1억 원을 가지고 있다. 그는 '올라' 주식의 전망이 좋다는 이야기를 듣고 1억 원을 모두 투자했다. 시간이 지난 후 올라 주식의 주가는 10% 올랐다. 이에 따라 A씨의 투자금은 1억 원에서 1억 1,000만 원으로 불어났다. A씨가 올라 주식에 투자해 올린 수익률은 10%다.

투자자 B씨는 5,000만 원을 가지고 있다. A씨가 1억 원을 투자하는 것을 본 B씨는 자신도 1억 원을 투자하고 싶어 은행에서 5,000만 원을 빌렸다. B씨는 그렇게 1억 원을 올라 주식에 투자했다. 시간이 지난 후 주가는 10% 올랐다. B씨의 투자금도 1억 원에서 1억 1,000만 원으로 불어났다. 하지만 B씨의 수익률은 A씨와 달랐다. (대출받은 돈을 제외하면) 원래 자신의 돈인 5,000만 원에서 1,000만 원이 불어났기 때문이다. B씨가 올라 주식에 투자해 올린 수익률은 20%다.

	자기 돈	대출	투자 총액	수익	자기 돈 대비 수익률
A씨	1억 원	0원	1억 원	1,000만 원	10%
B씨	5,000만 원	5,000만 원	1억 원	1,000만 원	20%

A씨와 B씨는 똑같은 주식에 투자했고, 그 주식의 주가는 똑같이 올랐습니다. 하지만 A씨는 1억 원으로 1,000만 원을 벌어들였고, B씨는 5,000만 원으로 1,000만 원을 벌어들였죠. 그 결과, B씨는 A씨에 비해 2배나 높은 수익률을 올릴 수 있었습니다. A씨와 B씨가 달랐던 점은 딱 한 가지입니다. A씨는 자신의 돈으로만 투자했고, B씨는 자신의 돈에 대출을 더해 투자했습니다. B씨는 대출로 수익률을 올리는 '레버리지 효과'를 이용한 것입니다.

이처럼 **대출(타인의 자본)을 이용해 수익률을 올리는 방법을 '레버리지 투자'라고 합니다.** 레버리지(leverage)란 영어로 지렛대를 뜻합니다. 지렛대의 원리를 이용해 똑같은 힘으로 더 무거운 물건을 들 수 있듯, 투자에서도 레버리지를 활용해 똑같은 돈으로 더 높은 수익률을 올릴 수 있습니다. 이러한 레버리지의 원리만 안다면, B씨보다 더 높은 수익률을 얻는 것도 가능합니다.

오히려 독이 될 수도 있는 레버리지 투자

여기까지만 살펴보면, 대출을 이용한 레버리지는 수익률을 압도적으로 올릴 수 있는 절대적인 방법처럼 생각될 것입니다. 하지만 레버리지를 활용하려면, 이에 대해 확실히 알고 난 다음에 실행해야 합니다. 레버리지 투자의 긍정적인 면에만 집중한다면, 너무나 위험한 투자를 시도하게 될 수도 있기 때문입니다.

확실하게 10%의 수익을 낼 수 있다면 걱정할 게 뭐가 있을까요? 하지만 대부분의 투자가 그렇듯, 10%의 수익을 얻을 가능성이 있으면 10%의 손해를 입을 가능성도 존재합니다. 그리고 레버리지는 수익을 얻을 때보다 손실이 날 때 더 큰 효과(?)를 발휘합니다.

투자자 A씨는 자신이 가지고 있던 1억 원을 전부 올라 주식에 투자했다. 그런데 주가는 기대와 다르게 10% 하락했다. 이에 따라 A씨의 투자금은 1억 원에서 9,000만 원으로 줄어들었다. 따라서 A씨의 손실률은 -10%다.

B씨는 자신이 가지고 있던 5,000만 원과 은행에서 대출받은 5,000만 원을 합쳐 1억 원을 올라 주식에 투자했다. 그런데 주가가 10% 하락해 투자금은 1억 원에서 9,000만 원으로 줄어들었다. 하지만 B씨의 손실률은 A씨와 달랐다. B씨는 (대출받은 돈을 제외하면) 원래 자신의 돈인 5,000만 원에서 1,000만 원을 손해 보았기 때문이다. 따라서 B씨의 손실률은 -20%다.

	자기 돈	대출	투자 총액	손실	투자 후 자기 돈 잔액	자기 돈 대비 수익률
A씨	1억 원	0원	1억 원	-1,000만 원	9,000만 원	-10%
B씨	5,000만 원	5,000만 원	1억 원	-1,000만 원	4,000만 원	-20%

이처럼 레버리지를 사용하면 수익률뿐 아니라 손실률도 높아집니다. 만약 이익이 날 가능성만 보고 **과도하게 대출을 받아 레버리지 투자를 한다면, 그 반대의 결과가 나왔을 때 감당하기 힘든 수준의 손실을 입을 수도 있음을 항상 염두에 두어야 합니다.**

레버리지 투자가 위험한 또 다른 이유가 있습니다. 눈치를 챈 분들도 있겠지만, 사실 앞서 소개한 레버리지 효과에 대한 계산식들은 모두 엉터리입니다. 대출 이자를 하나도 계산하지 않았기 때문이죠. 레버리지에 대한 이해를 돕기 위해 간단하게 계산했던 것이니 양해 부탁드립니다.

주식 신용 거래 대출 이자는 기간에 따라 차이가 있습니다. 신용 거래를 할 때 기간이 보통 한 달 이상이라고 하면, 신용 거래에 따른 대출 이자는 8~9%로 상당히 높은 수준입니다. 이제 대출 이자도 포함해 레버리지 효과를 계산해보도록 하겠습니다.

올라 주식에 투자했던 투자자 B씨(자기 돈 5,000만 원+대출 5,000만 원)를 예로 들어보겠습니다. 1년 동안 올라 주식을 보유했고, 대출 이자는 연 10%라고 가정하겠습니다.

올라 주식의 주가는 1년 뒤에 10% 상승할 수도 있고, 10% 하락할 수도 있습니다. 먼저 10% 상승하는 경우부터 살펴보겠습니다. 1억 원을 투자해 주가가 10% 올랐으므로 1,000만 원의 투자 수익을 올렸습니다. 하지만 대출받은 5,000만 원으로부터 대출 이자가 500만 원(5,000만 원×10%) 발생했습니다. 투자 수익 1,000만 원에서 대출 이자 500만 원을 빼면, 순 손익은 500만 원입니다. 따라서 자기 돈 대비 수익률은 10%(500만 원/5,000만 원)에 불과합니다. 대출 이자를 빼고 나니 레버리지 효과는 하나도 없었던 것입니다.

이번에는 10% 하락하는 경우를 살펴보겠습니다. 1억 원을 투자해 주가가 10% 떨어졌으므로 1,000만 원의 손실이 발생했습니다. 거기에 대출받은 5,000만 원으로부터 대출 이자가 500만 원(5,000만 원 ×10%) 발생했습니다. 투자 손실 1,000만 원에 대출 이자 500만 원을 더하면, 순 손실은 1,500만 원입니다. 따라서 자기 돈 대비 수익률은 -30%(1,500만 원/5,000만 원)입니다. 주가는 10%밖에 떨어지지 않았지만 B씨의 손실은 30%나 발생한 것입니다.

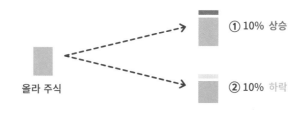

	자기 돈	대출	투자 총액	손익	대출 이자	순 손익	자기 돈 대비 수익률
①	5,000만 원	5,000만 원	1억 원	+1,000만 원	-500만 원	500만 원	10%
②	5,000만 원	5,000만 원	1억 원	-1,000만 원	-500만 원	1,500만 원	-30%

결국 **레버리지 효과는 투자에 손실이 발생할 가능성이 존재하고, 대출 이자에 대한 부담이 있기 때문에** 제대로 사용하지 않을 경우 독이 될 수 있습니다. 레버리지를 활용하고자 할 때는 이러한 점을 신중하게 고려해야 합니다.

성공적인 레버리지 투자를 위한 세 가지 조건

레버리지 효과로 수익률을 높이려면 다음 세 가지 조건이 모두 충족되어야 합니다. 조건들을 하나씩 살펴보겠습니다.

첫째, **투자를 위한 대출**이어야 합니다. 당연한 말입니다. 소비를 위한 대출은 레버리지와는 전혀 상관이 없습니다. 생활비가 부족해서, 신용카드를 과도하게 사용해서, 전세금이 필요해서 대출을 받은 것은 레버리지와는 전혀 관련이 없는 소비성 대출입니다. 이런 소비성 대출들은 앞서 말씀드린 것처럼 여유가 생기는 대로 빨리 갚아 정리하는 것이 최선의 방법입니다.

둘째, 투자를 통한 **수익률이 대출 이자보다 높아야** 합니다. 올라주식의 주가가 10% 상승했지만 대출 금리도 10%라면 레버리지 효과는 발생하지 않습니다. 수익률보다 대출 금리가 더 높다면 오히려 손해입니다. 대출 금리 이상의 수익률은 레버리지 효과가 발생하기 위한 최소한의 조건입니다.

셋째, **안정적인 투자를 해야** 합니다. 이 점이 가장 중요하죠. 하지만 많은 사람이 이를 간과합니다. 따라서 주식 투자를 할 때만큼은 레버리지 사용을 피하는 것이 좋습니다.

예를 들어보겠습니다. 주식 투자자 D씨는 1억 원의 투자금을 가지고 있습니다. 그는 한 달에 딱 한 종목만 거래하는 습관이 있습니다. 지난 1년 동안 매달 한 종목씩 거래해 거둔 수익률을 정리해보았더니 다음과 같았습니다.

D씨의 투자 일지

	1월	2월	3월	4월	5월	6월	7월	8월	9월	10월	11월	12월
월별 수익률	15%	-10%	15%	-10%	15%	-10%	15%	-10%	15%	-10%	15%	-10%

1월에는 15% 수익이 났고, 2월에는 -10% 손실이 났습니다. 3월에는 다시 15% 수익이 났고, 4월에는 -10% 손실이 났습니다. 매월 수익과 손실을 반복했지만, 수익이 날 때는 15%, 손실이 날 때는 -10%로 수익이 5%씩 높았습니다. 이렇게 1년 동안의 수익률을 더해보니, 수익률의 합계는 30%였습니다.

D씨는 이렇게 생각했습니다.

'레버리지 효과를 이용하면 지금보다 수익률을 훨씬 더 높일 수 있겠어.'

그래서 D씨는 대출을 이용해 레버리지 효과를 5배씩 높이기로 했습니다. 레버리지 효과를 5배로 한다는 말은 투자를 할 때마다 대출을 받아 원금의 5배씩 투자한다는 말과 같습니다. 그리고 그 결과, 수익률도 5배씩 높아졌습니다. 1월의 수익률은 15%의 5배인 75%를 기록했습니다.

자, 이렇게 1년이 지났습니다. 과연 D씨의 투자금 1억 원은 얼마가 되어 있을까요? 30%의 5배인 150% 수익이 났을까요? 만약 150% 수익이 발생했다면 투자금 1억 원은 2억 5,000만 원이 되어 있겠네요. 그런데 결과는 놀랍게도 다음과 같았습니다.

	1월	2월	3월	4월	5월	6월	7월	8월	9월	10월	11월	12월
월별 수익률	75%	-50%	75%	-50%	75%	-50%	75%	-50%	75%	-50%	75%	-50%

1억 원 ----------------------------------> 4,488만 원

D씨의 1억 원은 4,488만 원이 되어 있었습니다. 그야말로 반 토막이 났죠. 분명 레버리지를 통해 많은 돈을 벌었을 것이라 생각했는데 어떻게 된 일일까요?

1월에는 레버리지를 활용해 75% 수익이 나 1억 원은 1억 7,500만 원이 되었습니다. 하지만 2월에는 -50% 손실이 발생해 8,750만 원이 되었습니다. 여기까진 쉽게 계산이 되시죠? 3월에는 75% 수익으로 약 1억 5,000만 원이, 4월에는 다시 -50% 손실로 약 7,600만 원이 되었습니다. 이런 식으로 계속 등락을 반복하다 보니 결국 12월에 남은 돈은 4,488만 원이었습니다.

이 투자는 무엇이 잘못되었을까요? 일단 주식 투자 자체에는 문제가 없습니다. 오히려 D씨는 굉장히 뛰어난 주식 투자자입니다. 원금만을 투자했다면 말이죠. 문제는 수익과 손실이 반복되는 불안정한 주식 투자에 과도한 레버리지를 썼다는 것입니다. 안정적이지 않은 투자에 레버리지를 쓰면 투자 횟수가 반복될수록 투자금은 결국 0원으로 향하게 되어 있습니다. 이것이 주식으로 레버리지 투자를 한 많은 사람이 실패한 이유입니다.

이제 레버리지에 대해 어느 정도 감이 잡히나요? 레버리지는 재테크의 수익률을 극적으로 올릴 수 있는 대단히 유용한 투자 방법입니다. 하지만 제대로 이해하지 않고 레버리지를 사용한다면 오히려 위험을 부추기는 결과를 초래합니다. 그야말로 '양날의 검'과 같은 투자 방법입니다.

Level 2

제6장
증권사에서
투자를
시작하라

성공적인 주식 투자를 하고 싶어요

사실 이 대리가 주식에 아예 관심이 없는 건 아니었다. 주식 투자를 잘해 돈을 벌고 싶다는 생각은 오래전부터 하고 있었다. 주식 투자로 부자가 된 사람들의 이야기를 들으면 가슴이 설렜고, 자신도 그들과 똑같이 투자한다면 성공할 수 있을 것이라고 생각했다. 단지 몇 달 전 실패로 주식 투자를 다시 시작할 엄두가 나지 않은 것뿐이었다.

이 대리는 주식에 대해 자세히 알고 싶었다. 주식 투자를 어떻게 해야 하는지 배우고 싶었다. 김 대리가 하라는 대로 하는 것이 아니라 스스로 판단해 주식 투자를 하고 싶었다. 주식 방송에 나오는 증권사 애널리스트처럼 직접 종목을 발굴하고 분석해 수익을 올리고 싶었다. 주식으로 큰 수익을 올려 김 대리의 코를 납작하게 만들어주고 싶은 마음도 있었다.

이 대리는 주식으로 엄청난 부를 거머쥘 기대를 하지 않았다. 은행에서 받는 이자보다 조금 더 높은 수익을 얻고 싶을 뿐이었다. 거기에 약간의 욕심을 더하면, 한 달에 용돈으로 쓸 만큼은 주식 투자를 통해 벌고 싶었다. 그러다 큰돈을 벌어 차도 바꾸고, 큰 아파트도 사면 좋고!

하지만 모든 일이 그렇듯 주식 공부도 시작이 어렵다. 주식 책을 사기 위해 서점에 간 이 대리는 너무 많은 종류에 진땀을 흘렸다. 어디서부터 어떻게 공부해야 할지 도통 알 수가 없었다. 스스로 공부해 주식 투자에 성공하고 싶은 이 대리! 과연 주식에 대해 어떤 것들을 알아야 할까?

주식 투자, 이것만은 알고 하자

오늘의 목표　주식 투자를 위한 기초 지식을 쌓아보자.

재테크 상담을 하다 보면 많은 사람이 이런 질문을 합니다.

"어떤 주식을 사야 돈을 많이 벌 수 있을까요? 종목 좀 추천해주세요."

많은 사람이 종목만 잘 고르면 돈이 알아서 불어날 거라고 생각합니다.

좋은 주식만 사면 주식 투자에 성공할 수 있을까?

결코 그렇지 않습니다. 좋은 주식을 사기만 한다고 해서 무조건 돈을 버는 것은 아닙니다. 이해하기 쉽게 예를 들어보겠습니다.

이제 막 주식 투자를 시작한 A씨는 어떤 종목을 매수해야 할지 몰라 금융전문가를 찾아가 상담을 받았다. 금융전문가는 A씨에게 최근 실적이 매우 좋다며 a주식을 추천해주었다. EPS 증가율이 전년 동기 대비 25% 이상 상승했고, 순이익 증가율도 최근 3년 동안 매년 20% 이상 꾸준히 증가했다. ROE 또한 17% 이상으로 매우 양호했다. 2018년 3월 2일 A씨는 추천받은 a주식을 25,000원에 구매했다. 그리고 약 3개월 후인 5월 31일에 보유하고 있던 a주식 전부를 46,700원에 팔았다. 3개월 동안 A씨가 a주식을 거래해 얻은 수익률은 무려 87%였다.

모르는 단어가 많이 나온다고 지레 겁먹을 필요는 없습니다. 그냥 '기업 실적이 양호했다' 정도만 이해하고 넘어가기 바랍니다. 세상의 모든 종목이 이렇게만 이루어진다면 얼마나 좋을까요? a종목에 투자해 큰 수익을 얻은 A씨는 이렇게 생각했습니다.

'역시 좋은 종목을 고르기만 하면 주식으로 돈을 벌 수 있군.'

하지만 이야기는 여기서 끝나지 않습니다. 또 하나의 사례를 살펴보겠습니다.

주식으로 돈을 번 A씨는 자신의 성공담을 주변에 자랑하고 싶었다. A씨는 친구인 B씨를 만나 이렇게 말했다.

"너도 a주식을 사. 회사도 괜찮고 실적도 좋다고 하더라고. 나도 이 주식에 3개월 동안 투자해서 돈을 꽤 벌었어. 역시 주식 투자를 할 때는 종목을 잘 골라야 해."

A씨의 말에 B씨도 a주식을 매수하기로 결정했다. 2018년 7월 2일 B씨는 a주식을 45,800원에 구매했다. 그런데 B씨가 매수한 이후 a주식은 하락을 거듭했다. 3개월 후 B씨는 a주식을 35,800원에 정리할 수밖에 없었다. 45,800원에 사서 35,800원에 팔았으므로 B씨는 3개월 동안 약 22%의 손실을 입었다.

a주식의 실적이 나빠진 것은 아니었습니다. 순이익 증가율은 여전히 높았고, 기업 전망 또한 밝았습니다. 그런데 왜 A씨는 돈을 벌고, B씨는 돈을 잃은 걸까요? 실적이 좋은 주식을 샀다고 해서 무조건 돈

을 버는 것은 아니기 때문입니다. 그 후 a주식의 주가는 어떻게 변했을까요?

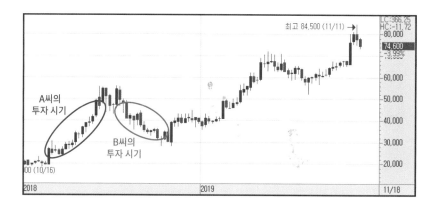

B씨가 주식을 정리하고 난 후부터 a주식의 주가는 다시 오르기 시작했습니다. 1년 동안 계속 올라 8만 원대까지 상승했죠. B씨가 매도한 가격에 비해 2배 이상 오른 것입니다. B씨는 주가가 계속 오르는 것을 보며 얼마나 속이 쓰렸을까요? B씨가 좋은 주식을 사고도 이익을 남기기는커녕 큰 손실을 입은 이유는 딱 한 가지입니다. 주식을 언제 사고, 언제 팔아야 할지 몰랐기 때문입니다.

주식 투자, 이것만 알고 하자 - 1. 매매 타이밍

사실 주식으로 돈을 버는 방법은 정말 간단합니다. 이 한마디만

기억하면 됩니다.

'쌀 때 사서, 비쌀 때 팔아라!'

주식은 항상 오르지도 않고, 항상 떨어지지도 않습니다. 때로는 오르기도 하고, 때로는 떨어지기도 하며 주가의 흐름을 만들어 나갑니다. 어느 주식이나 마찬가지입니다. 그러니 가격이 떨어져 주가가 쌀 때 주식을 사고, 가격이 올라 주가가 비쌀 때 주식을 판다면 절대로 손해 볼 일이 없습니다! 참 쉽죠?

자, 그럼 이제 실전으로 들어가 보겠습니다. 다음은 이름만 대면 누구나 알 만한 회사의 주가 흐름을 종가로 연결한 차트입니다.

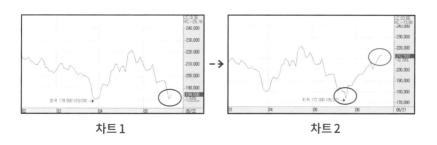

차트 1   차트 2

주가는 등락을 반복하며 움직입니다. 〈차트 1〉의 마지막 부분을 보면, 현재는 주가가 많이 떨어진 상태임을 알 수 있습니다. 이전에는 2019년 3월 28일의 178,500원이 가장 낮은 가격(이를 '전저점'이라고 합니다.)이었는데, 그때와 비슷한 수준까지 가격이 떨어졌기 때문입니다. 주식은 '쌀 때' 사라고 했으니 이때 이 주식을 사보도록 하겠습니다.

그 결과는 〈차트 2〉와 같습니다. 한 달이 채 지나기도 전에 주가는 큰 폭으로 상승했습니다. 주가는 이전의 가장 높은 가격(이를 '전고점'이라고 합니다.) 근처까지 올랐습니다. 주식은 '비쌀 때' 팔라고 했으니 이때 팔아보도록 하겠습니다. 17만 원대에 사서 21만 원대에 팔아 20% 정도의 수익을 얻을 수 있었습니다. 이런 방식으로 주식을 매매하는 것을 '박스권 매매'라고 합니다. (그냥 이런 매매 방식이 있다는 것 정도만 알아두세요.)

주식을 사고파는 과정이 이렇게 끝났습니다. 정말 쉽지 않나요? 게다가 돈까지 벌었다면 주식 투자가 재미있기까지 할 것입니다. 돈을 버는 일은 항상 즐거운 일이니까요.

주식 투자에 슬슬 재미가 붙으려 할 때쯤, 또 한 번의 기회가 찾아왔습니다. 한 달쯤 시간이 흐르자 올랐던 주가가 다시 17만 원대까지 떨어진 것입니다. 주가가 다시 싸졌네요? 이번에도 주가가 쌀 때 사서 비쌀 때 팔아보도록 하겠습니다.

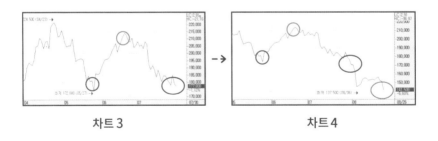

차트 3   차트 4

〈차트 3〉에서 17만 원대까지 주가가 떨어진 것을 보고 이 주식을 다시 매수했습니다. 가격이 20만 원대까지 오르면 정리할 계획이었죠. 하지만 이번에는 상황이 달랐습니다. 싼 가격에 매수했지만, 〈차트 4〉처럼 매수한 것보다 가격이 더 떨어져버린 것입니다. 주가가 13만 원대까지 떨어져 이번에는 20% 이상의 손해를 보고 주식을 정리해야만 했습니다.

말로만 하면, 주식 투자는 굉장히 간단합니다. 쌀 때 사서 비쌀 때 팔면 되니, 이보다 더 간단할 수 없죠. 하지만 실제로 주식 투자를 해보면 생각처럼 간단하지 않습니다. **쌀 때 사서 비쌀 때 팔면 되지만, 어느 정도가 싼 것인지 도대체 어떻게 알 수 있단 말인가요!**

기술적 분석이란?

주식을 언제 사고, 언제 팔아야 하는지(얼마가 싼 것이고, 얼마가 비싼 것인지) 판단하기 위해서는 기술적 분석을 할 줄 알아야 합니다. **기술적 분석이란, 앞으로의 주가를 예측하기 위해 과거의 주가나 거래량 흐름을 분석하는 것입니다.** 기술적 분석은 과거의 주가 추세와 패턴이 미래에도 반복된다는 가정을 전제로 하기 때문에 과거의 주가 움직임을 기록해놓은 '주식 차트'를 해석하는 방법을 주로 사용합니다. **기술적 분석은 '주식 차트 분석'이라고 생각하면 됩니다.**

기술적 분석을 하는 이유는 주식의 매매 타이밍을 포착하는 데 그 목적이 있습니다. 비록 좋은 주식을 골랐지만 매매 타이밍을 잘 잡지 못해 큰 손해를 본 B씨처럼 실수를 하지 않기 위해서는 반드시 기술적 분석을 해야 합니다. 기술적 분석을 하면 주식을 언제 사고 언제 팔아야 하는지에 대한 기준을 세울 수 있습니다.

기술적 분석을 하려면 주식의 가격만 볼 것이 아니라 주식의 거래량도 함께 봐야 합니다. 하루 동안의 주가가 어떻게 변동했는지 주가 캔들의 모양도 볼 줄 알아야 합니다. 주가가 움직이는 패턴에 대한 기본적인 지식도 있어야 하고, 이동평균선도 분석할 수 있어야 합니다. 주가의 추세선을 그릴 수 있어야 하고, 어느 구간에서 지지와 저항을 받는지도 볼 수 있어야 합니다. 그 밖에도 차트의 각종 보조 지표를 사용할 줄 알아야 하고, 엘리어트 파동이나 일목균형표 등 기술적 분석의 여러 기법도 이해해야 합니다. 기술적 분석을 하기 위해서는 이처럼 공부해야 할 것이 엄청나게 많습니다.

공부해야 할 것들을 나열만 했을 뿐인데 벌써 머리가 지끈지끈 아파오기 시작하나요? 하지만 주식 투자를 하기 위해서는 반드시 기술적 분석을 할 줄 알아야 합니다. 차트를 볼 줄도 모르면서 주식 투자를 한다는 것은 사격을 할 때 과녁을 보지도 않고 총을 쏘면서 명중하기만을 바라는 것과 같습니다.

주식 투자, 이것만 알고 하자 – 2. 좋은 주식 선택

주식 투자를 할 때 기술적 분석은 매우 중요합니다. 하지만 그것이 주식 투자의 전부라고 생각해서는 안 됩니다. 기술적 분석이 항상 맞아떨어질 수는 없기 때문입니다.

주식 투자를 하기 위해 우리에게 필요한 것은 어떤 상황에서도 깨지지 않는 '절대 비법'이 아닙니다. 애초에 그런 비법은 존재하지도 않습니다. 우리에게 필요한 것은 주식으로 돈을 벌 확률을 높일 수 있는 방법입니다. 내가 산 주식이 오를 확률을 높이기 위해서는 어떻게 해야 할까요? 간단합니다. 처음부터 오를 만한 주식을 골라서 사면 됩니다. 즉 **좋은 주식을 선택할 수 있어야** 합니다.

좋은 주식을 고르는 방법은 얼핏 생각하면 어려워 보입니다. 이런 일들은 전문가들만 할 수 있는 것처럼 느껴지기도 하죠. 하지만 우리 주변에서도 사례를 쉽게 접할 수 있고, 상식적인 수준에서도 분석이 가능합니다. 예를 들어보겠습니다.

우리 집 근처에는 3개의 슈퍼마켓이 있다. 어느 날 A슈퍼마켓의 사장님이 찾아와 이렇게 말했다.

"우리 슈퍼마켓이 이번에 확장 공사를 하려고 하는데 돈이 조금 모자라네. 자네가 1억 원만 투자해준다면 자네의 지분만큼 슈퍼마켓의 이익을 나눠주도록 하지. 어떤가? 투자해주겠는가?"

A슈퍼마켓에 투자할지 고민하고 있는데, B슈퍼마켓 사장님과 C슈퍼마켓 사장님도 찾아와 똑같은 제안을 했다. 하지만 가지고 있는 돈이 1억 원뿐이었던 나는 오직 한 군데에만 투자할 수 있었다. 우선 나는 3개의 슈퍼마켓을 차례대로 둘러보기로 했다.

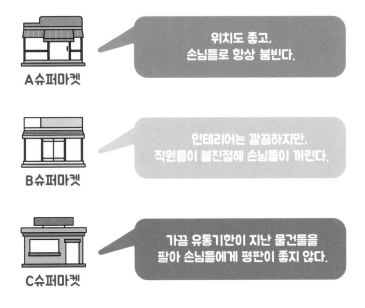

여러분이라면 어느 슈퍼마켓에 투자하실 건가요? 당연히 A슈퍼마켓이 끌릴 것입니다. 위치도 좋고 손님이 많으니 이익이 많이 날 것이라 판단하셨을 겁니다.

주식을 고르는 것도 마찬가지입니다. 주식에 투자한다는 것은 회사의 지분을 사서 그 회사의 주인이 된다는 이야기입니다. 내가 주인이 될 회사인데 **이익도 많이 나고 탄탄한 회사를 고르는** 게 유리하죠. 당연한 말 아니냐고요? 하지만 주식 투자를 하고 있는 많은 사람이 이런 기본적인 부분을 간과하곤 합니다.

기본적 분석이란?

기업의 내재적 가치를 분석해 투자 결정을 내리는 과정을 기본적 분석이라고 합니다. 기본적 분석은 경제 상황을 분석해 주식시장 전체를 예측하는 **경제 분석**과 개별 기업의 재무 상태를 보고 내재가치를 파악하는 **기업 분석**으로 나눌 수 있습니다. 3개의 슈퍼마켓을 둘러보고 어느 곳의 수익성이 좋을지 판단하는 것을 기업 분석이라고 생각하면 이해하기 쉽겠네요.

매매 타이밍을 제대로 잡기 위해 기술적 분석을 해야 하듯 좋은 주식을 선택하기 위해서는 반드시 기본적 분석을 해야 합니다. **그래야만 내가 투자하려는 회사의 수익성은 좋은지, 성장성은 뛰어난지, 안정성은 있는지 파악할 수 있기 때문입니다.** 기본적 분석을 하기 위해서는 재무제표 보는 방법, 다양한 재무 비율 해석하는 방법을 알아야 합니다. PER, PBR 등 각종 주가배수를 이해하는 것도 큰 도움이 됩니다.

동네 슈퍼마켓은 산책을 할 겸 둘러보면서 장사가 잘되고 있는지 파악할 수 있습니다. 하지만 여러분이 주식 투자를 하려는 기업들은 직접 보면서 판단할 수 없는 경우가 많습니다. 장사가 잘되는지 직접 볼 수 없기 때문에 우리에게는 별도의 정보가 필요합니다. 회사의 재산은 얼마인지, 지난 분기 순이익은 얼마인지, 현금 흐름은 어떠한지 등의 정보는 회사가 공시하는 재무제표를 통해 확인할 수 있습니다.

재무제표를 확인하는 방법을 간단히 알려드리겠습니다. 기본적 분석의 가장 핵심적인 항목으로 '매출액', '영업이익', '당기순이익'이 있습니다. 매출액, 영업이익, 당기순이익은 당연히 높을수록 좋고, 시간이 지날수록 증가하는 회사가 좋습니다. 회사가 성장하고 있다는 증거이기 때문입니다. 이런 정보들은 '네이버 금융'에서 주식 종목의 이름만 검색해도 간단하게 확인할 수 있습니다.

Financial Summary | 주재무제표 ▾ | 검색 | IFRS ⑦ | 산식 ⑦ | *단위 : 억원,%,배,주 | *분기: 순액기준

| 전체 | 연간 | 분기 | |

주요재무정보	연간				⊕	분기				⊕
	2016/12 (IFRS연결)	2017/12 (IFRS연결)	2018/12 (IFRS연결)	2019/12 (IFRS연결)		2019/09 (IFRS연결)	2019/12 (IFRS연결)	2020/03 (IFRS연결)	2020/06 (IFRS연결)	
매출액 ①	798	946	1,266	1,679		448	434	415	453	
영업이익 ②	160	183	271	367		108	73	81	107	
영업이익(발표기준)	160	183	271	367		108	73	81	107	
세전계속사업이익	128	181	266	419		118	69	68	119	
당기순이익 ③	100	147	213	342		91	72	54	102	

출처: 네이버 금융

이는 a주식의 재무제표입니다. 먼저 **매출액은 '기업의 활동으로 벌어들이는 모든 금액'**을 말합니다. a주식의 매출액은 2016년부터 798억 원, 946억 원, 1,266억 원, 1,679억 원으로 증가세를 유지하고 있습니다. **영업이익은 '기업의 영업 활동에 의해 발생한 수익'**을 말합니다. 2016년부터 160억 원, 183억 원, 271억 원, 367억 원으로 매년 증가하고 있습니다. **당기순이익은 '일정 기간 동안의 순이익'**을 뜻합니다. 2016년부터 100억 원, 147억 원, 213억 원, 342억 원으로 매년 큰 폭으로 상승하고 있습니다. 이처럼 재무제표를 보면 그 회사

의 상황이 어떠한지 파악할 수 있습니다.

이제 이 대리의 문제를 해결해보도록 하겠습니다. 이 대리는 주식에 대해 공부하고 싶지만 어디에서부터 어떻게 시작해야 할 줄 몰라 고민에 빠졌습니다. 어떤 책을 골라야 할지도 모르는 상태죠. 이 대리가 주식 투자를 시작하려면 어떤 것들을 알아야 할까요?

주식 투자는 한마디로 좋은 주식을 골라, 오를 타이밍에 매매를 하는 것입니다. 따라서 좋은 주식 고르는 방법과 언제 사고 언제 팔아야 할지 타이밍을 잡는 방법을 공부해야 합니다. 좋은 주식을 고르는 방법은 기본적 분석을 통해, 언제 사고 언제 팔아야 하는지는 기술적 분석을 통해 익힐 수 있습니다. 즉 주식 투자를 하려면 **기본적 분석과 기술적 분석을 모두 할 줄 알아야** 합니다.

주식 투자 방법

어떤 주식이
좋은 주식인가?
+
언제 사고,
언제 팔아야
하는가?

✓ 기본적 분석   ✓ 기술적 분석

펀드에 가입하려면 어디로 가야 하나요?

이 대리는 주식 투자를 하기 위해서는 좋은 주식을 고르는 방법과 매매 타이밍 잡는 방법을 공부해야 한다는 것을 알게 되었다. 이 대리는 당장 서점으로 달려가 좋은 주식을 고르는 방법(가치투자)에 관한 책과 매매 타이밍 잡는 방법(차트 분석)에 관한 책을 구매하기로 마음먹었다. 이 대리는 다짐했다.

'이제부터 주식 공부를 열심히 해서 주식 투자의 달인이 되고 말 거야!'

하지만 지금 당장 주식 투자를 시작할 생각은 없었다. 주식 공부를 충분히 한 후에 어느 정도 자신감이 생기면 그때부터 본격적으로 주식 투자에 나설 생각이었다.

사실 이 대리가 주식 투자를 나중으로 미룬 이유는 공부가 모자라기 때문만이 아니었다. 본격적으로 주식 투자를 시작할 정도의 종잣돈이 없었다. 이 대리는 우선 종잣돈을 모아야겠다고 생각했다. 1,000만 원 정도의 종잣돈이면 적당할 것 같았다. 그래서 이 대리는 재테크 목표를 한 가지 더 추가했다.

'2년 동안 주식 투자를 위한 종잣돈 1,000만 원 모으기'

이 대리는 펀드에 가입하면 펀드에서 자신의 돈을 대신 투자해준다는 것 정도는 알고 있었다. 이 대리는 이렇게 생각했다.

'펀드매니저 같은 전문가들이 나 대신 투자를 해주니 얼마나 믿음직해. 게다가 투자 성과에 따라 수익을 나눠준다니까 펀드를 잘 고르기만 하면 수입이 꽤 짭짤할 거야. 설마 전문가들이 내 돈을 까먹기야 하겠어?'

이 대리는 주식 투자를 하기 전에 예행연습을 할 겸, 종잣돈을 모으기 위해 펀드에 가입하기로 마음먹었다. 한 달에 40만 원씩 적립식 펀드에 넣는다면, 2년 후에 목표 금액인 1,000만 원을 모을 수 있을 것이라 생각했다. 그리고 펀드가 오르고 내리는 것을 체크하면서 주식시장에 대한 감을 익힐 수 있을 것이라 기대했다.

'그래, 지금 나에게는 펀드 투자가 딱이야!'

하지만 펀드에 가입하기로 결정한 후에도 이 대리의 고민은 끝나지 않았다.

'펀드에 가입하려면 어디로 가야 하는 거지? 증권사? 은행?'

주식이 어렵다면
펀드부터 시작하자

오늘의 목표　　펀드 투자의 개념을 이해하고
　　　　　　　　　좋은 펀드를 쇼핑해보자.

지금 바로 주식 투자를 하는 것이 어렵다면, 이 대리처럼 펀드 투자부터 시작하는 것도 좋은 방법입니다. 펀드란, 증권사나 은행이 다수의 투자자(고객)들로부터 돈을 모아 투자전문가인 펀드매니저가 운용하고, 수익이 나는 만큼 투자자에게 돌려주는 금융 상품을 말합니다.

　　지금부터 펀드 투자의 다양한 장점에 대해 알아보겠습니다.

펀드 투자의 세 가지 장점

펀드 투자의 첫 번째 장점은 **전문가가 내 돈을 대신 운용해준다**는 것입니다. 전문가가 자신의 지식과 노하우로 대신 투자를 해주기 때문에 여러분이 주식에 직접 투자하는 것보다 시간과 노력이 덜 듭니다. 주식을 고르느라 종목 분석에 시간을 쓰지 않아도 되고, 내가 고른 주식을 언제 사면 좋을지 고민하느라 주식 차트를 매일 들여다볼 필요도 없습니다. 내가 매수한 주식이 잘 오르고 있는지, 혹시 지금 팔아야 하는 것은 아닌지 항상 신경을 곤두세우고 있을 필요도 없습니다.

두 번째 장점은 **소액으로도 다양한 종목에 투자할 수 있다**는 것입니다. 만약 이 대리가 자신의 돈으로만 주식 투자를 한다면 제약이 생깁니다. 한 달에 40만 원씩 펀드에 넣기로 한 이 대리가 이 돈으로 주식에 직접 투자한다면 어떨까요? 이 대리가 설령 게임주에 관심이 많다 하더라도, 게임 대표주인 엔씨소프트의 주식은 단 1주도 살 수 없습니다. 현재 엔씨소프트의 주가가 한 주당 50만 원을 훌쩍 넘어버렸기 때문이죠. 하지만 펀드는 다수의 투자자로부터 돈을 모아 한꺼번에 투자하기 때문에 고가의 주식에도 쉽게 투자할 수 있습니다.

세 번째 장점은 **분산투자로 투자 위험을 낮출 수 있다**는 것입니다. 개인 투자자들은 투자 금액의 제약 때문에 여러 종목에 분산투자하기가 쉽지 않습니다. 하지만 펀드는 대규모 자금을 운용하므로 분산투자가 가능하고, 분산투자를 통해 투자 위험을 낮출 수 있습니다.

아무 펀드에나 가입해서는 안 된다

펀드는 주식 투자보다 쉽고 간단하게 시작할 수 있지만 그렇다고 아무 펀드에나 가입해서는 안 됩니다. 주식 투자에 들어가는 노력의 10분의 1 정도는 펀드를 선택하는 데 써야 합니다. 왜 그럴까요?

펀드 수익률 비교

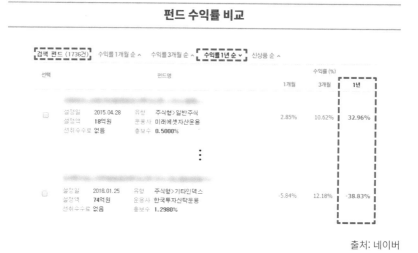

출처: 네이버

이해를 돕기 위해 간단히 펀드 검색을 해보도록 하겠습니다. 네이버의 펀드 스마트파인더에서 '국내주식형' 펀드를 선택한 후에 조회를 해보았습니다. 그 결과는 앞의 사진과 같습니다.

이렇게 간단한 과정을 통해 검색된 펀드의 개수만 1,736개입니다. (지금도 펀드의 개수는 계속 늘어나고 있습니다.) 검색된 펀드들을 1년간 수익률이 높은 순서대로 정렬시켜보았습니다. 수익률이 가장 높은 펀드는 1년 동안 33%에 가까운 수익을 올렸습니다. 반면 수익률이 가장 낮은 펀드는 같은 기간 동안 무려 -38%의 손해를 보았습니다. '설마 전문가들이 내 돈을 까먹기야 하겠어?'라고 생각했던 이 대리의 희망이 무참히 깨지는 순간입니다. 한마디로 **어떤 펀드에 투자하느냐에 따라 1년 후에 30% 이상의 수익을 얻을 수도, 30% 이상의 손해를 볼 수도 있다**는 이야기입니다.

이처럼 어떤 펀드를 선택하느냐는 매우 중요합니다. 한순간의 선택으로 +30%가 될 수도 있고, -30%가 될 수도 있으니까요. 그냥 금융회사 직원이 추천해주는 대로 펀드에 가입만 한다고 해서 되는 것이 아닙니다. 내가 가입하고자 하는 펀드가 어떤 펀드인지 정확히 알고 선택해야 합니다.

금융회사 직원이 내 펀드를 책임질 수 없는 세 가지 이유

하지만 마음 한구석에 여전히 이런 생각이 남아 있을 것입니다.

'그래도 금융회사 직원이 나보다는 전문가인데, 어련히 알아서 추천해주지 않을까?'

결론부터 말하면, 그렇지 않습니다. 그들은 절대 나에게 딱 맞는 상품을 추천해주지 않습니다. 그 이유는 세 가지나 됩니다.

첫째, 추천해줄 수 있는 펀드의 종류에 한계가 있습니다. 금융회사 직원들은 자기가 속한 은행이나 증권사에서 취급하는 상품만 추천합니다. 아무리 좋은 펀드가 있다 해도 자신의 회사에서 판매하는 상품이 아니라면 추천해줄 수 없죠. 그러니 전체 펀드 중에서 가장 좋은 펀드를 추천해주는 것이 아니라, '우리 회사가 판매하는 펀드들' 중에서 가장 좋은 펀드를 추천해줄 뿐입니다.

둘째, 은행 직원이 모두 펀드전문가는 아닙니다. 일이 너무 바빠 펀드에만 신경 쓰고 있을 수 없기 때문입니다. 고객이 펀드를 가입하러 오면, 모든 사항을 꼼꼼히 따져 추천해주기가 현실적으로 힘듭니다. 그렇다고 해서 펀드를 팔지 않을 수는 없습니다. 실적은 올려야 하니까요. 그래서 최근 수익률이 좋거나, 인기가 많은 몇 가지 펀드 위주로 추천해줍니다. 그러니 은행 직원이 여러분에게 딱 맞는 펀드를 골라서 권유해줄 거라는 기대는 하지 않는 것이 좋습니다.

셋째, 펀드에는 '수수료'와 '보수'라고 하는 비용이 발생합니다. 당연히 비용이 적게 드는 것이 고객에게 유리합니다. 하지만 은행에서 펀드에 가입하면, 스스로 펀드를 찾는 것보다 더 많은 수수료와 보수를 내야 합니다. 그리고 이것이 수익률에 영향을 미치기도 합니다. 결론은 간단합니다. **펀드도 스스로 알고 투자하는 것이 가장 좋습니다.**

좋은 펀드 고르는 방법

자, 여러분은 이제 펀드도 '알고' 투자해야 한다는 사실을 알았습니다. 하지만 아직도 마음속에 두려움이 남아 있을 수도 있습니다.

'어려운 용어가 많던데, 내가 펀드를 잘 이해할 수 있을까?'

'내가 직접 펀드를 골라 투자했는데 손해를 보면 어쩌지?'

이런 두려움은 잠시 접어두기 바랍니다. 부담감을 내려놓고 인터넷 쇼핑을 하듯 즐거운 마음으로 펀드를 쇼핑해보는 것이 이번 장의 목표입니다. 저는 펀드를 고르는 과정이 쇼핑을 하는 과정과 비슷하다고 생각합니다. 보통 어떠한 물건을 살 때 성능, 디자인, 가격 등을 모두 비교해본 후 가장 마음에 드는 것을 고릅니다. 펀드도 마찬가지입니다. 여러 가지 펀드를 비교해본 후에 가장 마음에 드는 것을 고르면 됩니다. 그럼 지금부터 그 과정을 함께해보겠습니다.

1. 어떤 펀드에 투자할지 선택하라

여러분은 인터넷으로 옷을 쇼핑할 때 가장 먼저 하는 일이 무엇인가요? 어떤 옷이 필요한지 생각하지 않나요? 필요한 옷이 티셔츠인지, 바지인지를 알아야 그 카테고리를 검색해 해당하는 옷을 비교해볼 수 있죠. 펀드를 고를 때 가장 먼저 하는 일도 어떤 펀드에 투자할지를 선택하는 것입니다. **주식형 펀드에 투자할지, 채권형 펀드에 투자할지, 혼합형 펀드에 투자할지를 선택해야 하죠.** 펀드의 종류는 매우 다양하지만 지금은 이 세 가지 펀드만 기억하도록 하겠습니다.

주식형	주식에 60% 이상 투자하는 펀드
혼합형	주식형과 채권형의 중간
채권형	채권에 60% 이상 투자하는 펀드

주식형 펀드는 주로 주식에 투자하는 펀드입니다. 반대로 채권형 펀드는 주로 채권에 투자하는 펀드죠. 혼합형 펀드는 주식형 펀드와 채권형 펀드의 중간이라고 생각하시면 간단히 이해할 수 있습니다.

주식형 펀드는 주식에 투자하기 때문에 수익률이 높습니다. 동시에 변동성이 크기 때문에 위험성 또한 높습니다. 돈을 많이 벌 확률이 높은 대신 돈을 잃을 확률도 높은 펀드입니다.

채권형 펀드는 주식형 펀드에 비해 수익률이 그다지 높지 않습니다. 하지만 주식형 펀드에 비해 위험성이 낮다는 장점이 있습니다. 돈을 조금만 버는 대신 돈을 잃을 확률은 낮은 펀드입니다.

만약 여러분의 투자 성향이 '위험을 감수하더라도 고수익을 추구하는' 공격형이라면 주식형 펀드가 적합하고, '수익률이 조금 낮더라도 안정성을 추구하는' 안정형이라면 채권형 펀드가 적합합니다.

주식형 펀드라고 해서 채권형 펀드보다 항상 수익률이 높은 것은 아닙니다. 경기가 좋아 주식시장이 많이 상승하는 시기에는 주식형 펀드의 수익률이 높지만, 반대로 경기가 좋지 않아 주식시장이 침체되는 시기에는 채권형 펀드가 오히려 수익률이 좋기 때문입니다. 따라서 어떤 펀드에 투자할지를 결정하려면, 본인의 투자 성향과 현재의 경제 상황을 잘 따져봐야 합니다.

2. 펀드의 수익률을 꼼꼼히 따져라

펀드의 종류를 결정했다면 그 다음에는 펀드의 수익률을 꼼꼼하게 따져봐야 합니다. 먼저 여러분의 감을 테스트해보기 위해 문제 하나를 내보겠습니다.

2개의 주식형 펀드가 있습니다. A펀드의 최근 3개월 수익률은 10%, B펀드의 최근 3개월 수익률은 –2%입니다. 2개의 펀드 가운데 하나에 반드시 투자해야 한다면 여러분은 어느 펀드를 고를 것인가요?

A펀드	VS.	B펀드
최근 3개월 수익률: +10%		최근 3개월 수익률: –2%

어떤 펀드를 고를까?

이 문제는 간단한 듯 보이지만, 사람에 따라 다른 답을 내놓기도 합니다. 먼저 A펀드를 보겠습니다. A펀드는 최근 3개월 동안 성과가 매우 좋았습니다. 기존 투자자들에게는 매우 좋은 일입니다. 그만큼 돈을 벌었다는 뜻이니까요. 하지만 이 펀드에 새로 투자하려는 사람들은 이렇게 걱정할 수 있습니다.

"최근에 너무 많이 올랐어. 이제 슬슬 떨어지지 않을까?"

그리고 B펀드를 보고 이렇게 말합니다.

"오호, 이 펀드는 최근에 조정을 조금 받았네. 이제 오를 때가 된 것 같아. 이 펀드에 투자해야겠어."

이런 말을 듣다 보면, 처음에 수익률이 높은 A펀드를 선택했던 사람들도 헷갈려 하기 시작합니다. 수익률이 높은 펀드가 좋다고 생각했는데, 듣고 보니 A펀드가 최근에 너무 많이 오른 것처럼 보이기도 합니다. 그래서 A펀드를 사서 앞으로 떨어질까 걱정하는 것보다는 이미 떨어진(?) B펀드를 사는 게 현명하지 않을까 고민하게 됩니다.

이런 이유로 실제로 B펀드를 선택하는 사람이 꽤 많습니다. 만약 B펀드를 선택하신 분이 있다면 이제부터는 생각을 바꿔야 합니다. 이렇게 생각해보세요.

똑같은 경제 상황의 주식시장에서 A펀드를 운용한 펀드매니저는 10%의 수익을 얻었습니다. 반면 B펀드를 운용한 펀드매니저는 -2%의 손해를 봤습니다. 누가 더 실력 있는 펀드매니저일까요? 당연히 A펀드를 운용한 펀드매니저겠죠?

그럼 다시 한 번 질문하겠습니다. 여러분은 자신의 소중한 돈을 실력 있는 펀드매니저에게 맡기겠습니까, 아니면 실력이 없는 펀드매니저에게 맡기겠습니까? 결론은 간단합니다. 다른 조건이 모두 같고, 수익률만 다르다면 수익률이 높은 펀드를 선택해야 합니다.

3. 수수료와 보수를 따져라

펀드를 고를 때 수익률에만 관심을 가지고, 수수료나 보수는 전혀 신경 쓰지 않는 분들도 있습니다. 그들은 수익률만 높다면 어차피 돈을 많이 벌게 되니 수수료가 많이 나가든 적게 나가든 무슨 상관이냐고 말합니다. 맞는 말입니다. 펀드 비용이 많이 나가는 만큼 좋은 펀드에 가입해 수익이 생긴다면, 수수료가 조금 더 나가는 건 아무런 문제가 되지 않습니다.

하지만 이렇게 생각해보세요. 똑같은 펀드가 있습니다. 투자를 하는 대상도 똑같고, 그 펀드를 운용하는 펀드매니저도 같습니다. 심지어 펀드의 이름도 같습니다. 그런데 A라는 사람과 B라는 사람이 이 펀드에 가입하고 내는 수수료가 다릅니다. A는 2%를 내는데, B는 1%만 내는 것입니다. 그렇다면 당연히 수수료를 적게 내는 B가 유리하지 않을까요?

펀드가 똑같은데 어떻게 수수료가 다르냐고요? 사실 이는 비밀스러운 이야기가 아닙니다. 여러분이 모르고 있었을 뿐입니다. 여러분은 A가 되어 2%의 수수료를 내고 펀드에 가입하시겠습니까, 아니면 B가 되어 1%의 수수료를 내고 펀드에 가입하시겠습니까?

펀드 비용
- 수수료: 펀드를 구매 혹은 환매할 때 한 번만 지불하는 비용
- 보수: 펀드가 유지되는 동안 지속적으로 지불하는 비용(1년 주기)

펀드의 비용은 수수료와 보수로 나뉩니다. **수수료는 펀드를 구매하거나 환매할 때 딱 한 번만 지불하는 비용입니다.** (한 번만 지불하는 비용이라는 것이 중요합니다.) 반면 **보수는 펀드가 유지되는 동안 지속적으로 지불해야 하는 비용입니다.** (마찬가지로 지속적으로 지불하는 비용이라는 것이 중요합니다.) 일상생활에서는 수수료와 보수라는 단어를 구분하지 않고 사용하는 경우가 많은데, 펀드에 있어서는 그 둘의 차이를 명확히 알고 있어야 합니다.

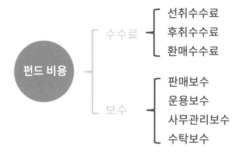

펀드의 수수료에는 선취수수료와 후취수수료, 환매수수료가 있습니다. 선취수수료는 투자를 시작할 때 투자 금액의 일정 비율을 판매회사에 지불하는 금액입니다. 후취수수료는 투자를 그만둘 때 환매 금액의 일정 비율을 판매회사에 지불하는 금액입니다. 환매수수료는 펀드를 일찍 환매하는 것에 대한 벌금으로, 이익금의 일부를 떼어가는 수수료를 말합니다.

펀드의 보수에는 판매보수와 운용보수, 사무관리보수, 수탁보수가 있습니다. 펀드와 관련하여 판매회사에 내는 보수를 판매보수,

운용회사에 내는 보수를 운용보수, 사무관리회사에 내는 보수를 사무관리보수, 수탁회사에 내는 보수를 수탁보수라고 생각하시면 됩니다. 그냥 이 정도만 이해하시면 됩니다. 중요한 것은 보수는 투자 기간 동안 지속적으로 빠져나가는 비용이라는 것입니다.

우리가 펀드의 비용에 대해 기억할 것은 **똑같은 펀드라 하더라도 수수료와 보수 체계가 조금씩 다르다**는 점입니다. 그래서 수수료와 보수 체계에 따라 펀드의 종류를 구분하기도 합니다. 이를 '클래스'에 따른 펀드의 구분이라고 합니다. A형 클래스, B형 클래스, C형 클래스, D형 클래스…… 이런 식으로 펀드에 클래스 이름을 붙이는데, 우리는 펀드를 고를 때, 이 '클래스'라고 하는 것도 알아야 합니다.

펀드의 클래스 종류

클래스	내용
A형	가입 시 선취수수료가 부과되는 펀드
B형	환매 시 후취수수료가 부과되는 펀드
C형	선취·후취수수료는 모두 없으나 보수가 높은 펀드
D형	선취·후취수수료가 모두 부과되는 펀드
E형	인터넷 전용 펀드
S형	펀드슈퍼마켓 전용 펀드

앞 표의 클래스 가운데 A형과 C형, S형 세 가지는 반드시 기억하시기 바랍니다. A형은 가입 시 선취수수료가 부과되는 펀드입니다. C형은 선취수수료와 후취수수료가 없는 대신 보수가 A형에 비해 높습니다. S형은 펀드슈퍼마켓('펀드 온라인 쇼핑몰'이라고 보시면 됩니다.) 전용 펀드입니다. 펀드슈퍼마켓 전용 펀드는 온라인으로 고객이 직접 가입하기 때문에 수수료와 보수가 A형이나 C형에 비해 저렴합니다.

'클래스에 따라 수수료 차이가 얼마나 나겠어?'라고 생각하실 수도 있습니다. 그래서 클래스에 따른 비용 차이를 비교해보았습니다.

클래스에 따른 펀드 비용 비교

	클래스펀드명?	판매수수료			보수(연간, %)			환매수수료
		선취	후취	총보수	판매보수	운용 등		
A형	KTB수퍼리틀빅스타증권자투자신탁 [주식종류_A]	투자금액의 1% 이내		연 1.29%	0.58			없음
C형	KTB수퍼리틀빅스타증권자투자신탁 [주식종류_C]			연 1.71%	1.00			없음
	KTB수퍼리틀빅스타증권자투자신탁 [주식종류_Ce]			연 1.21%	0.50	운용 0.66		없음
S형	KTB수퍼리틀빅스타증권자투자신탁 [주식종류_S]		3년미만 환매시, 환매금액의 0.15% 이내	연 1.06%	0.35	수탁 0.03 사무 0.02		없음
	KTB수퍼리틀빅스타증권자투자신탁 [주식 종류S-P]			연 0.98%	0.27			없음
	KTB수퍼리틀빅스타증권자투자신탁 [주식종류S-P(퇴직)]			연 0.97%	0.26			없음
	부과시기	매입시	환매시		최초 보수계산일로부터 매 3개월			환매시

이는 'KTB수퍼리틀빅스타증권자투자신탁[주식]' 펀드의 클래스에 따른 수수료와 보수 비용을 비교한 표입니다. 먼저 A형은 선취수수료가 1%, 총 보수가 1.29%입니다. C형은 선취수수료와 후취수수료가 없는 대신 총 보수가 1.71%로, A형보다 0.42% 높습니다. S형(펀드슈퍼마켓 전용 펀드)은 선취수수료와 후취수수료가 없습니다. 다만, 3년 미만 환매 시 0.15%의 수수료가 붙습니다. 그리고 S형의 총 보수는 1.06%로, A형 1.29%, C형 1.71%보다 훨씬 낮습니다.

클래스를 제외한 펀드의 내용은 모두 동일합니다. S형 클래스의 비용이 싸다고 해서 펀드를 대충 운용한다거나 하는 일은 전혀 없습니다. 그러니 같은 펀드라면 비용이 많이 들어가는 A형이나 C형보다는 S형으로 가입하는 게 유리하지 않을까요?

4. 펀드의 규모를 파악하라

펀드를 고를 때는 펀드의 규모도 살펴봐야 합니다. 펀드의 규모가 크다는 것은 그 펀드가 많이 팔렸다는 의미이기도 합니다. 이를 '맛집'으로 비유할 수 있습니다. 모든 맛집의 음식이 맛있는 건 아니지만 맛이 형편없을 확률은 적습니다. 맛집 타이틀을 달았다는 것만으로 그곳을 선택했을 때 실패 확률이 줄어든다는 것입니다. 펀드도 마찬가지입니다. **규모가 큰 펀드를 선택한다면 실패 확률은 그만큼 줄어듭니다.**

반면 규모가 극히 작은 펀드는 시장의 외면을 받은 상품일 가능성이 큽니다. 그런 펀드들은 실적이 조금만 떨어져도 언제 시장에서

펀드의 규모

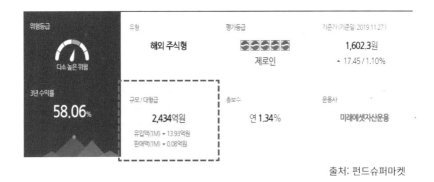

출처: 펀드슈퍼마켓

사라질지 모릅니다. 펀드의 규모가 작으면 다양한 투자 전략을 구성하는 데도 어려움이 따릅니다. 펀드매니저가 원하는 대로 포트폴리오를 구성할 수 없기 때문입니다. 이런 점들을 고려한다면, 펀드의 규모를 확인해 최소 500억 원 이상의 펀드를 선택하는 것이 안전합니다.

이외에도 좋은 펀드를 고르기 위해 따져볼 것들이 많습니다. 펀드의 운용 전략을 알아두면 좋습니다. 그리고 자산운용회사의 실력도 따져봐야 합니다. 펀드매니저가 자주 교체되는 펀드는 피해야 합니다. 위험 지표도 펀드를 고를 때 고려해야 할 요소 중 하나입니다.

사실 펀드 초보자가 이 모든 것을 한꺼번에 살펴보는 것은 쉬운 일이 아닙니다. 따라서 앞서 언급한 펀드의 종류, 수익률, 수수료와 보수, 펀드의 규모만 잘 따져도 좋은 펀드를 고르는 데 큰 어려움은 없을 것입니다.

벤치마크 대비 수익률

펀드의 수익률을 따져볼 때 가장 중요한 것 중 하나가 벤치마크(비교지수) 대비 수익률입니다. 벤치마크란, 펀드가 투자하는 시장의 '평균 성과'를 말합니다. 예를 들어, 국내 주식형 펀드의 경우 코스피지수가 벤치마크 지표로 활용될 수 있습니다. 벤치마크는 펀드 수익률을 평가하기 위한 기준으로 사용됩니다. 문제를 하나 내보겠습니다.

2개의 국내 주식형 펀드가 있다. A펀드의 수익률은 3%다. A펀드가 3%의 수익률을 기록하는 동안 코스피지수는 10% 올랐다. B펀드의 수익률은 −5%다. B펀드가 −5%의 수익률을 기록하는 동안 코스피지수는 −10% 떨어졌다. 3%의 수익률을 기록한 A펀드의 펀드매니저와 −5%의 수익률을 기록한 B펀드의 펀드매니저 중 더 실력 있는 사람은 누구일까?

A펀드	VS.	B펀드
수익률	3%	수익률	−5%
코스피지수	10%	코스피지수	−10%

수익률만 본다면 A펀드는 3%, B펀드는 -5%이므로 A펀드의 성과가 더 좋은 것 같습니다. 하지만 벤치마크인 코스피지수와 비교해 따져보면 이야기가 달라집니다. A펀드는 코스피지수가 10%나 오르는 호황기에 3%밖에 수익을 올리지 못했습니다. 반면 B펀드는 코스피지수가 -10%나 떨어지는 악조건 속에서도 -5%로 손실을 방어했습니다. 따라서 코스피지수 대비 수익률이 더 높기 때문에 B펀드의 펀드매니저가 더 실력이 좋다고 할 수 있습니다. 즉 벤치마크에 대비해 운용을 더 잘한 펀드가 좋은 펀드라고 할 수 있습니다.

펀드를 쇼핑해보자

종잣돈을 만들겠다는 목표를 달성하기 위해 투자할 만한 펀드를 찾아
보도록 하겠습니다.

1. 펀드슈퍼마켓(www.fundsupermarket.co.kr) 홈페이지에 들어가 메뉴에서
   '펀드 > 펀드 랭킹'을 클릭합니다.

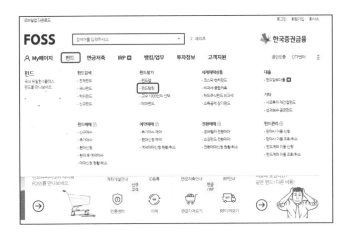

2. '수익률 상위'에서 '3년 수익률'을 선택한 뒤 상세 조회에서 여러분이 투자하
   고자 하는 펀드의 종류를 선택합니다. (국내주식형, 국내채권형 등 선택)

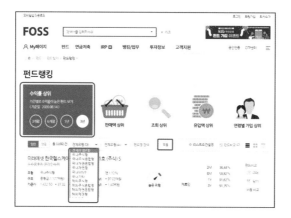

3. 기간별 수익률을 조회해보고 관심이 생긴 펀드가 있다면, 그 펀드를 클릭해 자세한 내용을 알아봅니다. 알아볼 내용은 다음과 같습니다.

1) 펀드의 규모: 500억 원 이상의 규모인지 확인합니다.
2) 총 보수: 펀드의 종류(주식형, 채권형)와 클래스에 따라 총 보수는 차이가 날 수 있습니다.
3) 비교지수 대비 수익률: 비교지수 대비 수익률이 얼마나 높은지 확인합니다.

4. 마음에 드는 펀드를 고를 때까지 3의 과정을 반복합니다.

상품 선택이 너무 어려워요

회사 근처 식당에 점심 식사를 하러 간 이 대리는 오늘도 메뉴를 고르느라 애를 먹었다. 김치찌개를 먹자니 먹은 지 얼마 되지 않았고, 된장찌개를 먹자니 순두부찌개가 눈에 밟혔다.

메뉴를 고르지 못하고 쩔쩔매는 이 대리의 모습에 부장님은 혀를 끌끌 차며 짜증을 냈다.

"뭘 먹을지도 결정하지 못하는 놈을 어디에다 써먹겠어!"

그렇다. 이 대리는 심각하게 우유부단했다. 이 대리는 메뉴를 고를 때마다 이렇게 생각하곤 했다.

'난 백반집이 좋아. 메뉴를 고민하지 않아도 여러 가지 반찬이 알아서 종합적으로 나오잖아.'

최근 이 대리는 주식 공부를 시작했다. 하지만 주식 종목을 선택하는 것이 너무 힘들었다. A주식을 사자니 B주식이 매력적으로 느껴졌고, B주식을 사자니 소형주라 위험하지 않을까 싶어 대형주인 C주식에 눈이 갔다. 하지만 C주식에 투자하기에는 뭔가 수익률이 아쉬웠다.

'아! 주식 종목을 정하고 투자하는 일이 점심 식사 메뉴를 고르는 것보다 더 어렵잖아!'

펀드도 마찬가지였다. 펀드의 종류와 수익률, 수수료 등을 꼼꼼하게 따져 몇 가지를 골랐는데, 그중 한 가지를 선택하는 것이 너무 어려웠다. 국내 우량주에 투자하는 펀드에 가입하고 싶었지만, 혹시나 펀드매니저가 운용을 잘하지 못해 벤치마크인 코스피지수보다 수익률이 낮으면 어쩌나 걱정이 되었다. 이럴 땐 자신이 아무 선택을 하지 않아도 코스피지수가 오르는 만큼 알아서 수익이 났으면 좋겠다는 생각이 들었다. 반찬이 알아서 나오는 백반집처럼 말이다.

'더도 말고, 덜도 말고 딱 코스피지수가 오른 만큼만 수익을 올리는 그런 금융 상품은 없을까?'

적은 돈으로
주식시장 전체에 투자하는 ETF

오늘의 목표　　ETF의 개념과 활용법을 알아보자.

큰 욕심이 없는 이 대리는 코스피지수가 오르는 만큼만 수익을 올리고 싶다는 소망을 품고 있습니다. 주식을 선택하는 것도, 펀드를 선택하는 것도 너무 어려웠기 때문입니다. 하지만 이게 정말 소박한 바람일까요? 만약 과거부터 지금까지 코스피지수가 오른 만큼 수익을 얻을 수 있었다면, 여러분은 과연 어느 정도의 수익을 올리고 있을까요?

	1999.01.04	2009.01.02	2019.01.02
코스피지수	587.57	1,157.40	2,010.00
증가율	–	97%	73.7%
연평균 수익률	–	9.7%	7.3%

10년 단위로 코스피지수를 비교해본 결과, 1999년 1월 4일부터 2009년 1월 2일까지 코스피지수는 587.57에서 1,157.40으로 97% 증가했습니다. 연평균 9.7%의 수익을 올린 것입니다. 2009년 1월 2일부터 2019년 1월 2일까지 코스피지수는 1,157.40에서 2,010.00으로 73.7% 증가했습니다. 연평균 7.3%의 수익을 올린 것이죠.

9.7%, 7.3%의 수익률은 결코 낮은 수준이 아닙니다. 은행에서 지급하는 예금 금리를 생각해보세요. 코스피지수 만큼만 벌어도 예금 금리에 비해 6배 이상의 수익을 얻을 수 있는 것입니다. 그러니 세계적인 투자자 워런 버핏이 가족에게 미리 남긴 유서에 '재산의 90%는 지수에 투자하라'라고 당부한 것도 무리는 아닙니다.

지수에 투자하는 금융 상품 ETF

그렇다면 코스피지수가 오른 만큼 수익을 올릴 수 있는 금융 상품이 과연 존재할까요? 네, 있습니다. ETF가 바로 그것입니다.

ETF는 'Exchange Traded Fund'의 약자로, '상장지수펀드'라고도 불립니다. 이는 **특정 지수나 특정 자산의 가격 움직임과 수익률이 연동되도록 설계된 펀드**입니다. 거래소에 상장되어 있기 때문에 주식과 마찬가지로 기존의 주식 계좌를 통해 거래할 수 있습니다. 기본적인 개념만 들어서는 이해가 잘 되지 않으시죠? 하지만 ETF는 정말 중요한 금융 상품이기 때문에 반드시 이해하고 넘어가야 합니다. 이해를 위해 예시를 들어보겠습니다.

> 투자자 A씨는 최근 ETF에 대해 알게 되었다. ETF에 투자하면 코스피지수가 오른 만큼 수익을 얻을 수 있다는 이야기를 들은 A씨는 2020년 5월 한 달 동안 코스피지수의 성과를 추적하는 ETF인 KODEX200에 투자하기로 했다. 투자를 시작한 2020년 5월 4일 KODEX200의 가격은 25,320원이었다. 그리고 투자를 끝낸 2020년 5월 29일 KODEX200의 가격은 26,775원이었다. 같은 기간 동안 코스피지수는 1,906.42에서 2,029.60으로 올랐다. A씨는 5월 한 달 동안 코스피지수 만큼의 수익을 올릴 수 있었을까?

다음 페이지를 보시죠. 왼쪽은 해당 기간 동안 코스피지수의 움직임을 나타낸 차트입니다. 그리고 오른쪽은 같은 기간 동안의 KODEX200 가격 변동 차트입니다. 차트 모양이 비슷하게 생겼죠? 코스피지수가 움직이는 대로 ETF도 비슷하게 움직였다는 의미입니다.

코스피지수 vs. KODEX200

	2020.05.04	2020.05.29	증가율
코스피지수	1,906.42	2,029.60	+6.46%
KODEX200	25,320원	26,775원	+5.75%

A씨의 투자에 대해 살펴보겠습니다. 코스피지수는 해당 기간 동안 1,906.42에서 2,029.60으로 6.46% 올랐습니다. 그리고 A씨가 사고판 KODEX200은 같은 기간 동안 25,320원에서 26,775원으로 5.75% 올랐습니다. A씨는 5.75%의 수익을 얻은 것입니다.

코스피지수와 KODEX200의 상승률 사이에는 약간의 차이가 날 수 있습니다. 위의 예시에서 코스피지수가 6.46% 오르는 동안, KODEX200은 5.75%밖에 오르지 않았던 것처럼요. 그 이유는 KODEX200과 연동되는 지수가 코스피가 아니라, 코스피200이기 때문입니다. (코스피200은 코스피를 대표하는 종목 200개를 골라 지수화한 것을 말합니다.) 하지만 위 차트에서 볼 수 있듯 **KODEX200에 투자하면 우리나라 주식시장 전체의 움직임에 투자한 것과 비슷한 효과를 낼 수 있습니다.**

ETF는 비단 주식시장 전체의 움직임에만 투자할 수 있는 것은 아닙니다. 특정 업종이 유망하다고 판단되면, 그 업종에만 따로 투자할 수도 있습니다.

ETF 투자에 눈을 뜬 투자자 A씨는 이내 ETF의 매력에 빠졌다. 하지만 7월에 주식시장이 오를 거라는 확신이 없어 투자를 계속하기는 두려웠다. A씨는 이렇게 생각했다.

'7월에 주식시장이 좋지 않아도, 반도체 업종만은 계속 상승할 것 같아. 반도체 업종에만 따로 투자할 수는 없을까?'

A씨는 'KODEX반도체'라는 ETF 종목을 사면 반도체 업종에 투자하는 효과가 있다는 이야기를 들었다. 그래서 7월 한 달 동안 KODEX반도체에 투자해보기로 했다. 투자를 시작한 2020년 7월

KRX반도체지수 vs. KODEX반도체

	2020.07.01	2020.07.31	증가율
KRX반도체지수	2,622.30	2,875.76	+9.67%
KODEX반도체	25,600원	28,000원	+9.38%

1일 KODEX반도체의 가격은 25,600원이었다. 그리고 투자를 끝낸 2020년 7월 31일 KODEX반도체의 가격은 28,000원이었다.

왼쪽은 해당 기간 동안 반도체지수의 등락을 나타낸 차트입니다. 그리고 오른쪽은 같은 기간 동안의 KODEX반도체 ETF 가격 변동 차트입니다. 역시 비슷한 모양으로 움직였죠? 이처럼 ETF를 이용하면 주식시장 전체뿐 아니라 유망한 업종만 따로 떼어내 투자하는 것도 가능합니다.

시장이 나쁠 때 수익을 올리는 인버스 ETF

여러분이 특정 주식이나 펀드에 투자했다고 가정해봅시다. 그런데 주식시장 상황이 좋지 않아 그 주식이나 펀드의 가격이 떨어질 것이라 예상된다면 어떻게 하시겠습니까? 주식이나 펀드를 팔아 가격이 떨어지는 것에 대비하겠죠.

하지만 ETF는 매도를 하는 것 외에 또 다른 선택이 가능합니다. 바로 인버스 ETF를 매수하는 것입니다. **인버스 ETF는 코스피지수가 하락할 때 오히려 수익이 발생하도록 설계된 ETF입니다.**

2020년 3월 투자자 A씨는 주식시장이 급락하는 동안 가지고 있던 주식을 정리하는 것 외에 할 수 있는 일이 없었다. 그러던 어느 날, 인버스 ETF라는 것이 있다는 사실을 알게 된 A씨는 아쉬움을 감출 수 없었다. 인버스 ETF에 대해 진작 알았더라면 주식시장이 하락하는 상황에서도 적극적으로 투자에 나설 수 있었을 것이다. A씨는 아쉬운 마음을 달래며 자신이 3월에 'KODEX인버스'에 투자했다면 어땠을지 직접 계산해보았다.

코스피지수 vs.KODEX인버스

 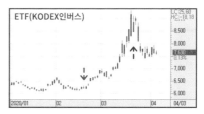

	2020.02.21	2020.03.20	증가율
코스피지수	2,165.65	1,566.15	-27.68%
KODEX인버스	6,200원	8,465원	+36.53%

왼쪽은 2020년 3월 코스피지수의 등락을 나타낸 차트입니다. 그리고 오른쪽은 같은 기간 동안 KODEX인버스의 등락을 나타낸 차트입니다. 두 차트는 상반된 움직임을 보이고 있습니다. 코스피지수가 오를 때는 KODEX인버스가 하락하고, 코스피지수가 하락할 때는 KODEX인버스가 올랐습니다. 이처럼 코스피지수와 역방향으로 움직이는 것이 인버스 ETF의 특징입니다.

확신이 강할 때 수익률을 더 높이는 레버리지 ETF

다시 한 번 여러분이 주식 투자를 한다고 가정해봅시다. 지금 여러분이 관심을 가지고 있는 주식은 삼성전자입니다. 만약 삼성전자의 주가가 오를 것이라 예상된다면, 여러분은 어떻게 하시겠습니까? 당연히 삼성전자의 주식을 사겠죠.

그런데 만약 삼성전자의 주가가 오를 것이라 예상하는 정도가 아니라 확신하는 수준이라면 어떻게 하시겠습니까? 이때도 여러분은 삼성전자의 주식을 사는 것에 그칠 수밖에 없습니다. 단순히 예상을 했든, 강하게 확신을 했든 주식을 사는 것 외에 여러분이 할 수 있는 일은 없습니다.

하지만 ETF에서는 주식시장의 상승을 강하게 확신할 때, 단순히 매수를 하는 것 외에 또 다른 옵션이 존재합니다. 레버리지 ETF에 투자를 하는 것입니다. **레버리지 ETF는 지수가 상승할 때, 그 상승분보다 2배의 수익이 발생하도록 설계된 ETF입니다.**

> 투자자 A씨는 새벽에 미국이 기준금리를 인하했다는 뉴스를 보고 이렇게 생각했다.
> '미국이 기준금리를 인하했으니 내일은 한국의 주식시장이 반드시 오를 거야. 아침에 주식시장이 열리자마자 ETF를 사둬야겠어.'
> A씨는 한국의 주식시장이 열리자마자 ETF를 샀다. 하지만 A씨가 매수한 ETF는 KODEX200이 아니라 KODEX레버리지였다. 그만

큼 코스피가 상승할 거라는 확신이 강했던 것이다. 3일 동안 ETF
레버리지에 투자한 A씨의 수익률은 다음과 같았다.

코스피지수 vs. KODEX레버리지

	2019.11.01	2019.11.05	증가율
코스피지수	2,084.79	2,142.64	+2.77%
KODEX레버리지	12,470원	13,210원	+5.93%

코스피지수가 2.77% 상승하는 동안 KODEX레버리지는 무려
5.93% 상승했습니다. 이처럼 레버리지 ETF를 이용하면 지수가 상승
하는 것보다 높은 수준의 수익을 얻을 수 있습니다.

상황에 따른 주식과 ETF 투자 종류

	상승 예상	상승 확신	하락 예상
주식	주식 매수	주식 매수	주식 정리
ETF	ETF 매수	레버리지 ETF 매수	인버스 ETF 매수

다양한 자산에 투자할 수 있는 ETF 종목들

경기 침체기가 되면 금융전문가들은 안전자산에 투자하라고 조언하곤 합니다. 안전자산에 투자하면 경기가 악화되어도 손실 가능성이 낮기 때문이죠. 여러분도 TV에 전문가들이 나와 달러에 투자해야 한다느니, 금에 투자해야 한다느니, 채권에 투자해야 한다느니 이야기하는 모습을 한 번쯤 보았을 것입니다.

환율이 낮은 상태일 때는 달러에 투자하여 환차익을 노릴 수 있습니다. 그렇다면 달러나 금 같은 자산에는 어떻게 투자할 수 있을까요? 달러를 예로 들어보겠습니다. 달러에 투자하는 방법으로는 가장 먼저, 달러를 직접 사는 방법이 있습니다. 은행에 가서 원화를 달러로 환전해 직접 보관하는 것이죠. 달러를 보관하고 있다가 환율이 올랐을 때 되팔면 환차익을 얻을 수 있습니다. 직접 보관하는 것이 번거롭다면 은행에서 외화예금에 가입하는 방법도 있습니다.

그런데 달러를 직접 사거나 외화예금에 가입할 때 큰 문제점이 있습니다. 환전을 할 때 다소 높은 환전수수료가 발생한다는 것이죠. 현금 환전을 기준으로 살 때와 팔 때 각각 1.75%의 수수료가 발생합니다. 투자를 목적으로 하기에는 상당히 부담스러운 수준입니다.

그러나 ETF를 통해 달러에 투자한다면 이 문제를 간단히 해결할 수 있습니다. 환전수수료를 지불하지 않고도 달러에 투자한 것과 똑같은 효과를 얻을 수 있기 때문입니다.

원/달러 환율 vs.KODEX 달러선물	금 시세 vs.KODEX 골드선물

위와 같이 달러나 금과 연계된 ETF에 투자하면 달러나 금에 직접 투자하는 것과 유사한 효과를 얻을 수 있습니다. 이외에도 ETF로 투자할 수 있는 대상은 많습니다. 해외 주식시장에 투자할 수 있는 ETF도 있고, 채권이나 원자재에 투자할 수 있는 ETF도 있습니다. 이처럼 투자할 수 있는 대상 자산이 다양하다는 것 또한 ETF의 장점입니다.

ETF에 투자할 때는 거래량을 꼭 확인하자

ETF에 투자할 때는 반드시 거래량을 확인해야 합니다. ETF 종목 중에는 거래가 활성화되지 않아 거래량이 아예 없는 종목도 많습니다. 이런 종목들은 곧 상장폐지되거나 상장폐지가 되지 않더라도 나중에 현금화하기 힘든 경우가 있어 투자를 피해야 합니다. 하루에 최소 1억 원 이상 꾸준히 거래되는 종목에 투자하는 것이 좋습니다.

레버리지 ETF 투자 시 주의할 점

레버리지 ETF에 투자할 때는 절대 장기 투자를 해서는 안 됩니다. 기간이 길어질수록 불리해지기 때문이죠.

구분	1일	2일	3일	4일	5일	6일	7일	8일
코스피지수	2,000	2,050	2,101	2,048	1,997	1,947	1,996	2,046
지수 변동률	-	2.5%	2.5%	-2.5%	-2.5%	-2.5%	2.5%	2.5%
레버리지 ETF 변동률	-	5.0%	5.0%	-5.0%	-5.0%	-5.0%	5.0%	5.0%
레버리지 ETF 가격 변화	10,000	10,500	11,025	10,473	9,950	9,452	9,925	10,421

코스피	2,000 ---→ 2,046(2.3%↑)	⎤ 2배 미만
레버리지 ETF	10,000 ---→ 10,421(4.2%↑)	⎦

코스피지수가 일자별로 위의 표와 같이 등락했다고 가정해봅시다. 2.5%씩 상승한 날도 있고, 2.5%씩 하락한 날도 있습니다. 이에 따라 레버리지 ETF도 변동을 합니다. 코스피지수가 2.5% 상승한 날에는 5.0% 오르고, 코스피지수가 -2.5% 하락한 날에는 -5.0% 떨어집니다. 매일 정확히 코스피지수의 2배씩 움직인 것입니다.

8일이 경과한 후 코스피지수는 2,000에서 2,046으로 마감했습니다.

8일 동안 2.3% 상승한 수치입니다. 코스피지수가 2.3% 상승했으므로, 레버리지 ETF는 2.3%의 2배인 4.6% 상승할 것으로 기대됩니다. 하지만 정작 레버리지 ETF의 상승률은 4.2%에 불과합니다. 이처럼 레버리지 ETF는 투자 기간이 길어지면 코스피지수가 상승했을 때, 2배보다 낮은 수익률을 기록합니다.

만약 8일 차에 코스피지수가 -2.5% 하락했다면 어떻게 될까요?

구분	1일	2일	3일	4일	5일	6일	7일	8일
코스피지수	2,000	2,050	2,101	2,048	1,997	1,947	1,996	1,946
지수변동률	–	2.5%	2.5%	-2.5%	-2.5%	-2.5%	2.5%	-2.5%
레버리지 ETF 변동률	–	5.0%	5.0%	-5.0%	-5.0%	-5.0%	5.0%	-5.0%
레버리지 ETF 가격 변화	10,000	10,500	11,025	10,473	9,950	9,452	9,925	9,428

코스피 2,000 ---→ 1,946(-2.7%↓)
레버리지 ETF 10,000 ---→ 9,428(-5.7%↓) } 2배 초과

8일이 경과한 후 코스피지수는 1,946으로 마감하게 됩니다. 8일 동안 -2.7% 하락한 수치입니다. 코스피지수가 -2.7% 하락했으므로, 레버리지 ETF는 2배인 -5.4%만큼 하락했을까요? 아닙니다. 레버리지 ETF는 그 이상(-5.7%) 하락했습니다.

정리하면 이렇습니다. 레버리지 ETF는 투자 기간이 길어지면 코스피지수가 오를 때는 2배 미만으로 오르고, 떨어질 때는 2배를 초과해 떨어집니다. 이러한 불균형은 투자 기간이 길어지고, 주가지수의 등락이 많아질수록 더 커집니다. 그러니 레버리지 ETF에 투자할 때는 지수가 오를 것이라는 확신이 있을 때 단기간에만 투자해야 합니다.

Level 3

제7장
보험은
재테크와
관련이 없다고?

- Day 22 -

보험에 가입하는 것도 재테크인가요?

이 대리의 친구 창희는 최근 회사를 그만두고 유럽 배낭여행을 준비 중이다. 유럽이 자기를 부른다나 뭐라나. 어쨌든 창희는 1년 동안 배낭 여행을 다녀올 계획이었다. 이 대리는 어렵게 들어간 회사에 사표를 던 진 창희가 걱정되었지만, 한편으로는 그런 자유로운 모습이 부럽기도 했다. 조금이라도 젊을 때 세상을 경험해보고 싶다는 창희의 말이 공감 되기도 했다. 이 대리는 퇴사 기념으로 술을 쏜다는 창희를 만나 궁금 했던 것들을 물어보았다.

이 대리: 배낭여행 준비는 잘하고 있어?

창희: 그냥 정신없지 뭐. 사실 직장을 그만두고 일주일 뒤에 바로 떠나려고 했는데, 생각보다 준비할 게 많더라고. 덕분에 여행 준비

하면서 백수생활을 즐기고 있어.

이 대리: 1년 동안 여행하려면 돈도 많이 들어갈 텐데, 여행자금은 충분히 마련했어?

창희: 배낭여행이라 생각만큼 돈이 많이 들진 않아. 회사 그만두면서 받은 퇴직금도 있고, 조금 모아뒀던 돈도 있고. 적금이랑 펀드도 해약했어. 당분간 보험료를 내기 힘들 것 같아 그것도 해지해버렸고. 그러니까 얼추 여행자금이 나오더라고.

이 대리: 적금이랑 펀드를 중도에 해지하면 손해를 볼 수도 있다고 하던데, 문제는 없었어?

창희: 적금이야 원금은 돌려받으니까 손해 볼 거 없고, 펀드는 다행히 오르고 있을 때 팔아서 조금 수익이 났어. 운이 좋았지. 그런데 보험은 그동안 낸 보험료의 절반도 못 돌려받았어. 지금 생각해보면 혜택 본 것도 없는데 보험을 괜히 들었나 싶기도 해.

이 대리: 보험은 원금도 돌려받지 못했다고?

이 대리는 창희의 말에 깜짝 놀랐다. 이 대리도 매달 보험료로 20만 원이 넘는 돈을 내고 있었기 때문이다. 분명 보험에 가입할 때 보험설계사인 친구의 누나가 보험이 재테크에 도움이 된다고 했는데, 원금을 돌려받지 못한다니! 이 대리는 보험료를 많이 낼수록 손해를 보는 건 아닌지 걱정되었다.

'지금이라도 보험을 해지하고, 그 돈으로 적금이나 펀드를 들어야 하나? 왜 친구 누나는 보험이 재테크에 도움이 된다고 한 거지?'

Day 22

보장성보험,
비용을 줄여 재테크 효과 UP!

오늘의 목표　　보장성보험에 대해 알아보고,
　　　　　　　　　내가 가입한 보장성보험을 점검해보자.

여러분은 혹시 보험을 하나라도 가지고 있나요? 여러분이 직접 가입했든, 부모님이 가입해주셨든 상관없이 말입니다. 제 질문에 여러분이 'YES'라고 대답할 확률은 무려 96.7%나 됩니다.

　　보험연구원에 따르면, 2018년 개인당 보험가입률은 96.7%라고 합니다. 우리나라 인구가 5,000만 명이라고 한다면, 4,835만 명이 이미 보험을 가지고 있다는 뜻입니다. 이 통계대로라면 제가 길을 지나가는 사람 100명을 붙잡고 보험이 있냐고 물어보면 그중 97명은 보험이 있다고 대답할 것입니다.

이 정도 보험가입률이라면 우리나라를 가히 '보험공화국'이라 불러도 무방할 듯합니다. 그리고 이처럼 많은 사람이 열정적으로(?) 보험에 가입했다면, 보험의 달인이 넘쳐나야 옳습니다. 하지만 보험에 대해 물어보면 제대로 대답하지 못하는 사람이 대부분입니다.

우리는 보험에 대해 모르는 것이 너무 많다

우리는 어떤 물건을 살 때 기능, 디자인, 품질, 가격 등 여러 가지를 비교해보고 선택합니다. 만약 2개의 물건이 있는데, 가격을 제외한 나머지 스펙이 같다면 여러분은 어떤 물건을 선택할 것인가요? 당연히 가격이 더 저렴한 물건을 선택할 것입니다. 똑같은 물건을 일부러 비싸게 주고 살 사람은 없겠죠.

보험 중에 '실손보험'이라는 것이 있습니다. **실손보험이란, 질병이나 상해로 입원이나 통원 치료를 할 때 실제로 부담한 의료비를 보장해주는 보험을 말합니다.**

우리나라의 실손보험은 2009년 10월에 표준화되었습니다. 표준화가 되었다니, 이게 무슨 말이냐고요? 어느 보험회사에서 실손보험을 가입하든 보장 내용이 똑같다는 뜻입니다. 그런데 한 가지 다른 점이 있습니다. 바로 가격입니다.

'가격이 뭐 얼마나 차이 나겠어?'라고 생각하신 분들도 있을 것입니다. 그런데 자세히 알아보면 보험회사에 따라 차이가 꽤 납니다. 온라인 보험 비교 사이트 보험다모아(https://e-insmarket.or.kr)에서 보험료를 비교해보겠습니다.

회사명	보험료(남)	보험료(여)
H사	8,620원	9,722원
M사	11,023원	13,568원
차액	2,403원 (28%↑)	3,846원 (40%↑)

• 만 40세, 표준형, 월납 기준 보험료

보험다모아에 따르면, 현재 만 40세 남성을 기준으로 가장 저렴한 실손보험의 보험료는 H사의 8,620원입니다. 반면 가장 비싼 보험료는 M사의 11,023원입니다. 무려 28%나 더 비쌉니다. 하지만 비싸다고 해서 병원비를 더 많이 보장해주는 것은 아닙니다. 앞서 이야기했듯 실손보험 보장 내용은 표준화가 되었으니까요.

만 40세 여성을 기준으로 하면 보험료 차이는 더 큽니다. 무려 40%나요. 똑같은 물건을 40% 더 비싸게 사라고 하면 돈이 너무 아깝지 않나요? 이와 마찬가지로 보험료도 아까워해야 하는데, 많은 사람이 이 차이를 민감하게 받아들이지 못합니다.

우리는 보험에 대해 모르는 것이 너무 많습니다. 실손보험만 놓고 보더라도 여러 가지 사실을 새로 알게 되었죠?

자동차보다 비싼 보험료

사실 보험료 몇 천 원 차이는 큰 문제가 아닐 수도 있습니다. 친분이 있는 보험설계사와의 관계를 생각하면 그 정도 가격 차이는 감수할 수 있습니다. 하지만 꼭 필요하다며 보험설계사가 추천해주는 보장들을 하나씩 추가하다 보면 보험료는 점점 비싸지기 시작합니다. 그것도 엄청나게 말이죠. 그러다 결국 몇 천 원으로 끝날 문제가 아닌 게 되어버립니다.

최근 A씨는 지인인 B씨로부터 보험 가입을 권유받았다. 그렇지 않아도 얼마 전에 친척 어른 한 분이 암으로 입원했다는 소식을 들어 만약을 대비해 보험 가입을 해야겠다고 생각하고 있던 참이었다. 그래서 이번 기회에 보험 상담을 제대로 받아보기로 했다.

B씨가 A씨에게 권유한 것은 '통합종신보험'이라는 이름의 상품이었다. B씨는 이 보험 하나만 있으면 모든 보장을 한꺼번에 설계할 수 있다고 설명했다. 그리고 A씨에게 필요한 보장들을 하나씩 이야기해주었다.

B씨는 가장 먼저, 가족을 사랑한다면 가장이 사망했을 때를 대비해 종신보험을 충분히 들어놔야 한다고 했다. 가족의 1년 치 생활비를 생각한다면 1억 원 정도는 보장받는 것이 좋다며 말이다. 또한 우리나라 인구 3명 중 1명은 반드시 걸린다는 암에 대한 보장도 필수라고 했다. 암 다음으로 사망률이 높은 질병인 뇌출혈과

급성심근경색도 반드시 대비해야 한다고 했다. 이뿐만이 아니었
다. B씨는 수술이나 입원을 했을 때 보장을 받으려면 이에 대한
특약도 추가해야 한다고 덧붙였다.

한참 설명을 듣던 A씨는 문득 보험료가 궁금했다. A씨가 생각하
고 있던 보험료는 10만 원 정도였다. 아무리 비싸도 20만 원은 넘
어가지 않았으면 했다. 하지만 B씨에게 예상 보험료를 들은 A씨
는 깜짝 놀라지 않을 수 없었다. 보험료는 무려 563,824원이었다.

A씨(40세)의 보험 가입 예시

가입금액 및 보험료

구분	가입금액	보험기간	납입기간	보험료
주계약	1억원	종신	20년납	29만3,000원
암추가보장특약(갱신형)(무)	2,000만원	3년갱신(최대 100세)	3년납(최대 100세)	420원
7대질병보험료환급특약(무)	48만7,241원	20년만기	20년납	6만1,363원
7대질병보장특약(환급형)(무)	3,000만원	100세만기	20년납	14만7,600원
암진단특약(갱신형)(무)	5,000만원	3년갱신(최대 100세)	3년납(최대 100세)	8,000원
뇌출혈진단특약(무)	3,000만원	100세만기	20년납	1만590원
급성심근경색증진단특약(무)	3,000만원	100세만기	20년납	1만6,350원
수술보장특약(갱신형)(무)	1,000만원	1년갱신(최대 100세)	1년납(최대 100세)	2,600원
첫날부터입원특약(갱신형)(무)	3,000만원	3년갱신(최대 100세)	3년납(최대 100세)	4,200원
7대질병보험료납입면제특약(무)	29만3,000원	20년만기	20년납	1만9,701원
합계보험료				56만3,824원

우리가 살아가면서 구매하는 것들 중 가장 비싼 것은 집(아파트)
과 자동차라고 합니다. 하지만 웬만한 자동차보다 비싼 것이 바로 보
험료입니다. 한 달에 56만 원의 보험료를 20년 동안 내야 한다면 총
금액은 얼마일까요? 놀라지 마세요. 무려 1억 3,440만 원입니다.

우리는 집을 살 때, 정말 꼼꼼히 따져보고 결정합니다. 자동차를

살 때도 마찬가지입니다. 하지만 대부분의 사람이 보험을 고를 때는 그다지 꼼꼼하게 따지지 않습니다. 알고 보면 자동차보다 가격이 훨씬 비싼데 말이죠.

보장성보험 vs. 저축성보험

여러분이 보험을 적정한 가격에 잘 가입했는지 알아보기 위해서는 가장 먼저 그 보험이 보장을 받기 위한 보험인지, 저축을 하기 위한 보험인지 알고 있어야 합니다. 보험은 크게 **보장성보험**과 저축성보험으로 구분합니다.

보장성보험이란, 사망이나 질병, 상해 등 뜻하지 않은 사고가 발생했을 때 재산상의 피해를 막기 위해 가입하는 보험을 말합니다. 즉 보장을 받기 위한 보험입니다. 우리가 흔히 보험이라고 말하는 상품은 대부분 보장성보험이라고 생각하시면 됩니다.

보장성보험에는 종신보험이나 정기보험처럼 사망을 담보로 하는 사망보험, 암과 같은 질병이 발생했을 때 보장을 받는 질병보험, 우연한 사고로 인해 상해가 발생했을 때 보장을 받는 상해보험, 실제로 지출한 의료비에 대해 보장을 받는 실손보험 등이 있습니다.

반대로 적금이나 펀드처럼 돈을 모으기 위한 목적으로 가입하는 보험도 있습니다. 이를 저축을 하기 위한 보험, 즉 저축성보험이라고 합니다. 저축성보험에는 보험회사의 이율에 따라 돈을 적립하는 금리형 저축보험과 납입한 보험료로 주식이나 채권에 투자해 돈을 적립하는 변액저축보험 등이 있습니다.

보장성보험 종류

사망보험	보험에 가입한 사람이 사망했을 때 보상해주는 보험
질병보험	보험에 가입한 사람이 병에 걸렸을 때 치료비, 수술비 등을 보상해주는 보험
상해보험	보험에 가입한 사람이 우연한 사고로 인해 신체에 상해를 입었을 때, 입원비, 수술비 등을 보상해주는 보험
실손보험	보험에 가입한 사람이 실제로 지출한 의료비를 보상해주는 보험
간병보험	보험에 가입한 사람이 일상생활 장해 상태 또는 치매 상태로 진단받은 경우, 간병비를 보상해주는 보험
화재보험	건물 등의 화재로 생기는 손해를 보상해주는 보험

보장성보험은 재테크와 관련이 없다고?

보장성보험은 사망이나 질병, 상해 등의 사고가 발생하지 않는다면 보장을 전혀 받지 못합니다. 또한 유럽 배낭여행을 준비하고 있는 이 대리의 친구처럼 보험을 중도에 해지하면 원금도 돌려받지 못하는 경우가 많습니다. 그래서 보험이 재테크와 전혀 관련이 없으며, 때로는 재테크에 방해가 된다고 느껴지기도 합니다.

하지만 **보험은 안정적으로 재테크를 하기 위해 반드시 필요한 금융 상품입니다.** 보험을 가입하지 않은 상태에서 질병이나 상해 등의 사고가 발생한다면, 재정적인 타격으로 인해 생활이 힘들어지기 때문입니다. 예상치 못하게 질병이나 상해 등의 사고가 발생하면, 우선 수술비나 입원비 등 병원비로 목돈이 필요합니다. 그리고 치료 기간이 길어져 장기간 입원을 하게 된다면 이전의 소득 활동을 계속 이어나갈 수 없기 때문에 생활비 부담도 커집니다. 이런 상황에서 기존 계획대로 재테크를 유지하기란 쉽지 않습니다.

반면 적절한 보험에 가입해 위험을 미리 대비한다면, 질병이나 상해 등의 위기 상황이 발생하더라도 금전적인 부담을 줄일 수 있습니다. 실손보험에 가입했다면 고액의 병원비에 대한 부담을 줄일 수 있고, 질병보험이나 상해보험에 가입했다면 진단비, 수술비, 입원비 등으로 장기간의 생활비를 충당할 수 있습니다. 이처럼 보험을 가입한다면 위기 상황에서도 재테크 계획을 계속 이어나갈 수 있습니다.

하지만 여기에는 한 가지 단서가 붙습니다. **월수입에 비해 보험료가 과도하게 지출되어서는 안 된다는 것입니다.** 보험을 너무 많이 가입해서 재테크를 할 수 있는 여유자금이 하나도 남지 않는다면, 이는 재테크에 도움이 되기는커녕 오히려 방해만 됩니다. 과도한 보험료 탓에 돈을 모을 수도 없고, 보험을 유지하는 것도 힘들어 겨우겨우 납입하던 보험도 결국 해지하게 되기 때문입니다.

한 달 적정 보험료는 얼마일까?

그렇다면 적정한 수준의 한 달 보험료는 과연 얼마일까요? 전문가들은 소득의 8~15%를 기준으로 제시합니다. 여러분의 월수입이 250만 원이라면, 20~37만 원 정도가 되겠네요. 그런데 이것만으로 적정 보험료를 평가하는 것은 뭔가 부족한 듯합니다.

여러분의 월수입이 250만 원이고, 현재 납입하고 있는 보험료가 20만 원이라고 가정해봅시다. '나는 월수입의 8%를 보험료로 납입하고 있으니 적당한 보험에 가입한 것이로군'이라고 안심할 수 있을까요? 사실 **보험은 보험료를 얼마나 내고 있느냐보다 어떤 보장들을 받을 수 있느냐가 훨씬 중요합니다.** 같은 보험료를 지불하더라도 얼마나 더 많은 보장을 받을 수 있도록 설계했는지가 중요하다는 이야기입니다. 예를 들어보겠습니다.

C씨와 D씨의 월수입은 250만 원으로 같다. 월 보험료도 각각 20만 원으로 동일하다. 하지만 두 사람의 보험 내용은 매우 다르다. C씨는 사망했을 때 1억 원의 사망보험금을 받는 종신보험에 가입했다. 종신보험의 보험료가 비쌌기 때문에 다른 보험은 가입할 엄두도 내지 못했다. 반면 D씨는 사망 보장을 줄인 대신 실손보험과 질병보험, 상해보험 등을 추가로 가입했다.

누가 더 많은 보장을 받을까?

C씨의 보험 가입 내역		D씨의 보험 가입 내역	
월수입	250만 원	월수입	250만 원
월 보험료	20만 원	월 보험료	20만 원
보험 내용	종신보험 1억 원	보험 내용	실손보험, 암보험 등 질병보험, 상해보험, 사망보장 ···

두 사람 중에 누가 더 많은 보장을 받을 수 있을까요? C씨는 사망했을 때 1억 원이라는 고액의 사망보험금을 받을 수 있습니다. 하지만 그 외의 질병이나 상해에 대해서는 전혀 보장을 받지 못합니다. 반면 D씨는 질병이나 상해에 따른 위험이 발생했을 때 진단비, 수술비, 입원비 등의 보장을 받을 수 있습니다.

매월 같은 보험료를 납입하더라도, 보험 내용에 따라 어떤 보장을 받을 수 있는지는 180도 달라집니다. 단지 보험료만으로 적정한 보험에 가입했는지 평가할 수 없다는 뜻입니다.

여러분이 현재 가입한 보험이 있다면, 지금 바로 확인해봐야 할 것이 있습니다. 보험을 가입하면서 받아놓은 '보험증권'입니다. **보험증권에는 여러분이 가입한 보험의 종류, 보험료, 보장 내용, 보장 기간 등이 자세하게 나와 있습니다.** 만약 보험증권을 가지고 있지 않다면 보험회사에 전화해 재발급을 받으시기 바랍니다. 보험증권을 펼쳐 여러분이 매달 내고 있는 보험료는 적당한지, 내가 어떤 상황에 처했을 때 보험금을 받을 수 있는지, 혹시 불필요한 보장에 빠져나가고 있는 돈은 없는지 등을 꼼꼼하게 확인하시기 바랍니다.

과도한 보험료를 줄이는 두 가지 방법

보험증권을 확인해봤더니, 보험료가 과도하게 빠져나가고 있다면 어떻게 하는 것이 좋을까요? **과도한 보험료를 줄이기 위한 첫 번째 방법은 보험을 해지하는 것입니다.** 본인에게 필요하지 않은 보험이라면 과감하게 해지하는 것도 보험료를 줄일 수 있는 방법이겠죠? 이때 한 가지 알아두어야 할 점이 있습니다. **보험 계약 전체를 해지할 수도 있지만, 특정한 특약만 해지할 수도 있다는 사실입니다.**

보험 계약 구성

1. 주계약 해지 – 보험 전체 해지
2. 특약 해지 – 해당 특약만 해지

보험 계약은 하나의 주계약과 여러 개의 특약으로 구성되어 있습니다. 예를 들어, 사망 보장을 주계약으로 하는 종신보험에 가입했다면, 암진단비를 보장받는 특약, 2대 질병을 보장받는 특약, 수술비나 입원비 등을 보장받는 특약 등을 계약에 추가할 수 있습니다. 주계약과 특약을 합쳐 하나의 보험 계약이 성립됩니다.

주계약을 해지하면, 보험 전체를 해지하는 것과 같습니다. 하지만 특정 특약만 해지하면 계약에서 해당 특약만 제외됩니다. 보험 계약의 다른 보장들은 그대로 둔 채 해당 특약의 내용만 없애는 것입니다. 예를 들어, 상해보험을 가입한 상태에서 새로 종신보험을 가입하며 재해 보장 특약을 넣었다면, 이는 상해에 관한 보장을 중복으로 받는 것과 다름없습니다(상해≒재해). 이때는 종신보험은 그대로 두고 재해 보장 특약만 해지하면 보험료를 낮출 수 있습니다.

과도한 보험료를 줄이기 위한 두 번째 방법은 보장 금액을 감액

하는 것입니다. 암 진단을 받았을 때 5,000만 원의 보험금을 받을 수 있는 암보험의 월 보험료가 8만 원이라고 가정해보겠습니다. 같은 암보험에서 암 진단을 받았을 때 2,500만 원의 보험금을 받을 수 있도록 계약을 체결한다면, 이때의 월 보험료는 얼마일까요?

답은 간단합니다. 보장을 받는 보험금이 5,000만 원에서 절반인 2,500만 원으로 줄어들었으므로 매월 납입하는 보험료도 8만 원에서 절반인 4만 원으로 줄어듭니다. 만약 보험금을 5분의 1인 1,000만 원으로 줄인다면, 보험료도 5분의 1인 16,000원이 되겠네요.

이처럼 여러분이 가입한 보험의 보장 금액이 과도하게 설정되어 있을 때 보장 금액을 줄이면, 보험료 부담도 줄일 수 있습니다. 이때, **보장 금액의 액수를 줄이는 것을 '감액'**이라고 합니다. 감액 역시 해지와 마찬가지로 특정 특약만 따로 감액하는 것이 가능합니다.

보장성보험은 나에게 필요한 보장들을 얼마나 경제적으로 가입하느냐의 싸움입니다. 지금 당장 여러분의 보험증권을 펼쳐 보장 내용들을 확인해보세요. 부족한 부분이 있다면 채워 넣고, 과도한 부분이 있다면 해지나 감액을 통해 보험료(고정 지출)를 줄여야 합니다. 고정 지출이 줄어든 만큼 여유자금은 늘어날 것이고, 그것이 여러분의 재테크 효과를 높이는 데 플러스가 될 것입니다.

감액완납제도

　감액을 염두에 두고 있다면, 한 가지 더 기억해야 할 것이 있습니다. 바로 '감액완납제도'입니다. 감액완납제도는 현재까지 납입한 보험료로 남은 납입 기간 동안의 보험료를 미리 충당하면(완납), 그만큼 보장 금액이 감액되는 제도입니다. 이 제도는 더 이상 보험료를 내는 것이 어려울 때 활용하면 유용합니다. 보험 계약을 해지하지 않고 계속 유지할 수 있기 때문입니다.

　감액은 보장 금액이 축소하는 만큼 보험료가 줄어들며, 줄어든 보험료를 납입 기간이 끝날 때까지 내야 합니다. 이때, 감액된 금액만큼 해지된 것으로 보아 해지환급금을 돌려받습니다. 반면 감액완납은 그 시점에 적립되어 있는 해지환급금으로 남은 납입 기간 동안의 보험료를 내기 때문에 더 이상 보험료를 내지 않아도 됩니다.

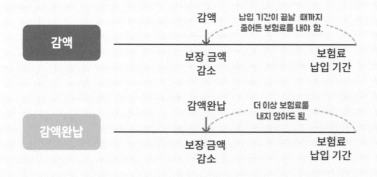

내 보장성보험을 알아보자

보장성보험은 보장 내용이 똑같다면 매월 지불하는 보험료가 얼마나 저렴한지가 중요합니다. 여러분이 보험에 잘 가입했는지 확인하기 위해 여러분의 보험증권을 차근차근 살펴봅시다.

1. 보장성보험의 보험료 합계는 얼마인지, 본인 월수입의 몇 퍼센트 정도인지 확인해봅시다.

- 보험료 합계액: _____ 원
- 본인 월수입: _____ 원
- 보험료 비중: _____ %

2. 보장 내용들은 빠짐없이 준비되어 있나요? 다음 내용들을 체크해봅시다.

실손보험 (　　)　　질병보험 등 (　　)　　사망보험 (　　)　　상해보험 (　　)

3. 보장이 중복되거나, 과도한 보장을 받는 항목은 없는지 확인해봅시다.

4. 보험료가 월수입에 비해 12% 이상으로 과도하다면, 줄여도 되는 보장 항목은 없는지 살펴봅시다.

보험 상품으로 돈을 모은다고요?

모처럼의 휴가라 늦잠을 자던 이 대리에게 한 통의 전화가 걸려왔다.

"안녕하세요, 고객님. H보험사입니다. 이○○ 고객님 맞으시죠?"

잠이 덜 깬 이 대리는 빨리 전화를 끊고 싶어 퉁명스럽게 대답했다.

"네, 맞아요. 전 이미 보험을 들어두어서 필요한 게 없습니다."

하지만 상담원은 아랑곳하지 않고 말을 이어나갔다.

상담원: 네, 고객님. 저희 H보험을 오랫동안 이용해주셔서 감사합니다. 오늘 전화를 드린 이유는 다름이 아니라 이번에 높은 금리로 혜택을 받을 수 있는 저축 상품이 새로 나와서 안내를 드리려고요.

이 대리: 저축 상품이요?

상담원: 네. 요즘은 금리가 낮아서 은행에 저축을 해도 이자를 얼마

받지 못하잖아요. 저희 상품은 은행보다 높은 공시이율로 이자를 드리는데다 비과세 저축 상품이에요. 그리고 이자에도 이자가 붙는 복리로 금리가 계산되기 때문에 고객님께 매우 유리한 상품입니다.

이 대리: 비과세이고, 금리가 복리로 계산된다고요? 보험회사라고 하지 않으셨어요?

이 대리는 얼른 이해가 되지 않았다. 보험회사에는 질병이나 상해, 사망 등에 대해 보장을 해주는 보험 상품만 있는 줄 알았기 때문이다. 그런데 은행보다 금리도 높고, 비과세가 적용되는데다가, 이자를 복리로 준다니! 예전에 은행 상품을 공부하며, 이자 계산 방법을 마스터한 이 대리였다. 이 대리는 원금에 금리를 곱해 나온 세전 이자에 이자소득세(세금)를 뺀 금액이 실제로 받게 되는 이자라는 것을 알고 있었다. 그런데 은행에 비해 금리도 높고, 세금도 없다면 무조건 은행보다 유리한 것이 아닌가! 생각에 잠긴 이 대리에게 안내원은 쐐기를 박으려는 듯 멘트를 이어갔다.

"이렇게 높은 금리는 이번 달에만 한시적으로 우수 고객님들에게 제공해드리는 거라서 금리가 낮아지기 전에 서둘러 가입하시는 게 좋아요. 조건이 이렇게 좋은데 가입을 안 하면 무조건 손해죠. 고민할 필요도 없어요. 어떠세요. 지금 가입을 진행해드릴까요?"

이 대리는 뭔가에 단단히 홀린 듯 대답했다.

"네! 그 상품에 가입하려면 어떻게 해야 하죠?"

저축성보험,
수익률을 높여 재테크 효과 UP!

오늘의 목표 저축성보험의 장점과 단점에 대해 알아보고,
추가 납입을 했을 때와 하지 않았을 때의
수익률을 비교해보자.

여러분은 보험회사에도 저축을 할 수 있는 금융 상품이 있다는 사실을 알고 계셨나요? 만약 이 대리처럼 그 사실을 몰랐다면, 보험으로 돈을 모을 수 있다는 말을 이해하기 힘들지도 모릅니다. 그런데 그런 상품은 분명 존재하고, 잘 활용하면 돈을 모으는 데 상당히 유리합니다. 그 이유는 무려 세 가지나 되죠. 하나씩 살펴보겠습니다.

저축성보험이 좋은 이유

1. 높은 금리

보험회사의 저축 상품이 돈을 모으는 데 유리한 첫 번째 이유는 금리가 높기 때문입니다. 보험회사가 고객으로부터 받은 보험료를 적립하는 데 적용하는 금리를 '공시이율'이라고 합니다. 쉽게 말해, 은행의 금리를 보험회사에서는 공시이율이라고 합니다. 공시이율은 보통 은행의 예금 금리보다 1% 이상 높게 형성됩니다. 그러니 돈을 저축할 때 금리가 높다고 이야기해도 틀린 말이 아니죠. 현재(2020년 7월 기준) 보험회사의 공시이율을 은행의 금리와 비교해보면 다음과 같습니다.

은행의 예금 금리 vs. 보험회사의 공시이율(2020년 7월 기준)

은행의 예금 금리 (최고 금리 기준)		VS.	보험회사의 공시이율	
H은행	1.3%		D생명	2.44%
N은행	1.15%		S생명	2.42%
S은행	1.0%		H생명	2.41%
K은행	0.95%		K생명	2.41%
W은행	0.9%		N생명	2.30%
5개 사 평균	1.06%		5개 사 평균	2.40%

출처: 금융감독원 금융상품통합비교공시   출처: 생명보험협회 공시실

공시이율은 저축성보험의 만기까지 일정하게 유지되는 것이 아니라 매월 변합니다. 일종의 변동이율이라고 생각하시면 됩니다. 지난달에 2.6%였던 공시이율이 이번 달에 2.5%로 떨어졌다면, 지난달에는 내 적립 금액에 2.6%의 금리가 적용됐는데, 이번 달에는 2.5%의 금리가 적용되는 것입니다.

그렇다면 한 가지 걱정거리가 생깁니다. 공시이율이 은행의 금리보다 떨어지면 어쩌죠? 차라리 은행에 돈을 저축하며 고정적인 금리를 받는 것이 낫지 않을까요? 하지만 걱정할 필요 없습니다. 보험의 저축 상품에는 금리가 떨어지는 것을 대비해 '최저보증이율'이라는 안전장치가 있기 때문입니다. 최저보증이율에 대한 내용은 심화학습에서 자세히 다루도록 하겠습니다.

2. 비과세

보험회사의 저축 상품이 돈을 모으는 데 유리한 두 번째 이유는 **비과세가 적용되기 때문입니다.** 여러분은 앞서 5장에서 은행의 금융 상품을 선택할 때 비과세 상품이 유리하다는 것을 확인했습니다. 비과세 상품이 점점 줄어들고 있는 추세라고 이야기한 것도 기억하시죠? 그런데 보험회사의 저축 상품에 비과세가 적용된다고 하면 관심이 생기시나요?

아쉽게도 모든 저축성보험에 비과세가 적용되는 것은 아닙니다. 비과세 혜택을 받기 위해서는 저축성보험에 가입할 때 일정 조건을 충족해야 합니다.

저축성보험의 비과세 요건

	일시납 보험 기간: 10년 이상 납입 보험료: 2억 원 이하	일시납 보험 기간: 10년 이상 납입 보험료: 1억 원 이하
보험 기간: 10년 이상	월 적립식 보험 기간: 10년 이상 납입 기간: 5년 납 이상	월 적립식 보험 기간: 10년 이상 납입 기간: 5년 납 이상 월 보험료: 150만 원 이하
	2013.02.15	2017.04.01

2013년 2월 14일까지 가입한 저축성보험의 비과세 요건은 간단합니다. 저축성보험을 10년 이상 유지하기만 하면 비과세 혜택을 받을 수 있습니다. 일시납이든 월 적립식이든 상관없이 말입니다.

하지만 2013년 2월 15일부터 2017년 3월 31일까지 가입한 저축성보험의 비과세 요건은 조금 복잡합니다. 일시납은 납입 보험료가 2억 원 이하일 때만 비과세가 적용됩니다. 월 적립식은 납입 기간이 5년 이상일 때만 비과세 혜택을 받을 수 있죠. 5년 이상 보험료를 납입하고, 10년 이상 유지해야 하는 것입니다.

2017년 4월 1일 이후에 가입한 저축성보험의 비과세 요건은 조금 더 까다롭습니다. 일시납은 납입 보험료가 1억 원 이하일 때만 비과세가 적용되도록 요건이 강화되었습니다. 월 적립식도 월 보험료 합계액이 150만 원 이하일 때만 비과세 혜택을 받을 수 있습니다. 이처럼 시기에 따라 비과세 요건이 계속 변경되다 보니 내용이 복잡합니다.

간단히 요약하면 이렇습니다. 여러분이 현재 월 적립식으로 저축성보험에 새로 가입하려면 다음 요건을 충족해야 합니다. 일단, 보험 기간이 10년 이상, 납입 기간이 5년 이상이어야 합니다. 매월 납입하는 보험료(기본 보험료+추가 납입 보험료)는 150만 원을 초과해서는 안 됩니다. 이 세 가지 요건을 모두 충족해야만 비과세 혜택을 받을 수 있습니다.

3. 복리 이자 운용

보험회사의 저축 상품이 돈을 모으는 데 유리한 세 번째 이유는 **이자를 복리로 주기 때문입니다.** 저축성보험은 연복리로 금리가 계산됩니다. 은행의 금리보다 공시이율도 높은데, 심지어 복리로 계산해 이자를 주는 것입니다. 복리 상품이 단리 상품보다 유리하다는 것은 4장에서 자세히 살펴보았으므로 추가 설명은 생략하겠습니다.

보험 상품의 치명적인 단점, 사업비

지금까지 보험회사의 저축 상품이 돈을 모으는 데 유리한 이유를 살펴보았습니다. 그런데 한 가지 궁금증이 생깁니다. 저축성보험의 장점이 이렇게 많은데, 왜 우리 주위에는 보험 상품으로 돈을 모았다고 자랑하는 사람이 한 명도 없을까요? 그 이유는 저축성보험에 치명적인 단점이 하나 존재하기 때문입니다. 그것은 바로 '사업비'입니다. **사업비는 보험회사가 보험 계약을 유치·관리하기 위해 고객이 지불한 보험료 중 일정 부분을 떼어가는 돈을 말합니다.**

은행에서 적금을 가입하면, 은행은 여러분이 매월 납입하는 금액 전부를 저축해줍니다. 하지만 보험회사의 저축 상품은 여러분이 내는 월 보험료에서 사업비를 먼저 떼어간 후, 적립 보험료만 저축합니다. 한 달에 30만 원씩 보험료를 내는데 사업비가 5%라면, 매월 285,000 원(30만 원×0.95)씩 저축하는 것과 다름없습니다. 사업비 15,000원을 미리 떼어가기 때문입니다. 적립하는 금액이 적금보다 적기 때문에 공시이율이 높든, 복리로 이자를 계산하든, 비과세를 적용하든 모이는 돈도 적은 것입니다. 어떤가요? 왠지 내 돈을 도둑맞은 느낌이 들지 않나요?

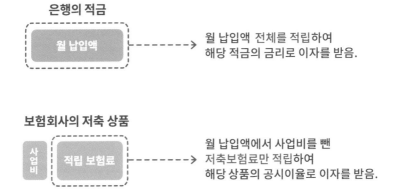

은행의 적금

월 납입액

→ 월 납입액 전체를 적립하여
해당 적금의 금리로 이자를 받음.

보험회사의 저축 상품

사업비 | 적립 보험료

→ 월 납입액에서 사업비를 뺀
저축보험료만 적립하여
해당 상품의 공시이율로 이자를 받음.

그렇다면 사업비는 과연 얼마씩 떼어갈까요? 사업비는 회사에 따라, 상품에 따라 떼어가는 크기가 다릅니다. 그리고 가입 후 시간이 흐를수록 떼어가는 비율도 달라집니다.

다음은 S보험사의 한 저축 상품에서 떼어가는 사업비가 얼마나 되는지 정리한 표입니다.

이 상품은 보험료에서 떼어가는 사업비가 7년 이내 8.45%, 8~10년 4.85%입니다. 굉장히 많이 떼어가죠? 사업비는 상품에 따라 차이가 많이 나므로 가입 전에 꼼꼼히 따져볼 필요가 있습니다.

회사명	상품명	사업 비율(보험료 대비)		
		7년 이내	8~10년	10년 초과
S생명	스마트저축보험	8.45%	4.85%	0%

출처: 생명보험협회 공시실

은행의 적금 vs. 보험회사의 저축성보험

지금까지 저축성보험의 장점(높은 공시이율, 비과세, 복리 운용)과 단점(사업비)을 살펴보았습니다. 그런데 아직도 이렇게 생각하시는 분이 많을 거라 생각합니다.

'그래서 적금을 넣는 게 유리하다는 거야, 저축성보험을 넣는 게 유리하다는 거야?'

사실 일정한 금리를 주는 금융 상품들을 비교하는 것은 꽤 간단합니다. 똑같은 돈을 넣었을 때 나중에 얼마를 돌려받게 될지 결과만 비교해보면 되기 때문입니다.

적금은 나중에 돌려받는 금액을 계산하는 것이 간단합니다. 월 납입액과 금리만 알면 만기 금액을 계산할 수 있습니다. 하지만 저축성 보험은 나중에 돌려받는 금액을 직접 계산하기가 어렵습니다. 사업비도 감안해야 하고, 공시이율도 매월 달라지기 때문입니다. 그래서 보험에 가입했을 때 얼마를 돌려받을 수 있는지 알아보려면 보험회사에서 제공하는 **해지환급표를 이용**해야 합니다.

해지환급금 예시표

기간	납입 보험료 누계	최저보증이율 가정 시		공시이율(2.51%)		은행 예·적금(1.5%)	
		해지환급금	환급률	해지환급금	환급률	세후 예상 금액	수익률
1년	3,600,000	2,604,230	72.3%	2,626,710	72.9%	3,624,689	100.7%
2년	7,200,000	6,080,850	84.4%	6,168,170	85.6%	7,295,433	101.3%
3년	10,800,000	9,599,300	88.8%	9,795,390	90.6%	11,012,921	102.0%
4년	14,400,000	13,160,170	91.3%	13,510,590	93.8%	14,777,857	102.6%
5년	18,000,000	16,763,920	93.1%	17,315,930	96.1%	18,590,950	103.3%
6년	21,600,000	20,364,130	94.2%	21,213,650	98.2%	22,452,923	103.9%
① 7년	25,200,000	23,999,010	95.2%	25,206,080	100.0%	26,364,510	104.6%
8년	28,800,000	27,680,420	96.1%	29,308,170	101.7%	30,326,455	105.3%
9년	32,400,000	31,398,430	96.9%	33,513,010	103.4%	34,339,513	106.0%
10년	36,000,000	35,153,330	97.6%	37,823,090	105.0%	38,404,451	106.7%
② 12년	36,000,000	35,390,990	98.3%	39,622,610	110.0%	39,397,658	109.4%
14년	36,000,000	35,629,330	98.9%	41,509,090	115.3%	40,420,885	112.3%
16년	36,000,000	35,868,350	99.6%	43,486,810	120.7%	41,475,039	115.2%
18년	36,000,000	36,107,410	100.2%	45,559,580	126.5%	42,561,055	118.2%
③ 20년	36,000,000	36,345,640	100.9%	47,731,170	132.5%	43,679,895	121.3%

이는 저축성보험에 가입했을 때 얼마를 돌려받을 수 있는지를 계산한 해지환급금 예시표입니다. (S보험사의 저축 상품으로, 40세 남성, 10년 납, 20년 만기, 월 보험료 30만 원을 기준으로 설계하였습니다.) 은행 상품과의 비교를 위해 같은 조건에서의 예·적금 만기 예상 금액도 표시해두었습니다. 내용이 굉장히 복잡해 보이지만, 하나씩 차근차근 살펴보겠습니다.

위의 표에 따르면, 저축성보험이 현재의 공시이율(2.51%)로 운용된다고 가정했을 때, ① 원금 손해를 보지 않는 것은 7년이 경과한 이후부터입니다. 만약 이 상품에 가입했는데 7년이 되기 전에 해지한다면 원금을 다 돌려받지 못한다는 뜻입니다. 저축을 목적으로 상품에 가입했는데, 원금도 받지 못한다면 억울하겠죠? 이처럼 손해를 볼 수도 있는 이유는 앞서 말한 것처럼 보험료에서 사업비를 미리 떼어가기 때문입니다.

② 보험 상품에 가입해 은행 상품보다 더 많은 이익을 챙기려면 12년이 경과해야 합니다. 만약 12년이 지나기 전에 해지할 것이라면, 보험회사보다 은행에 돈을 맡기는 게 훨씬 유리합니다. 12년이 경과하기 전까지는 은행에 돈을 맡기는 편이 만기 예상 금액도 높을 뿐 아니라 원금을 손해 볼 우려도 없기 때문입니다.

③ 만약 보험 상품에 가입해 20년 동안 유지한다면, 은행에 돈을 맡기는 것보다 보험회사에 돈을 맡기는 편이 유리합니다. 보험료로 납입한 총액은 3,600만 원입니다. 만기가 되었을 때 받을 수 있는 금액은 47,731,170원으로, 환급률은 약 132.5%입니다. 은행 상품의 환

급률(121.3%)보다 더 높죠. 이처럼 보험 상품은 기간이 장기로 갈수록 은행 상품보다 유리해집니다.

자, 지금까지 20년 동안 저축성보험으로 돈을 모으면 은행 상품으로 돈을 모으는 것보다 유리하다는 사실을 확인했습니다. 하지만 이것만으로는 뭔가 아쉬움이 남습니다. 보험으로 돈을 모으는 데 여전히 많은 불확실성이 존재하기 때문입니다.

장기간 유지할 목적으로 보험에 가입했지만, 사정이 생겨 일찍 해지해야 할 수도 있습니다. 이 경우, 원금을 돌려받지 못할 수도 있죠. 공시이율도 지금의 수준을 계속 유지할 것이라는 보장이 없습니다. 공시이율이 낮아지면 해지환급금도 줄어듭니다. 최저보증이율로 금리가 하락할 위험을 막아준다고는 하지만 해지환급금 예시표를 보면 알 수 있듯 20년이 지났을 때 겨우 원금을 보전하는 수준에 그칩니다.

이처럼 불확실성이 높은 저축성보험은 안전한 은행 상품에 비해 주어지는 보상이 그다지 크지 않습니다. 20년 동안 겨우 10% 정도의 수익을 더 올릴 수 있을 뿐입니다.

저축성보험을 이용해 돈을 모을 때, 수익률을 더 높일 수 있는 방법은 없을까요? 있습니다. 바로 '추가납입제도'를 이용하는 것입니다.

저축성보험 가입 시 꼭 알아야 할 추가납입제도

추가 납입이란, 기본 보험료 외에 추가로 납입할 수 있는 보험료를 말합니다. 저축성보험은 보통 기본 보험료의 2배까지 추가 납입으로 보험료를 넣을 수 있습니다. 만약 월 보험료가 10만 원이라면 추가 납입으로 20만 원을 더 넣을 수 있다는 이야기입니다.

그렇다면 추가 납입을 하면 어떤 점이 좋을까요? **저축성보험의 장점(높은 공시이율, 비과세, 복리 운용)을 모두 챙기면서 단점(사업비)은 최소화할 수 있습니다.** 추가 납입 보험료의 사업비는 상품마다 조금씩 다르지만 보통 보험료의 1~2% 정도를 떼어갑니다. 기본 보험료의 사업비가 4~8%였던 것에 비하면 매우 적은 금액입니다. 사업비를 적게 떼므로 수익률은 더 높아집니다.

추가 납입, 어떤 식으로 이용할까?

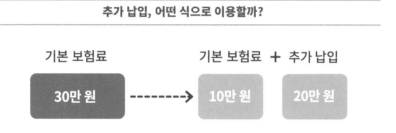

추가 납입은 매우 간단합니다. 30만 원을 저축하기로 마음먹었다면, 10만 원을 기본 보험료로 설정해 보험에 가입하고, 나머지 20만 원은 추가 납입으로 넣는 것이죠. 그렇게 하면 기본 보험료 10만 원에 추가 납입 보험료 20만 원을 더해 매월 30만 원씩 저축하는 효과를 얻을 수 있습니다.

추가 납입 시 해지환급금 예시표

기간	납입 보험료 누계	공시이율(2.51%)		추가 납입 (10만 원+20만 원)		은행 예·적금(1.5%)	
		해지환급금	환급률	해지환급금	환급률	세후 예상 금액	수익률
1년	3,600,000	2,626,710	72.9%	3,274,184	90.9%	3,624,689	100.7%
2년	7,200,000	6,168,170	85.6%	6,911,615	96.0%	7,295,433	101.3%
3년	10,800,000	9,795,390	90.6%	10,633,647	98.5%	11,012,921	102.0%
① 4년	14,400,000	13,510,590	93.8%	14,444,890	100.3%	14,777,857	102.6%
5년	18,000,000	17,315,930	96.1%	18,351,208	102.0%	18,590,950	103.3%
6년	21,600,000	21,213,650	98.2%	22,351,324	103.5%	22,452,923	103.9%
② 7년	25,200,000	25,206,080	100.0%	26,466,167	105.0%	26,364,510	104.6%
8년	28,800,000	29,308,170	101.7%	30,663,408	106.5%	30,326,455	105.3%
9년	32,400,000	33,513,010	103.4%	34,962,900	107.9%	34,339,513	106.0%
10년	36,000,000	37,823,090	105.0%	39,367,240	109.4%	38,404,451	106.7%
12년	36,000,000	39,622,610	110.0%	41,244,459	114.6%	39,397,658	109.4%
14년	36,000,000	41,509,090	115.3%	43,217,097	120.0%	40,420,885	112.3%
16년	36,000,000	43,486,810	120.7%	45,290,004	125.8%	41,475,039	115.2%
18년	36,000,000	45,559,580	126.5%	47,468,277	131.9%	42,561,055	118.2%
③ 20년	36,000,000	47,731,170	132.5%	49,757,272	138.2%	43,679,895	121.3%

이는 앞서 살펴본 저축성보험 상품에 추가 납입을 했을 때 해지환급금이 어떻게 달라지는지를 나타낸 표입니다. 이 표를 통해 추가 납입을 하면 어떤 효과를 볼 수 있는지 알아보겠습니다.

매월 기본 보험료 10만 원과 추가 납입 보험료 20만 원을 납입하는 것으로 가입 설계를 해보았습니다. 위의 표에 따르면, 추가 납입으로 가입 설계를 했을 때 ① 원금 손해를 보지 않는 것은 4년이 경과한 이후부터입니다. 4년이 되기 전에 해지한다면 원금을 다 돌려받지 못한다는 뜻입니다. 앞선 해지환급표(추가 납입을 하지 않았을 때)에서는 이 기간이 7년이었습니다. 추가 납입을 함으로써 원금 회수 기간이 3년이나 줄어든 것을 확인할 수 있습니다.

② 추가 납입을 했을 때 은행 상품보다 더 많은 이익을 챙기려면 7년이 경과해야 합니다. 7년이 되는 시점의 환급률은 105%입니다. 반면 은행 상품의 수익률은 104.6%입니다. 7년 이상 투자할 계획이라면 은행에 돈을 맡기는 것보다 저축성보험에 가입하는 것이 유리하다는 뜻입니다. 앞선 해지환급표에서는 이 기간이 12년이었습니다. 추가 납입을 함으로써 이 기간을 5년이나 앞당기게 되었습니다.

③ 만약 추가 납입을 해 보험을 20년 동안 유지한다면, 추가 납입을 하지 않은 경우보다 약 200만 원의 추가 수익을 올릴 수 있습니다. 추가 납입을 하지 않았을 때의 환급률은 132.5%, 추가 납입을 했을 때의 환급률은 이보다 5.7%나 높은 138.2%입니다.

이처럼 저축을 목적으로 보험에 가입하는 경우, 추가 납입은 매우 유용합니다. 따라서 여러분이 **저축성보험에 가입한다면 추가 납입은 '무조건' 하는 것이 유리**합니다. 하지만 여러분에게 보험을 권유하러 오는 보험설계사들은 '추가 납입'이라는 좋은 제도가 있다는 사실을 알려주지 않습니다. 추가 납입은 고객에게는 도움이 되지만, 보험설계사에게는 도움이 되지 않기 때문입니다.

A라는 고객이 매월 30만 원씩 저축할 수 있는 상품을 찾고 있다고 생각해봅시다. 보험설계사가 A에게 기본 보험료가 30만 원인 보험 상품을 판매한다면, 보험설계사는 30만 원에 대한 판매 수당을 받을 수 있습니다. 그런데 기본 보험료 10만 원에 추가 납입 보험료 20만 원으로 보험을 판매한다면, 보험설계사는 10만 원에 대한 판매 수당

밖에 받지 못합니다. 그래서 보험설계사는 추가 납입이 고객에게 유리하다 하더라도, 자신의 수당을 위해 추가 납입에 대한 설명을 먼저 해주지 않습니다. 그러니 저축성보험에 가입할 때는 보험설계사가 먼저 말해주지 않아도 여러분이 직접 추가 납입을 챙겨야 합니다.

최저보증이율

최저보증이율이란, 시중 금리가 하락해 공시이율이 떨어지더라도 보험회사에서 보증하는 최저 한도의 적용 이율을 뜻합니다. 금리가 아무리 떨어져도 최소한 이 정도의 금리는 무조건 준다고 정해놓은 것이죠. 최저보증이율은 보험이 만기될 때까지 그 내용이 변하지 않습니다.

한 보험회사에 최저보증이율이 2%인 저축성보험 상품이 있다고 가정해보겠습니다.

저축성보험의 이율 적용 예시

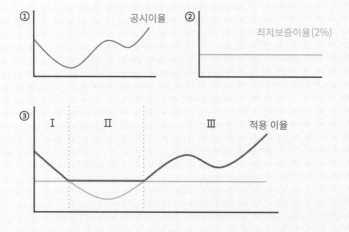

①은 공시이율의 변동을 나타낸 그래프입니다. 공시이율은 시중 금리의 변동에 따라 오르기도 하고, 떨어지기도 합니다. ②는 최저보증이율을 나타낸 그래프입니다. 최저보증이율은 상품 가입 기간 동안 일정하므로 수평선 모양으로 표시됩니다.

③은 공시이율과 최저보증이율에 따라 '적용되는 이율'을 표시한 그래프입니다. I 시기에는 공시이율이 최저보증이율보다 높으므로 공시이율이 적용됩니다. II 시기에는 최저보증이율이 공시이율보다 높으므로 최저보증이율이 적용됩니다. 마지막 III 시기에는 I 시기처럼 다시 공시이율이 적용됩니다. 이처럼 각 시기마다 적용되는 이율들을 연결하면 빨간색 선과 같은 모양이 나옵니다.

즉 보험 상품의 금리는 위의 그래프처럼 움직이므로 공시이율이 아무리 떨어진다 해도 최저보증이율보다 낮아질 수는 없습니다.

노후 준비, 국민연금만으로는 부족하겠죠?

"갈수록 노인들의 수명이 늘어나고 있는데, 우리나라의 노인빈곤율은 여전히 OECD 1위를 기록하고 있어 해결책이 필요한 상황입니다. 65세 이상 인구 중 중위 소득의 50%가 되지 않는 인구 비율을 말하는 노인빈곤율은 2017년 기준 43.8%로, OECD 국가 중 가장 높습니다. OECD 평균인 14.8%에 비하면 무려 3배나 높은 수치입니다."

저녁 식사를 하며 뉴스 앵커의 멘트를 듣고 있던 이 대리는 혀를 끌끌차며 앞에 앉아 있던 여자친구에게 말했다.

"우리나라 노인 빈곤 문제가 이 정도로 심각한 줄은 몰랐네. 노인 인구의 절반 정도가 소득이 낮아 빈곤에 시달리고 있다는 말이잖아."

이 대리의 말을 가만히 듣고 있던 여자친구는 이렇게 말했다.

"정말 심각한 문제지. 오빠는 당연히 노후 준비를 잘하고 있겠지?"

여자친구의 갑작스러운 질문에 이 대리는 당황했다.

"노후 준비? 지금 우리 나이가 몇인데 벌써부터 그런 걸 신경 써? 그리고 나중에 국민연금 나오잖아."

"이 오빠가 답답한 소리하네. 국민연금으로 전부 해결될 것 같으면, 우리나라 노인빈곤율이 왜 이렇게 높겠어! 거기에다 평균 수명이 늘어나면서 노인 비율은 계속 높아지는데, 출산율은 뚝뚝 떨어지고 있잖아. 지금 같은 추세라면 2054년에는 국민연금이 한 푼도 남아 있지 않을 거래. 오빠는 뉴스를 잘 안 보는구나?"

뼈를 때리는 듯한 여자친구의 말에 이 대리는 겸연쩍어졌다. 마음이 상한 이 대리는 빈정대며 말했다.

"아, 그래? 그러는 너는 노후 준비를 잘하고 있나보지?"

"당연하지. 나는 취직하자마자 연금보험부터 가입했어. 노후를 준비하는 금융 상품 중에 연말정산할 때 세액공제를 받을 수 있는 상품도 있으니 알아두도록 해."

이 대리는 야무지게 대답하는 여자친구에게 더 이상 토를 달 수 없었다. 사실 이 대리는 《4주 완성! 첫 돈 공부》에서 연말정산에 대한 내용을 보긴 했지만, 연말정산이라든지 세액공제에 대해 아직까지 감이 잡히지 않은 상태였다. 그런데 노후 준비까지 신경 써야 한다니 머리가 아파오기 시작했다. 이 대리는 더 늦기 전에 연금 상품에 대한 내용을 마스터해야겠다고 다짐했다.

노후 준비를 위한 보험 상품, 연금보험 vs. 연금저축보험

오늘의 목표 연금보험과 연금저축보험의 차이를 이해하고, 어떤 상품에 가입하는 것이 더 유리한지 비교해보자.

저축성보험에 대한 이야기를 조금만 더 해보도록 하겠습니다. 저축성보험의 장점을 극대화하려면 어떻게 해야 할까요? 가장 중요한 것은 투자 기간을 늘리는 것입니다. 시간이 흐를수록 사업비 부담은 점점 줄어들고, 복리 이자 계산으로 수익률이 점점 높아지기 때문이죠.

앞서 살펴본 해지환급표를 머릿속에 떠올리며, 다음 그래프를 봐

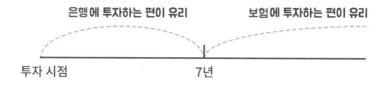

은행에 투자하는 편이 유리　　　　　보험에 투자하는 편이 유리

투자 시점　　　　　　　　　7년

주시기 바랍니다.

　해지환급표(추가 납입을 했을 경우)에 따르면, 저축성보험을 7년 이전에 해지하면 은행의 환급률이 높고, 7년이 지날 때까지 해지하지 않는다면 보험회사의 환급률이 높습니다. 쉽게 말해, 7년 이상 투자할 계획이라면 은행 상품보다는 보험 상품이 낫다는 이야기입니다.

저축성보험은 어떤 재테크 목표와 어울릴까?

　금융 상품을 고를 때는 우선 재테크 목표를 정하고, 그 목표에 적합한 상품을 골라야 합니다. 이런 점에서 볼 때 **저축성보험은 투자 기간이 장기인 재테크 목표와 어울린다**고 할 수 있습니다. 투자 기간이 최소 7년 이상은 되어야 보험 상품에 투자하는 의미가 있겠죠?

　여러분이 1년 뒤에 여행을 가기 위해 지금부터 매월 30만 원씩 저축을 한다고 생각해봅시다. 이 1년짜리 재테크 목표를 달성하기 위한 금융 상품으로 저축성보험이 어울릴까요? 절대 안 됩니다. 원금도 회수할 수 없습니다. 단기 목표를 위해 보험 상품에 돈을 맡기는 것은 정말 바보 같은 짓입니다.

이번에는 3년 뒤에 새 차를 구입하기 위해 지금부터 돈을 모은다고 생각봅시다. 이 목표 또한 저축성보험과 어울리지 않습니다. 3년 동안 보험회사에 사업비만 실컷 내다가 끝이 날 것이 분명합니다.

그렇다면 어떤 재테크 목표가 저축성보험과 어울릴까요? 아래에 여러 종류의 재테크 목표를 나열해놓았습니다. 이 중 보험 상품과 가장 잘 어울리는 재테크 목표는 무엇일까요?

재테크 목표 예시

500만 원(1년) – 비상금	300만 원(1년) – 여행자금	3,000만 원(2년) – 전세금
1,000만 원(2년) – 자녀양육비	5,000만 원(3년) – 결혼자금	5,000만 원(3년) – 종잣돈
3,000만 원(3년) – 새차구입비	1억 원(5년) – 새집마련자금	1억 원(5년) – 사업자금
3,000만 원(7년) – 자녀학자금	5,000만 원(10년) – 자녀결혼자금	3억 원(30년) – 노후자금

잘 찾으셨나요? 투자 기간이 눈에 띄게 긴 것이 하나 보이죠? 바로 노후자금입니다. 만약 여러분이 20대나 30대라면 노후자금을 준비할 기간이 20년 이상 남아 있습니다. 보험 상품의 장점을 살릴 수 있을 만큼 시간적 여유가 충분합니다. 그렇기 때문에 노후자금을 준비할 때는 보험 상품을 활용하는 것이 유리합니다.

연금보험은 저축성보험의 일종입니다. 저축성보험은 만기가 되었을 때 일시불로 전액을 수령하지만, **연금보험은 연금을 개시한 후 매월 일정한 금액을 연금 방식으로 수령할 수 있다는** 차이가 있습니다.

연금보험의 구조

연금보험의 구조를 그림으로 살펴보겠습니다.

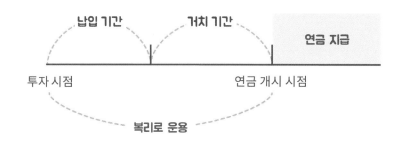

연금보험은 투자 시점으로부터 일정한 납입 기간 동안 적금처럼 보험료를 냅니다. 납입 기간은 5년, 10년, 20년 등 자유롭게 설정할 수 있습니다. 연금 개시 시점까지 납입하는 것도 가능합니다. 납입 기간이 길수록 총 납입 금액이 많아지기 때문에 돌려받는 연금액도 많아집니다.

납입이 끝나는 날부터 연금이 개시되기 전까지의 기간을 거치 기간이라고 합니다. 투자를 시작한 때부터 납입한 금액은 모두 복리로 운용됩니다. 투자금이 복리로 운용되기 때문에 투자 기간이 늘어날수록 연금으로 받을 수 있는 금액 또한 많아집니다.

연금 개시 시점이 되면 적립된 금액을 연금으로 지급받습니다. 연금은 종신토록 지급받을 수도 있고(종신연금형), 정해진 기간 동안만 지급받을 수도 있습니다(확정연금형). 10년이나 20년처럼 기간을 정해두고 연금을 받으면 종신으로 연금을 받을 때보다 매월 수령하는 연금액이 많지만, 연금 수령 기간이 끝난 이후에는 더 이상 연금을 받을 수 없다는 단점이 있습니다. 반면 종신연금형을 선택하면, 연금액은 상대적으로 조금 낮더라도 사망할 때까지 매월 연금을 받을 수 있다는 장점이 있습니다.

연금보험도 저축성보험의 일종이기 때문에 저축성보험과 장단점이 비슷합니다. 즉 은행보다 높은 금리, 비과세, 복리 운용은 장점이고, 높은 사업비를 떼는 것은 단점입니다. 또한 연금보험도 저축성보험과 마찬가지로 추가 납입을 통해 수익률을 높이는 것이 가능합니다.

연말정산에 유리한 저축성 상품, 연금저축보험

노후자금을 모을 수 있는 보험회사의 저축성 상품으로 '연금저축보험'이라는 것도 있습니다. '연금보험? 연금저축보험? 둘이 같은 거 아니야?'라고 생각하신 분들도 있을 것입니다. 이름이 굉장히 비슷하지만 엄연히 다른 금융 상품입니다. 지금부터 상품명에 '저축'이라는 단어가 추가된 연금저축보험에 대해 알아보겠습니다.

처음으로 연말정산을 한 신입사원 A씨는 기분이 좋지 않았다. 자신이 생각했던 것보다 환급액이 훨씬 적었기 때문이다. A씨는 입사 동기인 B씨에게 툴툴거리며 하소연했다.

"연말정산이 13월의 월급이라고 해서 엄청 기대했는데, 간식값도 안 나왔어."

"그래? 난 괜찮게 나왔던데……."

"넌 환급액이 얼마나 되는데?"

A씨는 B씨의 환급액을 듣고 깜짝 놀랐다. 본인보다 100만 원 이상 많은 게 아닌가! A씨는 똑같은 월급을 받으면서 이럴 수 있나 싶어 B씨에게 조심스럽게 물었다.

"넌 도대체 뭘 어떻게 한 거야?"

"그냥 소득공제나 세액공제를 해준다는 금융 상품 몇 개 가입했어. 주택청약종합저축이랑 연금저축보험 같은 것들 말이야."

"연금보험은 나도 진작 가입했는데, 환급이 안 되던 걸?"

그러자 B씨는 어이가 없다는 표정으로 대답했다.

"연금저축보험이랑 연금보험은 다른 거야."

연금저축보험은 연말정산을 할 때 세액공제 혜택을 받을 수 있는 연금 상품입니다. 매년 납입한 보험료 중 600만 원 한도로 최고 16.5%의 금액을 연말정산 시 세액공제로 돌려줍니다. 600만 원의 16.5%는 99만 원입니다. 600만 원을 저축하고 99만 원을 돌려받으니 결코 나쁜 장사가 아니죠.

앞서 살펴봤듯 연말정산은 1년 동안 여러분이 벌어들인 소득을 세세하게 따져보고, 소득세를 다시 계산해 정산하는 것을 말합니다. 또한 세액공제는 연말정산을 할 때 여러분이 납부해야 할 세금을 깎아주는 것을 말합니다. 쉽게 말해, 연금저축보험에 가입하면 소득세로 내야 할 세금을 깎아준다는 것이죠. 얼마나? 최대 99만 원까지요. 하지만 이 금액은 소득 수준에 따라 조금씩 달라집니다. 연금저축보험에 가입하면 세금을 얼마나 깎아주는지, 그 금액부터 정리해보겠습니다.

소득별 세액공제 혜택

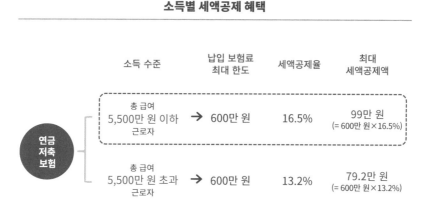

여러분의 1년간 총 급여가 5,500만 원 이하라면, 매년 납입한 보험료 중 600만 원까지 세액공제 혜택을 받을 수 있고, 이때 세액공제율은 16.5%입니다. 즉 1년 동안 600만 원의 보험료를 낸다면 세액공제액은 99만 원(600만 원×16.5%)입니다. 만약 총 급여가 5,500만 원을 초과한다면 79만 2,000원의 세액공제를 받을 수 있습니다.

요즘 시중은행의 적금 금리는 2%가 넘지 않습니다. 이 말인 즉, 매월 34만 원씩 적금을 넣어도 이자가 5만 원이 되지 않는다는 뜻입니다. 그런데 연금저축보험에 가입하면, 이자는 둘째로 치더라도 매년 환급받을 수 있는 금액이 99만 원입니다. 정말 큰 혜택이 아닐 수 없죠.

여기까지만 공부한다면, 이런 의문이 생깁니다.

'그렇다면 연금저축보험이 연금보험보다 무조건 유리한 거 아냐? 세액공제를 받을 수 있으니까!'

그렇지 않습니다. 연금저축보험이 연금보험보다 불리한 점도 있습니다. 연금을 수령할 때 연금소득세를 내야 하고, 세액공제 혜택을 받는 대신 비과세 혜택은 받을 수 없습니다.

연금보험과 연금저축보험, 어떤 상품이 유리할까?

지금까지 연금저축보험의 장단점에 대해 알아보았습니다. 다시 한 번 정리하면, 연금저축보험은 세액공제를 받을 수 있다는 장점이 있지만, 연금 수령 시 연금소득세(3.3~5.5%)를 내야 한다는 단점이 있습니다. 연금보험은 세액공제를 받을 수 없다는 단점이 있지만, 연금 수령 시 비과세 혜택을 받을 수 있다는 장점이 있습니다. 그럼 둘 중 어떤 상품에 가입하는 것이 유리할까요?

연봉이 5,000만 원인 직장인 C씨는 노후를 대비해 보험회사의 연금 상품에 가입하기로 했다. 보험료는 한 달에 50만 원씩 납입할 계획이었다. 보험설계사에게 문의했더니, 10년 동안 50만 원의 보험료를 납입하면 75세부터 사망 시까지 받을 수 있는 연금은 매월 98만 원 정도라고 했다. C씨는 비과세 혜택을 받을 수 있는 연금보험에 가입할지, 세액공제 혜택을 받을 수 있는 연금저축보험에 가입할지 고민에 빠졌다.

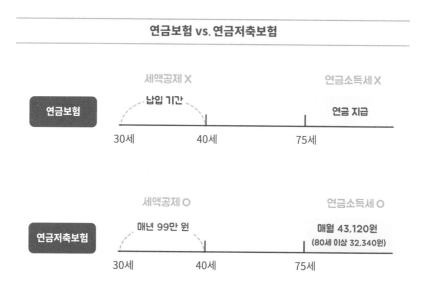

연금보험 vs. 연금저축보험

위 그림을 살펴보겠습니다. 연금보험은 세액공제 혜택이 없는 대신 연금 수령 시 연금소득세를 내지 않아도 됩니다. 연금저축보험은 납입 기간 동안 매년 99만 원씩 세액공제 혜택을 받을 수 있습니다.

보험료 납입 기간이 10년이라면, 10년 동안 세액공제를 받을 수 있는 금액은 총 990만 원(99만 원×10년)입니다.

시간이 흘러 연금을 수령할 때가 되었습니다. 연금저축보험은 연금 수령 시 3.3~5.5%의 연금소득세를 내야 합니다. 연금을 매월 98만 원씩 받는다면, 한 달에 내야 하는 연금소득세는 80세 이전에는 43,120원, 80세 이후에는 32,340원입니다. 100세까지 연금을 수령한다고 가정하면, 연금소득세는 1,035만 원 정도입니다.

여기에 물가상승률까지 고려한다면 납입 시점의 990만 원의 가치가 연금 수령 시점의 1,035만 원보다 훨씬 더 클 것입니다.

즉 다른 조건이 모두 동일하다면 연금보험보다 연금저축보험에 가입하는 것(세액공제를 받는 것)이 유리합니다. 따라서 **연말정산 대상자라면 연금저축보험부터 한도에 맞게 가입하고, 이후에 여유가 생겼을 때 연금보험에 추가로 가입하는 것이 현명합니다.**

연금저축보험의 연금소득세

심화학습

연금저축보험은 연금을 수령할 때 3.3~5.5%의 연금소득세를 내야 합니다. 연금 수령 나이에 따른 연금저축보험의 연금소득세율은 다음과 같습니다.

나이 (연금수령일 현재)	연금소득세율 (확정연금형)	연금소득세율 (종신연금형)
70세 미만	5.5%	4.4%
70세 이상~80세 미만	4.4%	
80세 이상	3.3%	3.3%

이 표만 보고는 연금소득세를 얼마나 내야 하는지 잘 모르시겠죠? 75세에 한 달 연금수령액이 60만 원이라면, 연금소득세로 떼어가는 돈은 얼마일까요? 천천히 계산해보세요.

정답은 26,400원(60만 원×4.4%)입니다. 연금수령액 60만 원 중에서 26,400원을 떼어가고 나머지 573,600원만 지급합니다. (반면, 연금보험은 비과세라서 연금소득세를 떼지 않습니다.)

내 노후에는 얼마가 필요할까?

노후자금 마련은 가장 중요한 재테크 목표 중 하나입니다. 지금부터 여러분의 노후에 대해 생각해보는 시간을 가져보겠습니다.

1. 여러분은 어떤 노후생활을 꿈꾸나요? 한 달에 최소 얼마의 노후자금이 준비되어 있어야 여러분이 원하는 노후생활을 할 수 있을까요?

    최소 월 _____ 만 원

2. 여러분이 은퇴 후 매월 받을 수 있는 국민연금액은 얼마인가요? 은퇴 후 매월 받을 수 있는 퇴직연금액은 얼마인가요? 개인적으로 가입한 연금 상품이 있나요? 금융감독원 통합연금포털(100lifeplan.fss.or.kr)에 접속해 메뉴에서 '내 연금 조회'를 클릭하면 나의 국민연금, 퇴직연금, 개인연금의 계약 내용과 예상 수령액을 일괄적으로 조회할 수 있습니다.

    ■ 국민연금: 월 _____ 원
    ■ 퇴직연금: 월 _____ 원
    ■ 개인연금: 월 _____ 원

3. 원하는 수준의 노후자금을 마련하려면 매월 어느 정도의 연금액이 더 필요한가요?

    월 _____ 원

연금보험,
금리가 낮아서 조금 아쉬워요

노후자금을 따로 준비해야 한다는 사실을 깨달은 이 대리는《4주 완성! 첫 돈 공부》를 읽으며 보험회사의 연금 상품에 대해 열심히 공부했다. 보험회사에서 가입할 수 있는 연금보험과 연금저축보험 중 이 대리가 특히 관심이 가는 상품은 연금저축보험이었다. 노후자금을 준비하는 동시에 연말정산 때 세액공제 혜택까지 받을 수 있으니, 그야말로 꿩 먹고 알 먹고 아니겠는가!

그런데 연금저축보험에 가입하자니, 한 가지 마음에 걸리는 것이 있었다. 공시이율로 안정적으로 운용된다는 장점이 있지만 이율 자체가 너무 낮았다. 지금부터 매월 34만 원씩 꼬박꼬박 모은다 해도 충분한 노후자금을 마련할 수 있을지 의문이 들었다. 앞으로 공시이율이 더 떨어진다면 받을 수 있는 연금액도 줄어들 것이 분명했다.

'그때는 지금보다 물가도 많이 비쌀 텐데, 연금으로 받을 수 있는 돈이 너무 적네.'

이 대리는 인터넷을 통해 공시이율이 조금이라도 더 높은 연금 상품을 찾아보느라 밤새 한숨도 자지 못했다. 연금 상품은 결정하고 나면 30년 이상 유지해야 하기 때문에 쉽게 결정을 내릴 수 없었다.

다음 날 여자친구를 만난 이 대리는 벌겋게 충혈된 눈으로 이렇게 말했다.

"어제 이자를 많이 주는 연금 상품을 찾아보느라 한숨도 못 잤어. 만족스러운 수준으로 이자를 주는 곳이 없어서 쉽게 결정을 내릴 수 없더라고."

"이자가 낮은 게 불만이라면, 변액연금보험을 알아보는 건 어때? 변액보험은 예금자보호가 되거나 최저보증이율을 보장해주는 상품은 아니지만, 투자를 해서 실적이 좋으면 수익률을 높일 수 있거든. 쉽게 말해서 증권사의 펀드 같은 금융 상품이야."

여자친구의 말에 이 대리는 사뭇 진지한 표정으로 말했다.

"보험회사에도 그런 투자 상품이 있는 줄 몰랐네. 오늘은 변액보험에 대해서도 알아봐야겠다."

펀드에 투자해
수익을 올릴 수 있는 변액보험

오늘의 목표　변액보험에 대해 알아보고,
　　　　　　　　증권사의 연금저축펀드와 비교해보자.

은행에서 적금에 가입하면 정해진 금리에 따라 안정적으로 돈을 모을
수 있습니다. 증권사의 펀드에 돈을 넣으면 펀드의 성과에 따라 (원금
손실이 생길 수도 있지만) 적금보다 높은 수익률을 기대할 수 있습니
다. 마찬가지로 공시이율로 적립금이 쌓이는 연금보험(연금저축보험)
에 가입하면 안정적으로 노후자금을 준비할 수 있습니다. 하지만 금리
가 너무 낮으면 연금으로 받을 수 있는 금액이 적을 수도 있습니다. 내

돈에 이자가 불어나는 속도가 물가가 오르는 속도보다 느리면 참으로 난감할 것입니다. 그렇다면 보험회사에는 증권사의 펀드처럼 투자를 해서 수익률을 높일 수 있는 금융 상품이 없을까요?

변액보험이란?

보험회사에도 납입한 **보험료를 주식이나 채권에 투자해 수익을 얻는 투자형 상품**이 있습니다. **변액보험**이 바로 그것입니다. 변액은 말 그대로 '금액이 변한다'라는 뜻입니다. 여러분이 내는 보험료를 펀드에 투자해 그 성과에 따라 '금액이 변한다'는 것이죠. 한마디로 변액보험은 '금액이 변하는 보험 상품'을 말합니다.

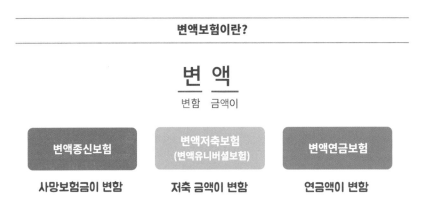

여기서 '어떤 금액'이 변하는지에 따라 변액 상품의 종류도 달라

집니다. 만약 투자 성과에 따라 사망보험금이 변하는 보험에 가입했다면, 그 상품은 변액종신보험입니다. 투자 성과에 따라 저축 금액이 변하는 보험에 가입했다면, 그 상품은 변액저축보험입니다. 변액저축보험은 변액유니버셜보험이라는 이름으로 불리는 경우가 많습니다. 투자 성과에 따라 연금액이 변하는 보험에 가입했다면, 그 상품은 변액연금보험입니다.

변액보험은 펀드에 투자해서 수익을 얻는 금융 상품입니다. 따라서 변액보험에 가입할 때는 어떤 펀드들에 투자할지, 각각의 펀드에 전체 금액의 몇 퍼센트씩 투자할지 결정해야 합니다.

가입 이후에도 시장 상황에 맞게 펀드 변경을 하며 관리를 해줘야 합니다. 주식시장 경기가 좋을 때는 주식형 펀드의 비중을 늘려야 하고, 주식시장 경기가 나쁠 때는 주식형 펀드의 비중을 낮추고, 채권형 펀드의 비중을 높여야 합니다. 이처럼 **변액보험으로 수익률을 높이기 위해서는 지속적으로 펀드 관리를 해줘야** 합니다.

그런데 변액보험에 가입해놓고도 변액보험이 펀드에 투자하는 상품이라는 사실을 모르는 사람이 상당히 많습니다. 보험설계사가 좋은 상품이라고 권유하니 말 그대로 '가입만' 한 것이죠.

이렇게 가입했을 때는 펀드 관리를 제대로 할 리가 없습니다. 자신의 변액보험이 현재 어떤 펀드에 투자되고 있는지 알기만 해도 다행일 지경입니다. 상황이 이러하니 변액보험에 가입하고 몇 년이 지난 후에 적립금을 확인해보면, 정말 기가 찹니다. 수익을 얻기는커녕 납입한 보험료의 원금에도 미치지 못하기 때문입니다.

변액보험에 가입하지 마라?

A씨는 8년 전인 2011년에 지인 B씨의 권유로 변액저축보험에 가입했다. 은행 적금보다 훨씬 높은 이자를 준다는 말에 변액저축보험에 가입하기로 결정을 내린 것이다. B씨는 주식시장 상황만 좋다면 3년 안에 원금을 회수할 수 있고, 아무리 못해도 7년 안에는 무조건 이익이 날 것이라고 장담했다. 그 이후에는 수익이 눈덩이처럼 불어날 것이라는 말도 잊지 않았다.

A씨는 변액저축보험에 가입한 사실을 한동안 잊고 지냈다. 그러던 어느 날, 변액저축보험에 수익이 얼마나 났는지 궁금해진 A씨는 8년 만에 처음으로 계좌를 조회해보았다. 은행 적금보다 이자가 많다고 했으니, 돈이 꽤 모였을 거라 기대했다. 하지만 계좌를 조회해본 A씨는 실망감을 감출 수 없었다. 적립 금액은 원금에도 미치지 못했다. 가입한 지 8년이나 지났지만, 원금회수율은 96%밖에 되지 않았다.

보험설계사의 말만 믿고 변액보험에 투자했다가 원금도 찾지 못하고 해지하는 사례가 빈번히 발생합니다. A씨처럼 8년 이상 보험료를 넣었지만 적립된 금액이 원금에도 미치지 못한다면 고객 입장에서는 화가 치밀 수밖에 없죠. 비록 급하게 돈이 필요하지 않더라도 이 보험을 해지해야 하나 고민하게 됩니다. 그렇다면 변액보험은 정말 나쁜 금융 상품일까요? 이처럼 손실이 발생하는 이유는 무엇일까요?

우선, 당연한 이야기부터 한 가지 하겠습니다. 변액보험도 펀드와 같은 투자형 상품입니다. 투자형 상품은 주식이나 채권에 투자해 이익이 발생할 수도 있지만, 반대로 손실이 발생할 수도 있습니다. 따라서 변액보험의 투자 성과에 따라 8년이 지난 후에도 적립금이 원금에 미치지 못할 수 있는 것입니다.

하지만 변액 상품에서 마이너스가 발생하는 이유는 투자 손실 때문만이 아닙니다. 변액 상품에서 손실이 나는 가장 큰 이유는 바로 높은 사업비 때문입니다.

사업비는 앞서 저축성보험에 대해 다루면서 설명드린 바 있습니다. 변액보험도 다른 보험 상품들과 마찬가지로 투자를 하기 전에 사업비를 떼어갑니다. 그것도 많이요. 투자를 시작하기도 전에 이미 손해를 보고 시작하는 것과 다름없습니다. 투자 목적으로 상품에 가입했는데 원금부터 까먹는다니! 화가 날 수밖에 없는 일입니다. 보험 가입을 할 때 사업비에 대한 설명을 듣지 못했다면, 보험설계사에게 속았다는 생각이 드는 것이 당연합니다.

변액보험은 사업비를 얼마나 떼어갈까?

그렇다면 변액보험은 사업비를 얼마나 떼어갈까요? 보험상품별 사업비는 생명보험협회의 상품공시실이나 각 보험회사의 상품공시실에서 확인할 수 있습니다.

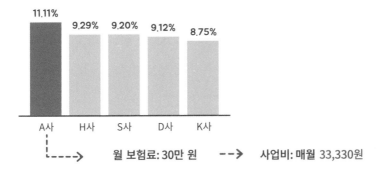

11.11% 9.29% 9.20% 9.12% 8.75%

A사 H사 S사 D사 K사

월 보험료: 30만 원 --→ 사업비: 매월 33,330원

출처: 생명보험협회 상품공시실, 각 사 상품공시실

위 그림에서 사업비 비중이 가장 높은 A사의 경우, 사업비만 무려 11.11%입니다. 만약 여러분이 A보험사에 매월 30만 원씩 보험료를 납입했다면, 이 돈 중 33,330원은 바로 사업비로 떼어갔다는 이야기입니다. 이 자료에 따르면, 생명보험사들은 평균적으로 10% 안팎의 사업비를 떼어갑니다. 사업비로 이렇게 많은 돈을 가져가기 때문에 원금을 회수하기까지 그렇게 많은 시간이 걸리는 것입니다.

이렇게 말씀하시는 분들도 계십니다.

"왜 부정적으로만 생각해? 변액보험에 투자해서 매년 10%씩 수익이 날 수도 있잖아. 우리 보험설계사는 그렇게 말하던데……."

물론 수익이 매년 10%씩 발생한다면 원금을 회복하는 데 걸리는 시간도 훨씬 줄어들 것이고, 적립금도 많이 쌓일 것입니다. 하지만 현실적으로 매년 10%씩 수익이 발생하는 것은 거의 불가능합니다. 어떤 해에는 수익이 좋을 수도 있지만, 어떤 해에는 마이너스가 날 수도 있기 때문입니다. 지난해에 10%의 수익이 발생했다 해도 올해 수익률이 0%라면 평균 수익률은 5%입니다. 경기가 가파르게 성장하는 시기가 아닌 이상, 매년 10%의 수익을 기대해서는 안 됩니다.

그렇다면 변액보험을 펀드와 비교해보면 어떨까요? 변액보험은 펀드와 비슷한 상품이라고 하니, 지금부터 이 둘을 비교해보도록 하겠습니다.

변액보험 vs. 펀드 - 1. 운용보수

먼저 펀드의 비용에 대해 복습해보도록 하겠습니다. 펀드의 비용에는 수수료와 보수가 있다고 했습니다. 수수료는 보험료에 대해 딱 한 번만 내는 비용입니다. 선취수수료, 후취수수료라는 용어가 기억나시죠? 보수는 펀드가 유지되는 기간 동안 지속적으로 지불하는 비용입니다. 판매보수, 운용보수 등의 용어가 기억나실 거라 생각합니다.

변액보험에도 펀드의 수수료와 보수처럼 비용이 발생합니다. 변액보험의 사업비는 펀드의 수수료와 같은 개념으로 이해하시면 됩니다. 선취수수료처럼 보험료에서 일정 비율을 미리 떼어가니까요. 변액보험에는 사업비뿐 아니라 펀드의 보수처럼 지속적으로 빠져나가는 비용도 있습니다.

변액보험은 운용보수율이 펀드보다 낮기 때문에 투자 기간이 길어질수록 펀드에 비해 유리합니다. 보수는 총 적립액에 대비해 변하기 때문입니다. 투자 기간이 길어지고 적립액이 많이 쌓일수록 운용보수율이 낮은 변액보험의 총 비용이 펀드에 비해 상대적으로 저렴해지는 것이죠.

펀드 투자	
월 납입액	30만 원
선취수수료	1%(납입액 대비)
총 보수	연 2%(총 적립액 대비)

시기	선취수수료	총 보수	총 비용
가입 시점	3,000원	500원	3,500원
5년 경과	3,000원	30,000원	33,000원
10년 경과	3,000원	60,000원	63,000원

변액보험 투자	
월 납입액	30만 원
사업비	11%(납입액 대비)
총 보수	연 1%(총 적립액 대비)

시기	선취수수료	총 보수	총 비용
가입 시점	33,000원	250원	33,250원
5년 경과	33,000원	15,000원	48,000원
10년 경과	33,000원	30,000원	63,000원

위의 표를 보면, 가입 초기에는 사업비를 많이 떼는 변액보험의 총 비용이 펀드에 비해 크게 높습니다. 하지만 시간이 흐를수록 그 차이가 점점 줄어듭니다. 10년이 경과하면 변액보험의 비용이 펀드보다 더 적어집니다. 적립액이 많이 쌓일수록 보수가 낮은 변액보험이 유리해지기 때문입니다. 그래서 변액보험은 장기로 갈수록 펀드보다 성과가 좋습니다.

하지만 최근 10년 동안 이런 상황이 변했습니다. 온라인 펀드슈퍼마켓이 등장하고, 다양한 ETF가 생겨나면서 펀드의 비용이 변액보험보다 낮아지기 시작한 것입니다. 그 결과, 이제는 **변액보험의 운용보수가 펀드의 총 보수보다 더 이상 저렴하지 않습니다.**

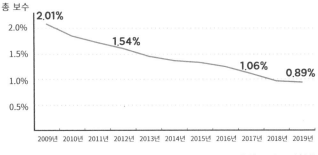

출처: 금융투자협회

　　금융투자협회의 통계에 따르면, 펀드의 유형별 보수 및 비용은 꾸준히 감소하고 있습니다. 위의 그래프를 보면 주식형 펀드의 총 보수가 얼마나 감소했는지 알 수 있습니다. 2009년 주식형 펀드의 총 보수는 2.01%였습니다. 하지만 최근 10년 동안 펀드의 총 보수는 계속 감소했고, 2019년에는 0.89%를 기록했습니다. 10년 동안 무려 절반 이상 감소한 것입니다.

　　펀드의 비용은 계속 감소하는데 비해, 변액보험의 운용보수는 그다지 차이를 보이지 않습니다.

(기준 : 年)

펀드명	운영보수	투자일임보수	수탁보수	사무관리보수	합계
채권형	0.330%	0.050%	0.01%	0.01%	0.400%
MMF형	0.130%	0.020%	0.01%	0.01%	0.170%
일반주식형	0.700%	0.280%	0.01%	0.01%	1.000%
배당주주식형	0.700%	0.276%	0.01%	0.01%	0.996%
그로스주식형	0.700%	0.280%	0.01%	0.01%	1.000%
인덱스주식형	0.700%	0.174%	0.01%	0.01%	0.894%
삼성그룹주식형	0.510%	0.013%	0.01%	0.01%	0.543%
케이인덱스주식형	0.470%	0.013%	0.01%	0.01%	0.503%
더블유인덱스주식형	0.470%	0.048%	0.02%	0.01%	0.548%
업종대표주식형	0.700%	0.122%	0.01%	0.01%	0.842%

이는 S보험사에서 판매하는 변액보험의 펀드별 특별 계정 운용보수를 운용 설명서에서 발췌한 자료입니다. 이에 따르면, 이 변액보험에 주식형 펀드를 편입하기 위해서는 1년에 1% 수준의 보수를 (사업비와는 별도로) 추가로 지불해야 한다는 것을 알 수 있습니다. 일반 주식형 펀드에 가입하는 것보다(평균 0.89%) 오히려 더 많은 비용이 발생하네요.

사업비도 많이 나가는데, 운용보수까지 많이 발생하다니! 장기로 투자할수록 변액보험이 유리하다는 말도 이제는 옛날이야기가 되어 버렸습니다.

변액보험 vs. 펀드 – 2. 펀드 변경

펀드 투자자 C씨는 최근 국내 주식에 투자하는 펀드에 가입했다. 당분간 주식시장이 오를 것이라고 예상했기 때문이다. 다행히 예상이 적중해 한동안 펀드 수익률은 만족스러웠다.

하지만 한 달이 지나자 시장 상황이 바뀌기 시작했다. C씨는 주식이 향후 몇 달 동안 침체될 것이라고 판단했다. 그래서 이익을 보고 있던 주식형 펀드를 환매하고, 채권형 펀드로 갈아타기로 마음먹었다.

그런데 이때, 생각지 못한 문제가 생겼다. 주식형 펀드를 90일 이전에 환매해서 환매수수료가 발생한 것이다. 그리고 새로 가입하려는 채권형 펀드에서도 선취수수료를 떼어갔다. C씨는 시장 상황에 적극적으로 대응했지만, 펀드를 갈아타는 데 너무 많은 비용을 치러야 했다.

만약 C씨가 펀드에 투자하지 않고, 변액보험에 투자했다면 위의 문제를 피할 수 있었을 것입니다. 변액보험은 펀드 변경을 할 수 있기 때문입니다. 펀드를 변경할 때 비용이 발생하는 것도 아니니, 다양한 펀드를 자유롭게 옮겨 다닐 수 있습니다. 따라서 경기 사이클에 따라 주가가 상승하는 시기에는 주식형 펀드의 비중을 늘리고, 주가가 하락하는 시기에는 채권형 펀드로 갈아타는 전략으로 수익률을 높일 수 있습니다.

변액보험을 권유하는 사람들은 펀드 변경이 자유롭다는 것을 장점으로 내세우곤 합니다. 맞는 말입니다. 펀드 변경을 자유롭게 할 수 있다면 수익률을 높이는 데 분명 도움이 됩니다. 하지만 펀드 변경을 할 수 있는 상품이 보험회사에만 있는 것은 아닙니다. 증권사에도 자유롭게 펀드를 옮겨 다닐 수 있는 금융 상품이 있습니다. 바로 '엄브렐러 펀드'입니다.

엄브렐러 펀드는 하나의 우산 안에 서로 다른 여러 개의 하위 펀드가 묶여 있는 펀드를 말합니다. 엄브렐러 펀드에 가입하면, 그 펀드에 속해 있는 하위 펀드들을 자유롭게 옮겨 다니며 투자할 수 있습니다. 변액보험에서 펀드 변경을 하는 것처럼 말이죠.

엄브렐러 펀드 중 대표적인 것은 증권사의 '연금저축펀드'입니

다. **연금저축펀드는 연금저축보험과 마찬가지로 연말정산을 할 때 600만 원 한도로 세액공제를 받을 수 있는 연금 상품입니다.** 또한 변액보험처럼 **마음에 드는 펀드를 선택해 투자할 수 있고, 당연히 펀드 변경도 자유롭게 할 수 있습니다.**

자, 여기서 문제 하나를 내보겠습니다. 변액보험과 연금저축펀드 모두 펀드 변경이 가능한데, 둘 중 어떤 금융 상품이 펀드 변경을 할 때 더 유리할까요?

정답은 연금저축펀드입니다. **연금저축펀드가 변액보험보다 선택할 수 있는 펀드의 개수가 훨씬 많기 때문입니다.** 변액보험은 펀드 변경을 하고 싶어도 선택할 수 있는 펀드의 종류가 한정되어 있습니다. 대략 10~20개 정도이죠. 반면 연금저축펀드는 펀드 변경을 할 때 선택할 수 있는 펀드의 종류가 매우 많습니다. 펀드슈퍼마켓을 기준으로 800개가 넘는 연금펀드 중에 선택할 수 있습니다. 20개 중에서 가장 좋은 펀드를 고르는 것과 800개 중에서 가장 좋은 펀드를 고르는 것 중에 어느 쪽이 유리할까요? 당연히 800개 중에서 고를 수 있는 연금저축펀드가 유리하겠죠?

변액보험 vs. 펀드 - 3. 비과세

저축성보험의 장점은 비과세 혜택을 받을 수 있다는 것입니다. 앞서 설명드린 것처럼 비과세 요건(5년 이상 납입, 10년 이상 유지, 월 보험료 150만 원 이하)만 충족하면 됩니다. 변액보험도 마찬가지로 해당 요건만 충족하면 비과세 혜택을 받을 수 있습니다.

펀드는 변액보험처럼 비과세 혜택을 받을 수 없습니다. 하지만 **연금저축펀드에 가입한다면 연금저축보험과 마찬가지로 연말정산 시 600만 원까지 세액공제를 받을 수 있습니다.** 비과세와 세액공제 중 어느 쪽이 유리한지는 앞서 자세히 다뤘으므로 생략하도록 하겠습니다.

어떤 연금 상품을 선택해야 할까?

앞서 살펴본 것처럼 변액보험으로 노후자금을 준비하기에는 아쉬운 점이 많습니다. 먼저, 변액보험은 사업비로 떼어가는 돈이 너무 많습니다. 투자를 하기도 전에 보험료의 10% 이상을 보험회사에서 가져가니 변액보험으로는 수익을 올리기가 힘들어 보입니다.

예전에는 장기 투자를 할수록 운용보수가 낮은 변액보험이 펀드보다 유리했지만, 지금은 꼭 그렇지도 않습니다. 펀드의 비용이 예전에 비해 많이 낮아졌기 때문입니다. 사업비를 포함한 비용 측면에서 변액보험은 펀드보다 불리합니다.

투자할 수 있는 펀드의 종류가 다양하다는 점에서도 변액연금보다는 연금저축펀드가 훨씬 유리합니다. 더군다나 연금저축펀드는 세액공제 혜택까지 받을 수 있으니 일석이조죠.

자, 그럼 이제 연금 상품에 대한 결론을 내리겠습니다. 수익성보다 안정성을 중요하게 생각하거나, 펀드 관리를 하는 것이 부담스럽다면 세액공제나 연금소득세에 관한 부분을 고려해 연금보험이나 연금저축보험 중에서 유리한 상품을 선택하면 됩니다.

만약 안정성보다 수익성을 중요하게 생각한다면 보험회사의 변액연금보다는 증권사의 연금저축펀드를 선택하는 것이 좋습니다. 연금저축펀드에 투자하는 것이 비용(사업비 등)적인 면에서 훨씬 유리하기 때문입니다.

마지막으로, 노후자금을 준비하기 위한 추천 연금 상품을 그림으로 간단히 정리해보겠습니다.

Level 4

제8장
부동산으로
재테크
레벨업하기

우리나라 집값은
왜 이렇게 비싼 걸까요?

이 대리는 연금에 대해 공부하며 노후 준비가 쉬운 것 같으면서도 어렵다고 생각했다. 연금보험과 연금저축펀드에 돈을 나눠 가입했지만, 이것만으로는 충분하다는 확신이 들지 않았다. 그렇다고 해서 연금을 위해 저축액을 더 늘릴 수도 없었다. 월급에는 한계가 있으니까!

이 대리는 잠시 눈을 감고 자신이 건물주가 되는 상상을 해보았다.

'건물주가 되면 얼마나 좋을까? 꼬박꼬박 월세가 들어온다면 노후 걱정을 할 필요가 없을 텐데……'

건물주, 아니 '갓물주'라는 단어에 꽂힌 이 대리는 혼자 상상의 나래를 펼치기 시작했다.

'만약 내가 10층짜리 원룸 건물을 가지고 있다면 어떨까? 방이 40

개 정도는 되겠지? 방 한 개마다 월세를 50만 원씩 받는다면 월수입이 얼마나 될까? 50만 원 곱하기 40은…… 2,000만 원? 우와! 월세로만 2,000만 원을 받는다고? 아냐. 아무래도 10층짜리 건물은 욕심이야. 그럼 4층짜리 빌라는 어떨까? 8세대에 월세를 70만 원씩 받는다면 560만 원이네? 매월 이 정도만 통장에 꽂혀도 만족스럽겠다.'

건물주가 된다는 건 상상만 해도 기분 좋은 일이었다. 하지만 상상을 마친 이 대리는 급격히 자괴감이 들었다. 현실은 전혀 달랐기 때문이다. 건물은 고사하고, 내 이름으로 된 집 한 채만 있어도 소원이 없을 것 같았다. 이 세상에 집이 얼마나 많은데, 그중에 내 거라고는 하나도 없다니, 이 얼마나 슬픈 일인가!

이 대리는 간절히 집을 가지고 싶었다. 하지만 이번 생에 그 소원을 이룰 수 있을지 의문이었다. 뉴스를 보니, 서울 평균 아파트값이 8억 2,000만 원이라고 했다. 이 대리의 평균 월수입은 250만 원! 그 돈을 하나도 쓰지 않는다 해도 1년에 모을 수 있는 금액은 3,000만 원이었다. 이 대리의 수입으로 8억 2,000만 원을 모으려면 무려 27년이라는 시간이 걸렸다. 이 대리는 다시 한 번 좌절하지 않을 수 없었다.

'27년 동안 죽어라 돈을 모았다 해도 그때가 되면 집값이 또 오르겠지. 젠장! 도대체 우리나라 집값은 왜 이렇게 비싼 거야!'

Day 26

대한민국 재테크,
부동산을 빼고 논하지 말라

오늘의 목표 부동산 전망에 대한 낙관론자와 비관론자,
양쪽의 주장을 모두 들어보자.

우리나라에서는 부동산을 빼고 재테크를 논할 수 없습니다. 우리 윗
세대 어른들은 이렇게 말씀하시곤 합니다.

"집은 빚을 내서라도 사야 해."

주식이나 펀드에 투자하겠다고 하면 조금이라도 손해가 날까 걱
정하는 보수적인 어른들도 부동산에 있어서만큼은 매우 관대합니다.
아니, 오히려 부동산에 더 열정적입니다. 이분들은 빚을 내서라도 아

파트를 사두면 그 가치가 반드시 오를 거라는 절대적인 믿음을 가지고 있습니다.

어른들이 부동산에 열광하게 된 이유

윗세대 어른들이 "역시 부동산밖에 없어!"라고 말하는 이유는 무엇일까요? 무엇이 그들을 부동산에 이토록 열광하게 만든 것일까요? 부동산에 대한 절대적인 믿음이 생긴 이유는 바로 경험 때문입니다. 운이 좋았던 사람들은 옛날에 사둔 아파트의 가격이 큰 폭으로 오르는 것을 '직접' 경험했고, 운이 없었던 사람들은 사촌(주변 사람)이 산 땅의 가격이 많이 오르는 것을 '간접' 경험했습니다. 부동산으로 돈을 벌었든 벌지 못했든 우리는 부동산 가치가 (다른 재테크 수단으로는 상상할 수 없을 만큼) 많이 오르는 것을 직간접적으로 지켜봐왔습니다.

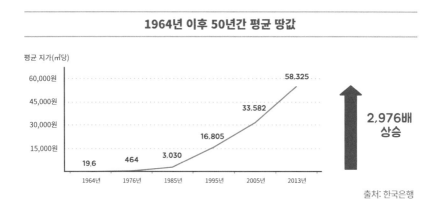

1964년 이후 50년간 평균 땅값

평균 지가(㎡당)

60,000원 ········· 58,325
45,000원
33,582
30,000원
16,805
15,000원 3,030
19.6   464

1964년 1976년 1985년 1995년 2005년 2013년

2,976배
상승

출처: 한국은행

앞의 그래프는 1964년 이후 50년간 전국 평균 땅값이 얼마나 올랐는지를 보여줍니다. 1964년에는 전국 평균 땅값이 1㎡당 19.6원이었습니다. 엄청 쌌죠? 그러던 것이 2013년에 와서는 1㎡당 58,325원까지 올랐습니다. 무려 2,976배나 상승한 것입니다.

이렇게만 이야기해서는 얼마나 오른 건지 체감이 되지 않을 수도 있습니다. 쉽게 이해할 수 있도록 질문을 던져보겠습니다. 1964년에 1,000만 원어치 땅을 샀다면, 2013년에 이 땅값은 얼마가 되었을까요? 바로 계산이 되시나요? 무려 297억 원입니다. 같은 기간 동안 쌀값은 겨우(?) 45배 올랐다고 하는데, 땅값은 2,976배나 올랐다니! 정말 어마어마한 상승률이 아닐 수 없습니다.

1986년 이후 서울 아파트값 변화

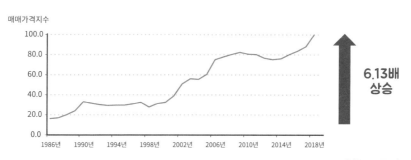

출처: KB부동산

아파트값의 상승세도 주목해볼 만합니다. KB부동산에 따르면, 통계를 내기 시작한 1986년부터 2018년까지 서울의 아파트값은 무려 6.13배 올랐습니다. 땅값이 상승한 것만큼 드라마틱한 상승률은 아니지만, 부동산에 투자한 뒤 기다리기만 해도 절대 손해를 보지 않는다는 믿음을 심어주기에는 충분해 보입니다.

이처럼 부동산의 대표 격인 아파트와 땅의 가격이 오르는 모양새를 보면, 많은 사람이 "역시 부동산밖에 없어"라며 부동산에 열광하는 모습이 이해가 되기도 합니다. 하지만 반드시 짚고 넘어가야 할 것이 있습니다. **과거 부동산 가격이 급격히 올랐다는 사실이 앞으로도 계속 오를 것이라는 근거가 되지는 않는다는 점입니다.** 과연 부동산 가격은 앞으로도 계속 오를까요?

비관론자들이 전망하는 부동산 시장

높은 상승률을 기록한 과거의 영광에도 불구하고, 앞으로의 부동산 가격에 대한 전망을 부정적으로 생각하는 사람이 의외로 많습니다. 그들은 부동산 가격이 이미 너무 많이 올라 지금 부동산에 투자하는 것은(새로 집을 사는 것은) 굉장히 위험하다고 주장합니다. 집을 사기보다는 전세나 월세로 생활하며, 향후 부동산 가격이 떨어질 때까지 기다리라고 조언하기도 합니다. 그들이 향후 부동산 시장을 부정적으로 생각하는 이유는 다음과 같습니다.

1. 인구의 감소
부동산 비관론자들이 내세우는 첫 번째 근거는 '인구의 감소'입니다. 어떤 물건의 가격이 상승하려면 그 물건에 대한 수요가 충분히 있어야 합니다. 부동산도 마찬가지입니다. 부동산 가격 역시 수요와 공급에 의해 결정됩니다. 수요가 많다면 가격이 오를 것이고, 수요가 줄어들면 가격이 떨어질 것입니다. 만약 주택 수는 그대로인데, 인구가 줄어든다면 어떻게 될까요? 인구가 줄어든다는 것은 부동산을 필요로 하는 사람이 줄어든다는 이야기입니다. 부동산 수요가 줄어들면 결국 부동산 가격도 떨어질 것이라 예상할 수 있습니다.

우리나라의 출산율은 계속해서 떨어지고 있습니다. 해마다 사망하는 사람보다 태어나는 사람의 수가 적어지면, 그때부터는 전체 인구도 감소하기 시작합니다. 그 우려가 이제는 현실이 되었습니다.

2019년 10월 통계청이 발표한 자료에 따르면, 우리나라 인구의 자연증가율은 처음으로 0%를 기록했습니다. 출생아 수와 사망자 수가 같다는 이야기입니다. 이 추세가 이어진다면 우리나라는 곧장 인구가 감소하는 시대로 접어들게 될 것이 분명합니다. 그리고 앞서 말한 것처럼 인구가 줄어들면 부동산 수요의 감소로 인해 부동산 가격도 하락할 가능성이 큽니다.

2. 이미 너무 높은 집값

부동산 비관론자들이 내세우는 두 번째 근거는 '이미 너무 높은 집값'입니다. 여러분도 이미 느끼고 있듯, 우리나라의 부동산은 너무 비쌉니다. 이 대리가 서울에서 평균 가격 수준의 아파트를 사기 위해서는 월급을 한 푼도 쓰지 않고 27년을 모아야 합니다. "집 살 생각은 하지도 마!"라고 말하는 것 같죠?

주거(부동산)는 사람의 생존에 없어서는 안 될 기본 요소 중 하나입니다. 그런데 우리나라에서 주거를 해결하기 위해서는 너무 많은 비용을 치러야 합니다. 소득에 비해 집값이 너무 비싸기 때문이죠. 정상적인 수단으로는 집을 도저히 가질 수 없는 지경에 이르렀습니다.

특정 나라나 도시의 집값 수준을 가늠해보기 위한 지표로 '소득 대비 주택가격비율'이라는 것이 있습니다. 이는 **주택 가격이 한 가구의 연소득에 대비해 몇 배인가를 보여주는 지수**입니다. 이를 통해 연소득을 한 푼도 쓰지 않고 모으면 몇 년 후에 집을 살 수 있는지 대략 짐작해볼 수 있습니다. 만약 서울 지역의 소득 대비 주택가격비율이 20이라면, 20년 동안 돈을 모아야 집을 살 수 있다는 뜻입니다.

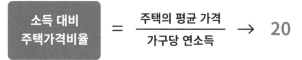

에후… 내 집을 사려면 돈을 한 푼도 쓰지 않고, 20년이나 모아야 하다니!

그렇다면 우리나라(서울)의 소득 대비 주택가격비율은 몇이나 될까요? 국가·도시 통계 비교 사이트 넘베오(www.numbeo.com)에 따르면 2019년 11월 기준, 서울의 소득 대비 주택가격비율은 무려

23.75라고 합니다. 월급을 모아 집을 사려면 23년이 넘게 걸린다는 뜻입니다.

우리나라의 집값은 이미 너무 비쌉니다. 집을 사려면 돈을 한 푼도 쓰지 않고 10년, 20년을 모아야 한다는데 무슨 말이 더 필요하겠어요.

3. 정부의 부동산 정책

부동산 비관론자들이 내세우는 세 번째 근거는 '정부의 부동산 정책'입니다. 부동산 가격은 정부의 정책에 많은 영향을 받습니다. 정부가 부동산에 대한 세금을 낮추거나, 대출 규제를 완화하면 부동산을 사려는 사람이 많아지기 때문에 부동산 가격은 오를 것이고, 반대로 부동산에 대한 세금을 올리거나 대출 규제를 강화하면 부동산 가격은 떨어질 것입니다.

현재 정부의 부동산 정책은 부동산을 부양하려는 정책보다는 부동산 과열을 막으려는 정책이 대부분입니다. 여기서 의문이 생길 수 있습니다.

'부동산 가격이 오르면 좋은 거 아닌가? 왜 정부는 부동산 가격이 오르지 못하게 하는 정책을 펼치는 걸까?'

부동산은 투자 대상이기 이전에 사람이 사는 공간(주거)의 의미가 강합니다. 만약 집값이 앞으로도 크게 상승한다면, 주거를 위해 집이 필요한 사람들은 자신들의 소득으로는 도저히 집을 구할 수 없습니다. '주거'를 위한 '물가'가 비싸지는 것이죠. 그래서 정부는 주거 안정을

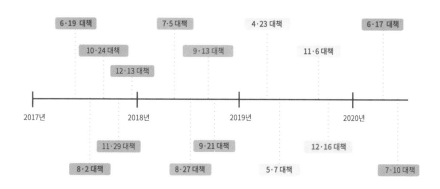

문재인 정부의 부동산 대책

6·19 대책		7·5 대책		4·23 대책		6·17 대책
10·24 대책		9·13 대책		11·6 대책	
12·13 대책					

2017년   2018년   2019년   2020년

| | 11·29 대책 | | 9·21 대책 | | 12·16 대책 | |
| 8·2 대책 | | 8·27 대책 | | 5·7 대책 | | 7·10 대책 |

목적으로 부동산 물가가 너무 오르지 않게 막으려 하는 것입니다.

부동산 가격을 안정시키고자 하는 정부의 의지는 매우 확고해 보입니다. 문재인 정부가 들어선 이후 부동산 시장을 안정시키기 위해 내놓은 대책은 하나하나 세기도 힘들 정도로 많습니다. 이미 내놓은 대책이 효과가 없을 때는 더욱 강한 대책을 내놓기도 합니다. 집값을 잡지 못하면 강력한 부동산 대책은 앞으로도 계속해서 쏟아져 나올 것입니다. 비관론자들은 정부가 부동산에 대해 확고한 의지를 가지고 있는 이상, 당분간은 부동산 가격이 오르기 힘들 것이라고 주장합니다.

낙관론자들이 전망하는 부동산 시장

부동산 가격이 떨어질 것이라고 생각하는 비관론자들과 달리, 가격이 계속해서 상승할 것이라고 주장하는 사람들도 있습니다. 그들은 앞으로도 부동산만큼 훌륭한 투자 수단은 없을 것이라고 말합니다. 그 이유는 다음과 같습니다.

1. 가구 수의 증가

부동산 낙관론자들이 내세우는 첫 번째 근거는 '가구 수의 증가'입니다. 비관론자들은 인구가 계속해서 줄어들고 있기 때문에 부동산 가격이 떨어질 것이라 주장하지만, 낙관론자들은 그 말에 동의하지 않습니다. 그들은 비록 인구는 줄어들어도 가구 수는 증가하는 추세이기 때문에 앞으로도 부동산 가격은 오를 것이라고 목소리를 높입니다.

예전에는 한 가구에 4명 이상이 함께 사는 가정이 많았습니다. 하지만 요즘은 한 가구의 구성원 수가 계속 줄어드는 추세입니다.

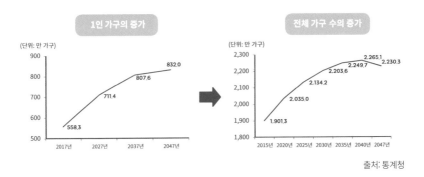

출처: 통계청

4인 가구에게는 4명이 함께 살 집 한 채가 필요합니다. 하지만 지금은 1인 가구가 급격히 늘어나고 있죠. 1인 가구에게는 1명이 살 집

한 채가 필요합니다. 4명이라면 4채의 집이 필요한 것입니다. 이처럼 인구는 줄어들더라도 1인 가구의 증가에 따라 집을 필요로 하는 가구는 계속 늘어날 것입니다.

2. 통화량의 증가

부동산 낙관론자들이 내세우는 두 번째 근거는 '통화량의 증가'입니다. 통화량은 나라 안에서 유통되고 있는 돈의 양을 말합니다. 시중에 돈이 많이 풀리면 어떤 일이 벌어질까요? 일부는 주식시장으로, 일부는 부동산 시장으로 유입됩니다. 통화량이 늘어나는 만큼 부동산으로 유입되는 돈도 늘어나는 것입니다. 부동산으로 돈이 몰리면 어떤 일이 발생할까요? 당연히 부동산 가격이 오릅니다. 이를 두고 '시중에 넘치는 유동성이 부동산 시장을 끌어올린다'라고 표현하기도 합니다.

먼저, 부동산이 통화량과 얼마나 밀접하게 움직이는지 알아보겠습니다. 다음은 2010년부터 2018년까지의 통화량과 전국 아파트 매매 가격의 상관관계를 보여주는 그래프입니다. 이 기간 동안 통화량은 약 60% 늘어났고, 전국 아파트 매매가격지수는 약 25% 상승했습니다. 통화량 증가와 비례해 부동산 가격도 올랐습니다.

그렇다면 앞으로의 통화량은 어떻게 변할까요? 한국은행은 국내 경기가 나쁘다고 판단되면 금리를 낮추고 통화량을 늘리는 통화 정책을 펼칩니다. 이는 경기가 좋아지고 있다는 확실한 시그널이 나타나지 않는 이상, 지금과 같은 확장적 통화 정책이 유지될 것이라는 이야기입니다. 통화량이 계속 늘어나면 부동산 가격도 오르겠죠.

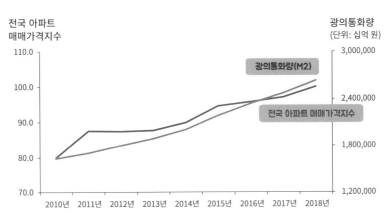

통화량과 전국 아파트 매매 가격의 관계

전국 아파트
매매가격지수

광의통화량
(단위: 십억 원)

광의통화량(M2)

전국 아파트 매매가격지수

출처: 한국은행, KB부동산

3. 부동산 정책의 무용론

부동산 낙관론자들이 내세우는 세 번째 근거는 '부동산 정책의 무용론'입니다. 문제를 하나 내보겠습니다. 현 정부는 부동산 가격을 안정시키기 위해 다양한 부동산 정책을 내놓고 있습니다. 그렇다면 문재인 정부가 출범하고 최초로 내놓았던 2017년 '6·19 부동산 대책' 이후 부동산 가격은 어떻게 변했을까요? 정부의 의도대로 부동산 가격이 어느 정도 하락했을까요? 변화가 없었을까요? 아니면 오히려 상승했을까요?

정답은 '상승했다'입니다. 정부는 집값을 잡기 위해 다양한 규제 방법을 동원했지만, 결과적으로 서울의 집값은 오히려 큰 폭으로 상승했습니다. 이를 두고 부동산 낙관론자들은 집값을 안정시키려는 정부의 정책이 쓸모없다는 '무용론'을 내세우기도 합니다. 정부가 어떤 정책을 내놓든 부동산 가격은 결국 오를 것이라고 막무가내로 주장하는 사람도 있습니다.

그렇다면 부동산에 대한 정부의 정책들이 정말 소용이 없는 것일까요? 왜 정부의 규제에도 불구하고, 집값은 잡히지 않는 것일까요? 그 이유는 '공급의 감소'로 설명이 가능합니다.

정부가 부동산을 규제하면, 건설사는 분양(주택 공급)을 줄이거나 뒤로 미루는 대응을 합니다. 수요는 일정한데 공급이 감소하면, 부동산 가격은 오를 수밖에 없죠. 즉 정부의 규제가 공급의 축소를 야기하고, 이 때문에 부동산 가격이 상승하는 흐름이 만들어지는 것입니다. 이와 같이 낙관론자들은 부동산 규제에 따른 공급량 감소로 인해 부동산 가격은 앞으로도 오를 것이라고 주장합니다.

지금까지 살펴본 것처럼 부동산 전망에 대한 비관론자와 낙관론자의 의견은 팽팽히 맞섭니다. 각각의 주장에 대한 근거가 모두 타당해 보입니다. 그렇다면 여러분의 생각은 어떤가요? 앞으로도 부동산 가격은 계속 오를 것이라고 생각하나요? 아니면 지금과 비슷하거나 떨어질 것이라고 생각하나요? 그것도 아니면 판단하기가 어려운가요?

부동산 가격이 오를지, 떨어질지 예측하는 것은 매우 힘듭니다. 하지만 한 가지 확실한 사실이 있습니다. 그것은 경제 규모가 급속도로 성장한 1960~80년대처럼 부동산 가격이 급격히 상승하는 일은 이제 없을 것이라는 사실입니다. 예전처럼 땅값이 3,000배 이상 오르

부동산 가격, 떨어질까? 오를까?

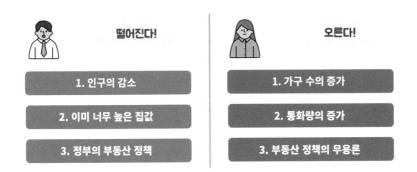

떨어진다!	오른다!
1. 인구의 감소	1. 가구 수의 증가
2. 이미 너무 높은 집값	2. 통화량의 증가
3. 정부의 부동산 정책	3. 부동산 정책의 무용론

는 일은 더 이상 기대하기 힘듭니다. 아무 부동산을 사두기만 하면 무조건 오르는 일도 이제는 없을 것입니다. 어느 지역의 아파트를 사느냐에 따라 투자 수익률이 달라집니다. 서울과 수도권의 아파트 가격이 오르는 동안 지방의 아파트 가격은 떨어질 수도 있고, 그 반대의 경우가 생길 수도 있습니다. 인구 유입이 많고, 개발 호재가 있는 곳의 부동산을 선별할 수 있는 안목이 필요합니다.

같은 지역의 아파트를 산다 해도 대형 아파트를 사는지, 중소형 아파트를 사는지에 따라 수익률이 달라집니다. 정부의 규제 방향에 따라 어느 가격대의 아파트를 매입해야 하는지도 꼼꼼히 따져보아야 합니다. 부동산 호황기에 비해 고려해야 할 요소가 훨씬 다양해졌다는 이야기입니다. 이것이 부동산 투자를 할 때, 더욱 세심하게 따져보고 꼼꼼하게 전략을 세워야 하는 이유입니다.

나도 부동산 투자로 부자가 되고 싶어요!

이 대리는 부동산에 투자해 많은 돈을 벌었다는 사람들의 이야기를 들을 때마다 신기하다는 생각이 들었다.

'나는 내 이름으로 된 단칸방 하나 없는데, 어떻게 그 비싼 집을 사고 팔면서 돈까지 번 걸까?'

이 대리는 그 사람들이 부동산으로 어떻게 돈을 버는지 궁금했다.

'부동산에 투자하는 사람들은 처음부터 돈이 많았겠지? 그러니까 그 비싼 부동산을 샀을 거 아냐.'

이 대리는 애초에 재산이 많았던 사람들이 부동산 투자를 해 더 많은 돈을 벌었을 것이라는 생각이 들자 갑자기 배가 아팠다. 이런 부익부 빈익빈 같으니라고!

하지만 곧 자신과 같은 월급쟁이들도 조금씩 돈을 모아 만든 종잣돈으로 부동산 투자를 했다는 이야기를 어디에선가 들은 기억이 났다. 그러니 '1,000만 원으로 10억 벌기', '부동산으로 매월 1,000만 원 월세 받기'와 같은 책들이 나오는 거 아니겠는가.

'다른 사람들도 하는데, 나라고 못할 거 없지!'

이 대리는 주식 투자와 마찬가지로 열심히 공부한다면 부동산 투자를 하지 못할 이유가 없다고 생각했다. 부동산 투자를 하기 위해선 부동산 투자 방법을 배우고, 종잣돈을 마련할 필요가 있었다. 의지가 불끈불끈 솟은 이 대리는 '부동산 투자로 부자 되기' 프로젝트를 시작하기로 결심했다

'그래! 나도 부동산 투자로 부자가 될 거야!'

다양한 형태의 부동산 투자

오늘의 목표 여러 가지 형태의 부동산 투자 방법을 살펴보자.

여러분도 아시다시피 부동산은 주거 목적뿐 아니라 투자 대상으로도 이용됩니다. 지금도 많은 사람이 돈을 벌기 위해, 재테크를 하기 위해 부동산에 투자하고 있습니다. 이런 사람들은 주거 목적으로 '집'을 한 채만 소유하는 것이 아니라 투자 목적으로 '부동산'을 2채 이상 소유하기도 합니다. 지금부터 주거 목적의 부동산이 아닌, 투자 목적의 부동산에 대해 이야기해보도록 하겠습니다.

수익성과 안정성이 뛰어난 부동산

사람들이 부동산 투자를 하는 이유는 간단합니다. 돈을 벌 수 있기 때문이죠. 최소한 지금까지는 그랬습니다. 좋은 투자 기회만 잡는다면, 2~3년 안에 투자 원금의 두세 배나 되는 돈을 벌 수 있었습니다. 부동산 투자의 가장 큰 장점은 수익성이 높다는 것입니다. 안정성 측면에서도 좋은 성과를 내왔죠.

2008년 금융위기의 주식시장과 부동산 시장

출처: KB부동산, 네이버증권

물론 부동산 투자를 한다 해서 모든 사람이 큰돈을 버는 것은 아닙니다. 부동산 역시 다른 투자 상품들처럼 경기에 따라 상승하기도 하고, 하락하기도 하기 때문입니다.

하지만 부동산은 하락하더라도 주식이나 펀드 등 다른 투자 상품들보다 하락 폭이 낮은 경우가 많습니다. 또한 하락한 이후에 원래 가격으로 회복하는 속도 또한 빠릅니다. 1990년대 후반 IMF 때도 그랬고, 2000년대 후반 금융위기 때도 그랬습니다. 우리나라의 부동산 가격은 위기 이전 수준으로 회복하는 속도가 굉장히 빨랐고, 이후에는 오히려 더 가파른 상승세를 보였습니다. 이 때문에 많은 부동산 투자자가 금융위기가 닥쳐 부동산 가격이 떨어질 때, 오히려 그것을 기회로 삼아 부동산을 적극적으로 매수하기도 합니다.

이것이 상승과 하락을 반복하는 부동산 시장에서 많은 투자자가 부동산에 장기 투자를 하는 이유입니다. 이처럼 수익성과 안정성 측면에서 봤을 때, 부동산은 매력적인 투자 수단임이 틀림없습니다.

어떤 부동산에 투자할까? - 부동산의 종류

주거 목적이 아닌 투자 목적으로 부동산을 바라보면 다양한 부동산의 종류가 눈에 들어옵니다. 또한 부동산 시장 안에 많은 기회가 존재한다는 것을 알게 됩니다. 사례를 통해 부동산 투자의 다양한 모습을 알아보겠습니다.

A씨는 2011년에 경기도 ××시 ××읍의 땅을 130평 정도 매입했다. 당시 땅값은 평당 30만 원으로, 총 투자 금액은 3,900만 원이었다. A씨는 평소에도 토지 투자에 관심이 많았다. 땅을 사두면 당장은

아니더라도 언젠가는 가격이 오를 거라고 생각했다. 땅은 시간이 지난다고 해서 가치가 줄어드는 물건이 아니었기 때문이다. 땅은 필요하다고 해서 찍어낼 수 있는 게 아니기 때문에(공급이 제한적이기 때문에) 개발만 된다면 그 가치도 함께 오를 거라고 확신했다. 또한 내 소유의 땅이 있다는 심리적 만족감도 A씨가 토지 투자를 하는 이유 중 하나였다.

A씨가 매입한 이후 A씨의 땅에는 많은 일이 일어났다. 먼저, 땅 근처에 넓은 도로가 생겼다. 그리고 인근에 KTX역이 들어선다는 뉴스가 흘러나오기 시작했다. 이 지역에 대기업의 공장이 들어선다는 이야기도 들려왔다. 교통이 좋아지고 대규모 일자리가 생기면, 이 지역의 인구 또한 늘어나(수요가 늘어나) 땅값이 더 오를 거라는 전문가들의 분석도 심심찮게 들려왔다.

그러는 사이 땅값은 평당 30만 원에서 150만 원으로 상승했다. 3,900만 원이던 땅이 지금은 거의 2억 원의 가치가 되었다. 8년 동안 5배나 오른 것이다. 하지만 A씨는 땅을 바로 팔지 않고, 개발 상황을 좀 더 지켜보기로 결심했다.

주거를 위한 부동산을 찾는다면, A씨처럼 땅을 사는 일은 거의 없을 것입니다. 여러분이 땅을 사고, 그 위에 집을 지어 직접 거주하려는 목적이 아니라면 말이죠. 하지만 투자를 위한 부동산을 찾는다면, 땅도 유효한 투자처 가운데 하나가 됩니다.

물론, 땅을 산다고 해서 A씨의 땅처럼 무조건 가격이 오르는 것은 아닙니다. 몇 십 년째 가격이 그대로인 땅도 많습니다. 그러니 대한민국에 내 땅이 있다는 만족감만 얻기 위해 땅을 사는 게 아니라면 토지 투자에 대해 공부해야 합니다. 최소한 어떤 땅이 개발이 가능한지, 어떤 땅이 개발이 안 되게 묶여 있는지 정도는 구분할 수 있어야 합니다.

토지 이외에도 부동산 투자 대상은 많습니다. 아파트에 투자할 수도 있고, 빌라와 같은 다세대 주택이나 연립주택에 투자할 수도 있습니다. 임대 수익을 목적으로 오피스텔 투자를 고려하는 사람들도 늘어나고 있는 추세입니다. 단독주택을 매입한 후, 리모델링하여 부동산 가치를 높인 뒤 되팔아 시세 차익을 얻을 수도 있습니다.

이뿐만이 아닙니다. 상가나 공장에 투자해 임대 수익을 얻을 수도 있습니다. 분양권만 전문으로 거래하는 투자자도 적지 않습니다. 재개발, 재건축 지역만 골라 투자하는 사람들도 있습니다. 이렇게 다양한 부동산 종류가 투자 대상이 되고 있습니다.

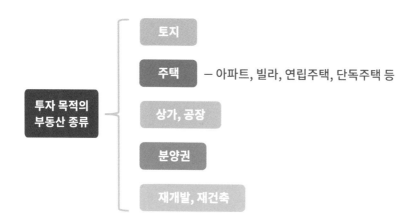

여러분이 직접 거주할 집을 고를 때 가장 중요하게 고려하는 것은 직장과의 거리일 것입니다. 직장과 너무 멀리 떨어져 있지 않으면서 교통수단을 편리하게 이용할 수 있어야 생활에 지장이 없을 테니까요. 하지만 투자를 위한 부동산을 고를 때는 여러분이 생활하는 지역에 국한될 필요가 없습니다. 쉽게 말해, 전국 모든 지역이 부동산 투자 대상이 될 수 있습니다.

부산시 해운대구 우동에 '해운대 아이파크'라는 아파트가 있습니다. 이 아파트의 면적은 118㎡로, 2015년 3월에 실거래가 4억 9,000만 원에 거래되었습니다. 그리고 약 5년 후인 2019년 12월에는 실거래가 6억 3,000만 원에 거래되었죠. 만약 2015년에 이 아파트를 샀다면, 5년 동안 약 1억 4,000만 원의 이익을 얻을 수 있었을 것입니다. 수익률로 따지면 5년 동안 약 28%입니다. 뭐 이 정도면 수익률이 나쁘지 않죠?

서울시 서초구 대치동에 '대치 아이파크'라는 아파트가 있습니다. 이 아파트의 면적은 78㎡로, 2015년 1월에 실거래가 8억 2,500만 원에 거래되었습니다. 해운대 아이파크보다 면적이 작은데도 2배 정도

구분	2015년 가격	2019년 가격	가격 상승 폭	가격상승률
부산 해운대 아이파크	4억 9,000만 원	6억 3,000만 원	1억 4,000만 원	약 28%↑
서울 대치 아이파크	8억 2,500만 원	19억 4,000만 원	11억 1,500만 원	약 135%↑

비쌌죠. 약 5년이 지난 2019년 10월, 이 아파트는 얼마에 거래되었을까요? 무려 19억 4,000만 원입니다. 5년 동안 11억 하고도 1,500만 원이 올랐습니다. 수익률로 따지면 약 135%입니다.

만약 여러분이 2015년에 부산에 거주하고 있고 충분한 투자금이 있었다면 두 아파트 중 어디에 투자했을까요? 결과를 알고도 부산에 살고 있다는 이유만으로, 서울이 멀다는 이유만으로 부산에 있는 아파트를 고집할 사람은 없을 것입니다.

지금까지 서울과 수도권의 아파트 가격이 더 많이 올랐다고 해서 앞으로도 그럴 거라고 이야기하는 것은 아닙니다. **투자 대상을 꼭 내가 살고 있는 지역으로 한정 지을 필요는 없다는 것이 핵심입니다.** 살고 있는 곳이 어디든 시야를 더 넓혀 앞으로 상승 가능성이 높은 지역을 찾을 수 있다면, 더 많은 투자 기회가 보일 것입니다.

어디서 부동산을 거래할까? - 법원경매

우리는 보통 주거 목적의 집을 구할 때 여러 공인중개사 사무실을 방문해 어떤 집을 찾고 있는지, 예산은 어느 정도인지 공인중개사에게 이야기하고 적합한 집을 추천받아 계약합니다.

하지만 투자 목적으로 부동산을 알아볼 때는 공인중개사 사무실을 찾아가는 것 이외에 또 다른 대안이 존재합니다. 바로 법원경매를 이용하는 것입니다. 우선, 사례를 살펴보겠습니다.

부동산 투자에 관심이 많은 30대 직장인 B씨는 얼마 전에 법원경매를 통해 부동산을 시세보다 싸게 살 수 있다는 사실을 알게 되었다. B씨는 관련 책들을 읽으며 부동산 경매에 대해 공부하던 중에 평소 눈여겨보던 아파트가 경매로 나온 것을 알게 되었다.

소재지	충청남도 천안시 xx구 xx동 xx아파트 101동 11층 1101호						
물건종별	아파트	매각물건	토지·건물 일괄매각	감정가	180,000,000원	소유자	이ㅇㅇ
건물면적	84.931㎡	사건접수	2019.00.00	최저가	(70%) 126,000,000원	채무자	이ㅇㅇ
대지권	43.336㎡	입찰방법	기일입찰	보증금	(10%) 12,600,000원	채권자	xx은행

'감정가의 70%이니 나쁘지 않은데? 이 기회에 경매를 본격적으로 시작해볼까?'

B씨는 이 아파트에 대해 조사를 해보았다. B씨는 가장 먼저 아파트의 현재 매매 가격을 알아보았다. 경매를 공부하면서 법원의 감정가와 실제로 거래되는 금액이 차이가 날 수도 있다는 사실을 알고 있었기 때문이다. 시세를 알아보니, 이 아파트는 최근까지 1억 7,500만 원에서 1억 8,000만 원에 거래되고 있었다. 감정가인 1억 8,000만 원과 크게 차이가 나지 않았다.

그 다음 B씨는 아파트의 등기부등본을 보고 권리(저당권, 압류, 전세권 등)분석을 했다. 낙찰을 받는데, 혹시라도 소멸되지 않은 권리가 남아 있다면 자신이 그 권리를 떠안아야 하기 때문이었다. 부동산을 싸게 매입하고도 권리분석을 잘못해 오히려 손해를 보았다는 말을 많이 들었기에 세심하게 관심을 기울일 수밖에 없었다. B씨는 권리분석을 마치고, 현장 답사를 통해 아파트와 주변을 꼼꼼히 둘러보고 난 뒤에야 이 아파트의 경매에 참여하기로 결정을 내렸다.

문제는 응찰 가격이었다. 경매는 최저 입찰가 이상으로 금액을 써 낸 사람들 중 가장 높은 금액을 쓴 사람이 낙찰을 받는 경쟁 방식이다. 만약 너무 낮은 가격을 써 낸다면 낙찰받을 가능성이 낮을 것이고, 그렇다고 해서 너무 높은 가격을 써 낸다면 비싸게 부동산을 사는 것이기 때문에 낙찰을 받는 의미가 없었다. 응찰 가격에 대한 B씨의 고민은 경매일까지 계속되었다.

B씨는 고민 끝에 1억 4,150만 원을 응찰 가격으로 써 냈다. 최저 입찰 금액인 1억 2,600만 원보다는 높았지만, 현재 시세에 비해서는 20% 정도 낮은 금액이었다. 발표 결과, 총 응찰자 8명 중 가장 높은 가격을 써 낸 사람은 바로 B씨였다. 2등이 써 낸 가격보다 겨우 50만 원 높은 금액으로 낙찰을 받은 것이었다. 이렇게 해서 B씨는 눈여겨보던 아파트를 시세보다 20% 싼 가격에 매입할 수 있었다.

투자자들이 부동산 경매를 하는 가장 큰 이유는 시세보다 저렴한 가격에 부동산을 매입할 수 있기 때문입니다.

다음은 2019년 경매 물건들의 낙찰가율을 정리한 표입니다. 아파트, 단독주택, 원룸, 빌라 등의 낙찰가율은 감정가 대비 70~80% 수준이었습니다. 인기가 많은 경매 종류인 아파트만 따로 떼어놓고 보면, 경매 건수마다 평균 6.45명이 응찰했고, 낙찰가율은 80.91%였습니

2019년 경매 낙찰가율 통계(2019.01.01~2019.12.31)

구분	총 건수	낙찰가율	경쟁률
아파트	17,565	80.91%	6.45명
단독주택	3,870	82.99%	2.86명
다가구(원룸 등)	754	69.11%	3.37명
다세대(빌라)	9,685	70.98%	3.81명

출처: 신한은행 부동산투자자문센터

다. 이처럼 부동산 경매를 활용하면 시세보다 저렴하게 부동산을 매입할 수 있습니다.

　　부동산 경매의 또 다른 장점은 대출이 유리하다는 것입니다. 경매에서 부동산을 낙찰받은 사람들이 잔금을 치르기 위해 받는 대출을 '경락잔금대출'이라고 합니다. 이는 일반 주택담보대출보다 심사가 까다롭지 않고, 오히려 더 많은 금액을 대출받을 수 있습니다. 시중은행에서 보통 경락 잔금의 80%까지 대출받을 수 있는데, 앞서 살펴본 LTV와 비교해도 대출 한도가 더 많다는 것을 알 수 있습니다.

　　경매를 제대로 활용하기 위해서는 공부를 많이 해야 합니다. 부동산 권리분석을 하는 방법도 익혀야 하고, 사례 분석도 많이 할수록 유리합니다. 적절한 수준의 응찰 가격을 산출하기 위해 부동산 가치를 파악할 줄도 알아야 하고, 이를 위해 현장 답사를 쉴 새 없이 다녀야 합니다. 이처럼 부동산 경매를 하기 위해서는 많은 노력이 필요하지만, 부동산 투자를 진지하게 고민하고 있다면 도전해볼 만한 분야인 것은 분명합니다.

부동산 투자를 하려면 돈이 얼마나 필요할까? - 갭 투자

C씨는 24평 ××아파트를 전세를 낀 채로 매입했다. C씨는 처음부터 이 아파트에 거주할 생각이 전혀 없었다. 단지 가격이 오르면 팔아서 수익을 남길 목적으로 아파트를 산 것이다.

C씨가 아파트를 매입할 당시 아파트의 가격은 2억 9,500만 원, 전세 보증금은 2억 8,000만 원이었다. 그러니 C씨가 아파트를 매입하며 실제로 지불한 돈은 1,500만 원에 불과했다. 단돈 1,500만 원으로 2억 9,500만 원짜리 아파트를 매입한 것이다.

3년 후, C씨는 아파트를 팔기로 했다. 그 사이 아파트 가격은 1억 750만 원이나 올라 4억 250만 원이 되었다. C씨는 1,500만 원의 투자금으로 1억 원 이상의 수익을 올릴 수 있었다.

부동산 투자를 하는 데 꼭 어마어마한 돈이 들어가는 것만은 아닙니다. 적은 돈으로도 전세 보증금이나 대출을 이용해 레버리지 효과를 얻는 것이 가능합니다. C씨의 경우처럼 시세 차익을 목적으로 전세를 끼고 주택을 매입하는 투자 방법을 '갭 투자'라고 합니다.

갭 투자는 적은 돈으로 높은 수익을 얻을 수 있는 부동산 투자 방법이지만, 성공하기 위해서는 중요한 전제조건이 필요합니다. 그것은 바로 '부동산 가격이 상승'해야 한다는 것입니다.

C씨의 경우 집값이 올라 해피엔딩이 되었지만, 만약 2억 9,500만 원에 매입한 아파트 가격이 2억 8,000만 원까지 떨어진다면 어떻게 될까요? 전세 만기가 되어 세입자가 나갈 때 보증금 2억 8,000만 원을 내주고 나면, 집을 팔아도 남는 돈이 없습니다. 투자 원금이었던 1,500만 원을 통째로 날리는 것이죠.

만약 아파트 가격이 전세 보증금인 2억 8,000만 원보다 더 아래로 떨어진다면 아파트를 팔아도 전세 보증금을 돌려줄 수 없는 상황이 발생합니다. 이것이 소위 말하는 '깡통 전세'입니다. 정말 끔찍하네요! 이처럼 **갭 투자는 적은 금액으로 높은 수익을 추구하는 만큼, 위험 역시 굉장히 큰 투자 방법**이라고 할 수 있습니다.

정부에서도 부동산 과열을 부추기는 갭 투자를 막기 위해 다양한 방식으로 부동산 규제를 강화하고 있기 때문에 투자에 면밀한 주의가 필요할 것으로 보입니다.

시세 차익이 부동산 투자의 전부가 아니다
– 수익형 부동산

일반적으로 부동산 투자를 한다고 하면 싸게 사서 비싸게 팔아 시세 차익을 남기는 것만 생각하기 쉽습니다. "○○네 아파트 가격이 몇 억이나 올랐대"와 같은 이야기를 들었을 때 특히 그렇죠. 그런 이야기를 들을 때면 우리는 이렇게 생각합니다.

'도대체 부동산에 투자해서 얼마를 번 거야?'

하지만 부동산에는 시세 차익을 위한 투자 방법(투자형 부동산)만 있는 것이 아닙니다. 오피스텔이나 빌라, 상가 등을 매입해 세를 내주고, 매달 임대 수익(월세)을 얻는 투자 방법도 있습니다. 이처럼 주기적으로 수익을 얻기 위해 매입하는 부동산을 '수익형 부동산'이라고 부릅니다.

> D씨는 평소 자신의 월급이 부족하다고 생각했다. 그래서 월급 이외에 추가적으로 수익을 얻을 수 있는 방법이 없을까 항상 고민했다. 그러던 중 수익형 부동산을 매입하면 매월 임대 소득을 얻을 수 있다는 이야기를 들었다. 고민 끝에 D씨는 여유자금을 긁

어모아 신축 오피스텔을 분양받았다.

오피스텔의 분양가는 1억 5,000만 원이었다. D씨는 바로 임차인을 구했고, 시세에 맞춰 월세 60만 원을 받기로 계약했다. 매월 60만 원을 1년 동안 받으면 720만 원이었다. 1억 5,000만 원을 투자해 1년에 720만 원의 수익을 얻으니 투자 수익률은 연 4.8% 정도였다. D씨는 월급 이외에 매월 60만 원의 추가 수입원이 생긴 사실이 만족스러웠다.

물론 수익형 부동산에 투자한다고 해서 모두가 행복해지는 것은 아닙니다. 수익형 부동산에 투자했는데, 임차인을 구하지 못해 비워둔다면 임대 수익을 얻을 수 없습니다. 공실로 남아 있는 동안 건물 관리비 부담은 오롯이 투자자의 몫이 될 것이고, 대출을 받아 투자한 것이라면 대출 이자 부담도 계속 쌓일 것입니다.

따라서 수익형 부동산에 투자할 때 가장 중요한 것은 공실 없이 안정적으로 임대 수익을 얻을 수 있는 부동산을 선택하는 것입니다.

부동산 가격이 올랐다고 끝이 아니라고요?

　이 대리의 2년 후배인 강 대리는 업무를 시원시원하게 처리하는 것으로 유명하다. 강 대리는 평소 궂은일을 도맡아 하고, 성격도 싹싹해 선후배들에게 인기가 많았다. 공부는 또 얼마나 열심히 하는지, 동기들 중에서 가장 먼저 대리로 진급했다. 심지어 키도 크고 외모까지 출중하니, 그야말로 엄친아가 따로 없었다.

　하지만 이 대리가 강 대리를 부러워한 이유는 따로 있었다. 강 대리가 부동산 투자에 뛰어나다는 사실이었다. 본인 소유의 아파트를 3채나 가지고 있었다. 부동산에 대한 지식이 얼마나 해박한지, 연세가 지긋하신 부장님조차 강 대리에게 먼저 찾아가 조언을 구할 정도였다.

　소문에 의하면 강 대리가 매월 부동산으로 벌어들이는 수익이 월급보다 많다고 했다. 2년 전에 3억 원을 주고 산 아파트 가격은 그동안 1억 원이나 올랐다고 했다.

휴게실 커피 자판기 앞에서 강 대리를 만난 이 대리는 반갑게 인사를 건넸다.

이 대리: 강 대리, 요즘 잘 지내지? 부동산 투자로 재미 좀 봤다는 소문이 들리던데?

강 대리: 선배님, 안녕하세요. 몇 년 전에 사둔 아파트 가격이 조금 올랐는데, 소문이 과장되어 났더라고요.

이 대리: 이 친구가 생각보다 욕심이 많네. 2년 전에 산 아파트 가격이 1억 원이나 올랐다며! 2년 동안 1억 원을 벌었는데, 그게 어디 조금 오른 건가?

강 대리: 에이, 선배님. 모르는 소리 하지 마세요. 아파트 가격이 1억 원 오른 건 맞는데, 이것저것 떼고 나면 남는 것도 별로 없어요. 지금 팔면 양도소득세도 많이 나오고 해서, 상황을 조금 더 지켜보려고요.

이 대리는 강 대리의 말이 쉽게 이해가 되지 않았다.

'아파트 가격이 1억 원 올랐으면, 1억 원의 이익이 생긴 거 아닌가? 나 같으면 아파트 가격이 떨어지기 전에 얼른 팔아서 1억 원의 이익을 챙길 텐데…….'

이 대리는 다음 회식 때 강 대리를 만나면 부동산 투자에 대해 자세히 물어봐야겠다고 생각했다.

Day

28

부동산 투자 수익률과
수익 금액 계산하기

오늘의 목표 부동산 투자를 할 때 수익률과 수익 금액을
계산하는 방법을 알아보자.

부동산에 투자하는 이유는 돈을 벌기 위해서입니다. 부동산 투자로
돈을 벌기 위해서는 기본적으로 투자 수익률을 계산할 수 있어야 합
니다. 그리고 그 투자로 벌어들이는 돈이 얼마인지 수익 금액도 정확
히 계산할 수 있어야 합니다.

생각해보세요. 강 대리가 산 아파트의 가격이 1억 원이나 올랐는
데, 그 아파트에 투자하기 위해 부수적으로 빠져나간 비용이 1억 원

이 넘는다면 어떨까요? 강 대리는 그 투자로 인해 오히려 손해를 봤을 수도 있습니다.

그러니 부동산 투자를 할 때는 정확한 수익률과 수익 금액을 계산할 수 있어야 합니다. 최소한 돈을 잃지 않는 투자를 하려면 말입니다. 그러기 위해서는 투자에 들어가는 부수적인 비용도 꼼꼼히 따져보아야 합니다. 그래야만 자금 조달 및 투자 계획을 세울 수 있고, 막무가내로 부동산 투자에 뛰어드는 것을 막을 수 있습니다.

많은 사람이 단순히 집값이 오른 만큼 돈을 버는 것이라고 생각합니다. 이 대리처럼 말이죠. 오늘은 실패하지 않는 부동산 투자를 위해 수익률과 수익 금액을 계산하는 방법을 알아보도록 하겠습니다.

1단계 - 투자 수익률을 계산하는 기본 공식

먼저, 투자 수익률을 계산하는 기본 공식을 알아보겠습니다. 수익률은 투자 원금 대비 수익 금액의 비율입니다. 수익 금액을 투자 원금으로 나눠주면 간단히 계산됩니다. 이때, 투자 원금은 투자를 위해 '낸 돈'으로 표현할 수 있을 것이고, 수익 금액은 부동산을 팔고 '받은 돈'에서 '낸 돈'을 뺀 금액으로 계산할 수 있을 것입니다.

$$\text{투자 수익률} = \frac{\text{수익 금액}}{\text{투자 원금}} = \frac{\text{받은 돈} - \text{낸 돈}}{\text{낸 돈}}$$

강 대리의 아파트에 대한 투자 수익률을 구해보겠습니다. 강 대리는 2년 전에 3억 원을 주고 아파트를 매입했습니다. 따라서 낸 돈은 3억 원입니다. 현재 아파트의 가격은 1억 원이 오른 4억 원입니다. 만약 지금 아파트를 매도한다면 4억 원에 팔 수 있다는 이야기입니다. 아파트를 팔고 받은 돈(4억 원)에서 낸 돈(3억 원)을 빼면 수익 금액은 1억 원이 됩니다.

$$\text{투자 수익률} = \frac{\text{받은 돈} - \text{낸 돈}}{\text{낸 돈}} = \frac{\text{1억 원}}{\text{3억 원}} = \mathbf{33.3\%}$$

수익 금액	1억 원
총 수익률	33.3%
연 수익률	16.7%

위의 방식으로 강 대리의 아파트 투자 수익률을 계산하면 33.3%가 나옵니다. 2년 동안 33.3%의 수익을 올렸기 때문에 이를 연 단위로 환산하면 약 16.7%로 계산됩니다. 간단하죠?

2단계 – 추가 비용을 포함해 투자 수익률 계산하기

여기서 한 가지 질문을 해보겠습니다. 강 대리가 아파트에 투자하며 '낸 돈'은 3억 원이 전부일까요? 아파트 매수 가격(3억 원) 이외에 추가로 들어간 돈은 없을까요? 세금이라든지, 중개수수료라든지 하는 비용들 말입니다. **투자 수익률을 구할 때는 이러한 비용들도 당연히 함께 계산해야 합니다.**

그렇다면 아파트에 투자하며 부수적으로 들어가는 비용은 어떤 것들이 있을까요? 가장 먼저 세금을 생각해보겠습니다. 부동산에 투자하면 내야 하는 세금이 많습니다. 부동산을 살 때도, 보유하고 있는 동안에도, 팔 때도 세금을 내야 합니다. 이렇게 내야 하는 세금이 많은데도, 처음 부동산 투자를 하는 사람들은 어떤 세금을 내야 하는지 모르는 경우가 많습니다. 이번 기회에 부동산 세금에 대해 자세히 알아두시기 바랍니다.

부동산을 살 때는 취득세를 내야 합니다. 부동산을 보유하고 있는 동안에는 매년 재산세와 종합부동산세를, 부동산을 처분할 때는 양도소득세를 내야 합니다. 이런! 세금의 종류가 너무 많아 복잡하다고요? 하나씩 살펴보겠습니다.

부동산 관련 세금

부동산	취득 시	보유 시	처분 시

| 관련 세금 ········> | • 취득세 | • 재산세
• 종합부동산세 | • 양도소득세 |

1. 취득세

취득세는 주택, 토지 등 부동산을 취득할 때 내는 세금입니다. 취득세는 부동산의 종류와 면적, 취득 금액에 따라 다르게 계산됩니다. 주택의 취득세율은 다음과 같습니다.

주택 취득세율(2020년 기준)

구분	면적	취득세	농어촌특별세	지방교육세	합계
6억 원 이하	85㎡ 이하	1.00%	-	0.10%	1.10%
	85㎡ 초과	1.00%	0.20%	0.10%	1.30%
6억 원 초과 9억 원 이하	85㎡ 이하	1.01~3.00%	-	0.20%	1.21~3.20%
	85㎡ 초과	1.01~3.00%	0.20%	0.20%	1.41~3.40%
9억 원 초과	85㎡ 이하	3.00%	-	0.30%	3.30%
	85㎡ 초과	3.00%	0.20%	0.30%	3.50%
조정대상지역 2주택자 (비조정지역 3주택자)		8.00%	0.20%	0.80%	9.00%
조정대상지역 3주택자 이상 (비조정지역 4주택자 이상)		12.00%	0.20%	1.20%	13.40%

세율을 전부 외울 필요는 없습니다. 다만, 부동산을 취득할 때 납부할 세금이 있다는 사실과 그것이 어느 정도 수준인지 감만 잡고 넘어가시기 바랍니다. 강 대리의 아파트는 6억 원 이하, 85㎡ 이하에 해당하기 때문에 1.1%의 취득세율이 적용됩니다. (2020년 7월 취득세율 개정 이전에 취득) 취득할 당시 아파트의 가격이 3억 원이었으므로 취득세는 330만 원(3억 원×1.1%) 발생했을 것입니다.

2. 재산세

재산세는 주택, 토지 등 부동산을 보유하고 있을 때 내는 세금입니다. 매년 6월 1일을 기준으로 본인의 이름으로 된 부동산을 가지고 있다면 재산세를 내야 합니다. 재산세는 부동산의 종류(토지, 건축물, 주택)에 따라 계산 방식과 세율이 다릅니다. 여기서는 강 대리의 재산세를 계산하기 위해 주택의 재산세만 따로 떼어내 알아보겠습니다.

재산세(주택) = (공시가격 × 공정시장가액비율(60%)) × 세율

취득세는 아파트의 매수 가격에 세율을 곱해 간단히 계산했는데, 재산세는 조금 복잡하죠? 먼저, 기준이 되는 가격은 거래 금액이 아니라 공시가격입니다. 아파트의 실제 가격과 공시가격은 다릅니다. 그러니 재산세를 계산할 때는 본인 아파트의 공시가격을 찾아봐야 합니다. 이는 국토교통부의 '부동산공시가격 알리미(www.realtyprice. kr:447)'에서 확인할 수 있습니다.

공시가격을 알았다고 해서 끝나는 것이 아닙니다. 여기에 '공정시장가액비율'이라는 것을 곱해줘야 합니다. 주택의 공정시장가액비율은 60%입니다. 강 대리의 아파트 공시가격이 3억 원이라면 여기에 60%를 곱한 금액인 1억 8,000만 원에 세율을 곱해 재산세를 계산하는 것입니다.

이제 강 대리 아파트의 재산세를 계산해보겠습니다. 과세표준(공

주택 재산세율(2020년 기준)

과세표준 (공시가격 × 60%)	세율	누진공제액	계산 방법
6,000만 원 이하	0.1%	0원	과세표준 × 0.1%
6,000만 원 초과 1억 5,000만 원 이하	0.15%	3만 원	(과세표준 × 0.15%) − 3만 원
1억 5,000만 원 초과 3억 원 이하	0.25%	18만 원	(과세표준 × 0.25%) − 18만 원
3억 원 초과	0.4%	63만 원	(과세표준 × 0.4%) − 63만 원

시가격에 공정시장가액 60%를 곱한 금액)은 1억 8,000만 원입니다. 위의 표에 따라 재산세는 27만 원(1억 8,000만 원×0.25%−18만 원)이 나옵니다.

여기서 끝이 아닙니다. 계산할 것이 조금 더 남아 있습니다. 재산세 고지서에는 재산세뿐 아니라 '지방교육세'와 '지방세 도시지역분'도 함께 납부하도록 되어 있습니다. 즉 '재산세+지방교육세+지방세 도시지역분'을 함께 내야 한다는 말입니다. 지방교육세는 지방세의 20%로, 지방세 도시지역분은 지방세 과세표준의 0.14%로 계산합니다. 이 모두를 합쳐 강 대리가 1년에 내야 할 재산세는 576,000원입니다.

강 대리의 재산세

재산세	지방교육세 (재산세×20%)	재산세 도시지역분 (과세표준×0.14%)	합계
270,000원	54,000원	252,000원	576,000원

복잡한 계산 과정을 모두 외울 필요는 없습니다. 계산 과정을 일일이 설명한 이유는 여러분의 머리를 복잡하게 만들기 위해서가 아니라 이런 방식으로 계산된다는 사실을 알려드리기 위함입니다. 재산세를 계산하는 과정에 대한 감만 잡고 넘어가셔도 됩니다.

3. 종합부동산세

종합부동산세는 재산세와 마찬가지로 주택, 토지 등 부동산을 보유하고 있을 때 내는 세금입니다. 다만, 종합부동산세는 부동산을 보유한 모든 사람이 아니라 일정 금액 이상의 부동산을 보유한 사람에게만 부과됩니다.

종합부동산세 대상자

구분		과세 대상 (공시가격 기준)
주택 (아파트, 단독주택, 다세대·다가구 등)	1주택자	12억 원 초과
	다주택자	9억 원 초과
종합 합산 토지(나대지, 잡종지 등)		5억 원 초과
별도 합산 토지(상가·사무실의 부속 토지 등)		80억 원 초과

다주택자의 경우, 소유하고 있는 주택의 공시가격 합계액이 9억 원을 초과하면 종합부동산세를 내야 합니다. 종합부동산세를 계산하는 과정은 재산세와 비슷하므로 생략하도록 하겠습니다.

4. 양도소득세

양도소득세는 토지나 건물 등 부동산을 팔 때 생기는 양도소득에 대해 내는 세금입니다. 아파트를 3억 원에 사서 4억 원에 팔았다면, 이때 발생하는 1억 원의 양도소득에 한해 세율을 곱해 세금을 내야 합니다. 아파트 가격이 오르지 않았다면, 양도소득세도 없습니다.

양도소득은 단순히 매도가에서 매수가만 차감해 계산하는 것이 아니라, 필요경비와 장기보유특별공제, 양도소득기본공제도 차감해 구해야 합니다. 양도소득세를 계산하는 과정은 다음과 같습니다.

양도소득세 계산 과정

양도소득세 계산 과정	강 대리 아파트의 과세표준 계산
양도가액(부동산을 판 가격) − 취득가액(부동산을 산 가격) − 필요경비(취득세, 중개수수료, 양도 비용 등)	400,000,000원 − 300,000,000원 − 9,000,000원
양도차익 − 장기보유특별공제 − 양도소득기본공제	91,000,000원 − 0원 − 2,500,000원
양도소득 과세표준 × 세율	88,500,000원
산출세액	

지금 당장 강 대리가 아파트를 판다면 현재 매도가는 4억 원입니다. 여기에 취득가액 3억 원과 필요경비 900만 원을 차감하면, 양도차익은 9,100만 원이 나옵니다. 양도차익에서는 장기보유특별공제와

양도소득기본공제를 차감합니다. 강 대리의 경우, 아파트를 2년만 보유했기 때문에 장기보유특별공제 대상이 아니고, 양도소득기본공제는 250만 원을 차감합니다. 이로써 양도소득 과세표준은 8,850만 원이 됩니다.

이제 과세표준에 세율만 곱하면 됩니다. 주택의 양도소득세율은 다음과 같습니다.

주택 양도소득세율(2020년 기준)

양도소득 과세표준	세율		
	기본	2주택자인 자가 조정지역 안 주택 양도	3주택 이상인 자가 조정지역 안 주택 양도
1,200만 원 이하	6%	16%	26%
1,200만 원 초과 ~ 4,600만 원 이하	15%	25%	35%
4,600만 원 초과 ~ 8,800만 원 이하	24%	34%	44%
8,800만 원 초과 ~ 15,000만 원 이하	35%	45%	55%
1억 5,000만 원 초과 ~ 3억 원 이하	38%	48%	58%
3억 원 초과~5억 원 이하	40%	50%	60%
5억 원 초과	42%	52%	62%

강 대리의 경우, 과세표준이 8,850만 원이기 때문에 8,800~1억 5,000만 원 구간에 해당합니다. 그리고 강 대리는 '3주택 이상이면

서 조정지역(서울) 안의 주택을 처분'하는 것이기 때문에 양도소득 세율 구간은 55%에 해당합니다. 세율이 엄청 높죠? 양도소득세는 누진하여 계산하는 세금이므로 해당 세율로 산출세액을 계산하면, 33,775,000원(88,500,000원×55%-14,900,000원(누진세액공제))입니다. 여기에 지방소득세(산출세액의 10%) 3,377,500원을 합산하면, 총 납부세액은 37,152,500원이 됩니다.

양도소득세는 계산하는 과정이 복잡하기 때문에 처음 접하면 어려울 수 있습니다. 만약 혼자 세금을 계산하는 것이 어렵다면, KB부동산 리브온(https://onland.kbstar.com)의 세금계산기를 활용하시기 바랍니다. 단, 세금이 계산되는 과정을 어느 정도 이해해야 세금을 줄일 수 있는 방법도 응용할 수 있습니다. 그러니 지금은 바로 이해가 되지 않더라도, 계산 과정은 알아두는 것이 좋습니다.

자, 지금까지 취득세와 재산세, 양도소득세를 계산해보았습니다. 강 대리가 아파트를 거래하며 발생한 세금이 총 얼마인지 표로 정리해보겠습니다.

구분	금액	횟수	합산 금액
취득세	3,300,000원	1회(취득 시)	3,300,000원
재산세	576,000원	2회(1년에 1회 발생)	1,152,000원
양도소득세	37,152,500원	1회(매도 시)	37,152,500원
합계			41,604,500원

총 41,604,500원의 세금이 발생했네요. 1억 원 모두 내 이익인 줄 알았는데, 세금으로 나가는 돈만 4,160만 원이라니! 하지만 부동산에 투자하며 발생하는 비용은 이것이 전부가 아닙니다.

5. 그 밖의 비용

세금 이외의 비용으로 가장 먼저 떠오르는 것은 **중개수수료**입니다. 공인중개사를 통해 부동산을 거래한다면 중개수수료가 발생하겠죠? 중개수수료는 부동산을 살 때도 내야 하고, 팔 때도 내야 합니다. 강 대리가 아파트를 거래하며 낸 중개수수료는 280만 원이었습니다.

또한 부동산을 취득하며 등기를 할 때 발생하는 **등기 비용**도 있습니다. 3억 원의 아파트를 취득할 때, 법무사의 등기 수수료와 인지대, 증지대 등을 합하면, 최소 50만 원의 등기 비용이 발생합니다.

아파트 수리비도 발생할 수 있습니다. 강 대리는 도배와 장판 등 수리비로 150만 원을 지출한 것으로 가정하겠습니다.

이제 세금과 그 밖의 비용(총 480만 원)을 포함해 강 대리의 아파트 투자에 대한 수익 금액과 수익률을 계산해보겠습니다.

$$투자\ 수익률 = \frac{수익\ 금액}{투자\ 원금} = \frac{받은\ 돈 - 낸\ 돈 - 재산세 - 양도소득세}{낸\ 돈(아파트\ 취득\ 가격 + 취득세 + 그\ 밖의\ 비용)}$$

$$= \frac{4억\ 원 - 3억\ 810만\ 원 - 1,152,000원 - 37,152,500원}{3억\ 원 + 330만\ 원 + 480만\ 원} = \frac{53,595,500원}{308,100,000원}$$

$$= 17.4\%$$

먼저, 투자 원금에는 강 대리가 아파트를 살 때 지불한 돈을 계산합니다. 아파트 취득 금액인 3억 원과 취득세 330만 원, 그 밖의 비용 480만 원이 포함됩니다. 수익 금액은 아파트 매도 가격 4억 원에서 투자 원금 3억 810만 원과 재산세 1,152,000원, 양도소득세 37,152,500원을 뺀 금액인 53,595,500원이 나옵니다.

처음에는 단순 계산으로 1억 원의 수익을 올렸을 것이라 생각했는데, 꼼꼼하게 다시 계산해보니 어떤가요? 실제로 실현된 수익은 예상의 절반 수준밖에 되지 않습니다. 그리고 수익률 또한 17.4%로, 처음 생각했던 33.3%에 비하면 매우 낮습니다.

3단계 – 대출 비용을 포함해 투자 수익 금액 계산하기

강 대리는 아파트를 살 때 아파트 가격 3억 원의 절반인 1억 5,000만 원을 은행에서 대출받았습니다. 대출 금리는 4%입니다. 대출 기간 중에는 이자만 갚다가 나중에 아파트를 처분할 때 원금을 갚을 계획입니다.

한 달 대출 이자는 50만 원(1억 5,000만 원×4%÷12개월)입니다. 이것을 1년으로 환산하면 600만 원이므로, 아파트 보유 기간인 2년 동안 대출 이자로 나간 금액은 총 1,200만 원입니다.

이제 대출 이자까지 포함해 강 대리의 아파트 투자 수익률과 수익 금액을 다시 계산해보겠습니다.

$$\text{투자 수익률} = \frac{\text{수익 금액}}{\text{투자 원금}} = \frac{\text{받은 돈} - \text{낸 돈} - \text{재산세} - \text{양도소득세} - \text{대출 이자}}{\text{아파트 취득 가격} + \text{취득세} + \text{그 밖의 비용} - \text{대출 원금}}$$

$$= \frac{\text{4억 원} - \text{3억 810만 원} - \text{1,152,000원} - \text{37,152,500원} - \text{1,200만 원}}{\text{3억 원} + \text{330만 원} + \text{480만 원} - \text{1억 5,000만 원}}$$

$$= \frac{41,595,500원}{158,100,000원} = \mathbf{26.3\%}$$

대출을 받아 투자하면, 분모의 투자 원금은 대출을 받은 금액만큼 줄어드는 효과가 있습니다. 따라서 투자 원금은 158,100,000원으로 줄어듭니다. 그리고 분자의 수익 금액은 매월 납부하는 대출 이자의 합계액만큼 줄어듭니다. 대출 이자도 비용이기 때문이죠. 따라서 총 수익 금액은 1,200만 원이 줄어든 41,595,500원이 됩니다.

수익 금액을 투자 원금으로 나누었을 때, 수익률은 26.3%가 됩니다. 대출을 받으면 레버리지로 인해 수익률은 올라가지만, 대출 이자에 따른 비용이 늘어나기 때문에 수익 금액은 줄어들게 되는군요.

이제 이야기의 처음으로 돌아가보겠습니다. 이 대리는 강 대리에게 이렇게 말했죠.

"이 친구가 생각보다 욕심이 많네. 2년 전에 산 아파트 가격이 1억 원이나 올랐다며! 2년 동안 1억 원을 벌었는데, 그게 어디 조금 오른 건가?"

이에 강 대리는 이렇게 대답했습니다.

"아파트 가격이 1억 원 오른 건 맞는데, 이것저것 떼고 나면 남는 것도 별로 없어요. 지금 팔면 양도소득세도 많이 나오고 해서, 상황을 조금 더 지켜보려고요."

만약 이 대리처럼 부동산 투자 수익률과 수익 금액을 계산하지 못한다면, 부동산을 처분하고 난 후 생각보다 적은 수익에 실망할 수도 있습니다. 하지만 강 대리처럼 **투자 수익률과 수익 금액을 꼼꼼하게 따진다면, 똑같은 아파트를 사고팔더라도 수익을 올리기 위해 다양한 방법을 찾아낼 수 있습니다.**

간단한 예를 들어보겠습니다. 서울의 아파트를 매도하기에 앞서 지방의 아파트를 처분한다면, 서울의 아파트를 매도할 때 양도소득세가 크게 줄어듭니다. 2주택자는 3주택자보다 세율이 10% 낮기 때문입니다. 이때 절세할 수 있는 금액은 1,000만 원 정도입니다.

양도소득세가 1,000만 원 줄어든다는 것은 수익 금액이 1,000만 원 늘어난다는 뜻입니다. 그리고 더 나아가 1가구 1주택의 비과세 요건을 충족시킨다면 양도소득세를 면제받을 수도 있습니다. 이처럼 **세금에 대한 지식이 있고, 정확한 수익률 계산이 가능하다면 이를 활용해 수익을 극대화할 수 있습니다.** 이것이 우리가 부동산 투자를 할 때, 정확한 수익률을 계산할 수 있어야 하는 이유입니다.

양도소득세 계산하기

KB부동산 리브온에서 제공하는 세금계산기를 활용해 강 대리의 양도소득세를 계산해보겠습니다.

1. KB부동산 리브온에 접속해 메뉴에서 '세금계산기>양도세'를 클릭합니다.

2. 양도가액(4억 원)과 취득가액(3억 원)을 입력합니다.

3. 필요경비 및 수수료(900만 원)를 입력하고, 주택의 종류(3주택)를 선택합니다.

4. 보유 기간(2년)과 소재지(조정대상지역)를 선택한 후 계산하기를 클릭합니다.

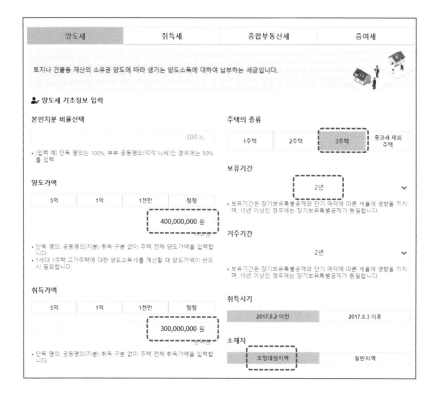

양도세	취득세	종합부동산세	증여세

토지나 건물등 재산의 소유권 양도에 따라 생기는 양도소득에 대하여 납부하는 세금입니다.

👤 양도세 기초정보 입력

본인지분 비율선택

100 %

• (입력 예) 단독 명의는 100%, 부부 공동명의(각각 ½씩)인 경우에는 50%를 입력

양도가액

5억	1억	1천만	정정

400,000,000 원

• 단독 명의, 공동명의(지분) 취득 구분 없이 주택 전체 양도가액을 입력합니다.
• 1세대 1주택 고가주택에 대한 양도소득세를 계산할 때 양도가액이 반드시 필요합니다.

취득가액

5억	1억	1천만	정정

300,000,000 원

• 단독 명의, 공동명의(지분) 취득 구분 없이 주택 전체 취득가액을 입력합니다.

주택의 종류

1주택	2주택	3주택	중과세 제외 주택

보유기간

2년 ⌄

• 보유기간은 장기보유특별공제와 단기 매각에 따른 세율에 영향을 끼치며, 15년 이상인 경우에는 장기보유특별공제가 동일합니다.

거주기간

2년 ⌄

• 보유기간은 장기보유특별공제와 단기 매각에 따른 세율에 영향을 끼치며, 15년 이상인 경우에는 장기보유특별공제가 동일합니다.

취득시기

2017.8.2 이전	2017.8.3 이후

소재지

조정대상지역	일반지역

5. 양도세 계산 결과를 확인합니다. 다른 조건으로 계산했을 때 결과가 어떻게 달라지는지도 비교해보기 바랍니다.